低渗透油气田概论

—— 迅速崛起的鄂尔多斯盆地

（上册）

⊙ 胡文瑞 著

石油工业出版社

图书在版编目（CIP）数据

低渗透油气田概论．上册，迅速崛起的鄂尔多斯盆地／胡文瑞著．—北京：石油工业出版社，2009.3
ISBN 978-7-5021-7043-1

Ⅰ．低…
Ⅱ．胡…
Ⅲ．①鄂尔多斯盆地－低渗透油层－油气勘探
②鄂尔多斯盆地－低渗透油层－油田开发
Ⅳ．TE348

中国版本图书馆 CIP 数据核字（2009）第 029608 号

低渗透油气田概论
——迅速崛起的鄂尔多斯盆地（上册）
胡文瑞　著

出版发行：石油工业出版社
　　　　　（北京安定门外安华里2区1号　100011）
　　　　网　址：www.petropub.com.cn
　　　　编辑部：(010) 64523538　发行部：(010) 64523620
经　　销：全国新华书店
排　　版：石油彩色图文中心
印　　刷：石油工业出版社印刷厂

2009年3月第1版　2009年8月第2次印刷
787×1092毫米　开本：1/16　印张：17.5
字数：256千字　印数：2001—5000册

定价：68.00元
（如出现印装质量问题，我社发行部负责调换）
版权所有，翻印必究

什么是**低渗透**？

怎样开发**低渗透**？

重新认识鄂尔多斯盆地
重新认识长庆低渗透
重新认识我们自己

导 语

如果说，
曾经的低渗透，
是一个望而生畏的名词。
20年前破解她，
还是一个梦，
是一个极其难圆的梦。
而今，
梦，变为现实，
是大趋势，更是难题，
今后仍是难题！
但是，
今天的低渗透，已成为主战场，
成为全球油气发展的主流趋势！

那么，
低渗透变通之道的钥匙是什么？
是哲学。
成功之路的基石是什么？
是技术创新与集成。
精诚所至，金石为开。
刨者，善行。
而哲学与技术的背后是什么？
是人！
一批平凡而努力的人！
一批热爱低渗透事业而孜孜以求的人！

序

《低渗透油气田概论——迅速崛起的鄂尔多斯盆地》（上册）出版后，反响较好。这次再版，作者邀我作序，我欣然允之。揽读此书，使我对胡文瑞同志、对低渗透、对鄂尔多斯盆地有了更进一步的认识，对中国石油事业和鄂尔多斯盆地的未来充满了新的希望。

胡文瑞同志，从事低渗透油气田勘探开发工作40年，国务院特殊津贴专家，教授级高级工程师，博士生导师。曾任厂长、副局长、局长、总经理、副总裁等职务。曾获国家科技进步一、二等奖各一项，省部级特等奖3项及一、二等奖7项。出版《全控网络管理论》等专著5部。胡文瑞同志能有今天的成绩源于他不懈的人生追求，源于他对石油事业的热爱。熟悉他的人都知道，他为石油甚至到了一种狂热的程度。40年来，他一步一个脚印，一步一个台阶，脚踏实地，勤奋工作，在中国石油界有较好的声誉。

1989年他担任长庆油田主管开发工作的副局长，在这之前长庆油田原油年产量在100多万吨基础上徘徊了近20多年。摆在他面前的安塞油田是一个"低渗、低压、低产"、"井井有油，井井不流"的"磨刀石"油田。面对困难，他在一线组织了长达8年的低渗透技术攻关，突破0.5毫达西油田不能有效开发的技术下限，解决了鄂尔多斯盆地困扰石油界80多年的有效开发难题，最终呈现在世人面前的是中国第一个大型特低渗透油田——安塞油田。他创立的"安塞开发模式"作为典型在全国推广，带动鄂尔多斯盆地10多亿吨储量实现了有效动用，并在全国其他类似盆地低渗透开发方面发挥了积极的效应。

1999年，为了从根本上解决长庆油田增储上产的问题，他在总结和思考长庆油田近 30 年勘探开发经验教训的基础上，从哲学的角度提出了"三个重新认识"，即"重新认识鄂尔多斯、重新认识低渗透、重新认识自己"的勘探开发新思路。遵循这一思路，2000 年，苏 6 井钻探成功，发现了中国最大的苏里格气田，2008 年累计探明天然气储量 1.67 万亿立方米。而后，相继在鄂尔多斯盆地发现了西峰、姬塬、绥靖等三个整装大油田，探明储量分别达 2.4 亿吨、4.06 亿吨和 1.3 亿吨，并扩大了老油气田的储量，这些重大发现和成果为长庆油田可持续发展奠定了坚实的资源基础。

有了雄厚的资源基础，他又开始谋划长庆油田的中长期发展目标。2001 年，尽管长庆油田油气当量只有 788 万吨，但他依据对鄂尔多斯盆地的深刻了解和科学论证，提出长庆油田在 2010 年可实现油气当量 3000 万吨的发展目标。依据这一目标，靖安、绥靖、姬塬、西峰油田，靖边、榆林、苏里格气田相继拉开了大规模建设的序幕。

苏里格气田的开发之路也充满了艰辛，问题的关键就是"低渗、低压、低丰度"，储层非均质性强，埋藏较深，单井控制储量少、累积产量低，开发难度世界罕见。从 2001 年开始试采，他又组织了 7 年的开发技术攻关，终于探索和积累了成功的经验。2005 年投入大规模建设，2008 年建成产能 80 亿立方米，规划 2013 年建成天然气产能 200 亿立方米，现在规划又调整为 250 亿立方米。

丰厚的回报总是在辛勤的付出之后。长庆油田油气产量实现了三次大跨越：2001 年油气当量实现 788 万吨，2003 年突破 1000 万吨，2008 年达到了 2500 万吨，2009 年将跨越 3000 万吨，规划 2015 年达到 5000 万吨。届时，中国的"西部大庆"将在鄂尔多斯盆地崛起。

2003 年，胡文瑞同志出任中石油勘探与生产分公司总经理，而后出任中石油股份公司副总裁。其间，他根据东部老油田稳产和西部油气田加快发展的战略需要，组织了具有前瞻性的十项重大开发技术试验和老油田二次开发工程。通过十项重大开发技术试验攻关，集成创新了三次采油、稠油蒸汽驱、蒸汽辅助重力泄油、致密砂岩气田开发、超低渗透油田开发五项具有世界先进水平的技术。

序

胡文瑞同志憨厚朴实，勤奋好学。他不仅是一个油气田勘探开发专家，在工程管理方面也有突出的成果。早在1989年，他就出版了《宏观引导法概论》专著，获得了甘肃省优秀社会科学图书奖；1991年，他的《全控网络管理论》一书，获得了著名管理专家邬凤祥教授的高度评价，被国家图书馆收藏。1999年，又出版了专著《现代企业管理方法论》等多部专著。

我从20世纪50年代开始，就参加了大西北石油普查工作。1950年下半年就参与了鄂尔多斯盆地的石油勘探工作。1969年，参加制定和实施了鄂尔多斯盆地石油勘探的"五条大剖面"，和长庆油田的同志们共同制定了长庆油田石油会战的勘探方案部署，又回到玉门动员勘探、开发、基本建设队伍到长庆油田参加会战。在甘肃庆阳、华池、环县等，陕西旬邑、耀县、吴起等，宁夏马家滩、姬塬等地区，打出了第一批出油井和发现井。后来，曾经又多次去长庆油田，共同参与鄂尔多斯盆地油气勘探规划部署工作，对低渗透的难度有着深刻的认识，渴望能够在低渗透油气田开发理论方面有所建树。今天，胡文瑞同志撰写的《低渗透油气田概论——迅速崛起的鄂尔多斯盆地》（上册），为石油界关于低渗透油气田开发理论和技术等方面提供了新的认识。该书系统地总结了鄂尔多斯盆地低渗透油气田开发成功的经验、技术以及失败的教训。该书将专业性和技术性融为一体，理论和实践相结合，从哲学、技术、管理和认识论等方面进行阐释，以小见大，博采众长，从专业走向大众。通俗易懂，深入浅出，引人入胜。

该书虽是以学术为背景的著作，但语言精练，通俗易懂，即使是石油行业外的人也可以管中窥豹，略见一斑。除了上述的精彩内容外，该书还有许多亮点，让人耳目一新。更值得一提的是——导语，形象的揭示出"低渗透油气已成为主战场，成为全球油气发展的主流趋势！"。

那么什么是低渗透呢？该书开篇就开宗明义的讲，"低渗透就是致密"，即油气在储体层当中流动性比较差，原油难以采出。一般我们讲的低渗透主要是指低渗透油气田，其储量为难动用储量。而低渗透油气资源往往因为开发难度大、产量低而被人们忽视。可是，今天乃至今后低渗透将成油气领域的主战场。

低渗透前景广阔。据 2004 年我国第三次油气资源评价结果，低渗透油气远景资源量分别为 537 亿吨和 24 万亿立方米，分别占全国油气资源量的 49% 和 42.8%。截至 2008 年底，全国累计探明低渗透石油地质储量 141 亿吨，低渗透天然气储量 4.1 万亿立方米，分别占全国油气储量的 49.2% 和 63.6%，近几年中新增加的探明油气储量中低渗透所占的比例平均达到 70% 以上。全国剩余油气资源中，低渗透石油剩余资源 431 亿吨，低渗透天然气剩余资源 24.8 万亿立方米，分别占剩余油气资源总量的 60% 和 51%。

2008 年，中国低渗透原油产量 0.71 亿吨（包括低渗透稠油），低渗透天然气产量 320 亿立方米，分别占全国总产量的 37.6% 和 42.1%。低渗透油气产量比例逐年上升，近三年低渗透原油所占比例分别为 34.8%、36% 和 37.6%；低渗透天然气分别为 39.4%、40.9% 和 42.1%。

在这样的大背景下，该书的出版恰逢其时，对低渗透油气事业具有较好的指导意义。它对大规模开发低渗透油气田提供了宝贵的经验。预计未来，中国油气产量中低渗透所占比例将持续增大，而中国未来油气产量稳产、增产将更多地依靠低渗透油气资源。我相信，低渗透主导中国油气领域的时代已经到来。

我一直认为，在勘探的不同阶段，由于受技术水平、勘探手段的限制，有许多储量难以找到，就算找到了也难以开发。随着科技手段的进步，那些深埋在地下的石油资源定会重见天日，而且中国也具备这样的石油储存地质条件。鄂尔多斯盆地就是其中的典型代表，该盆地油气藏资源十分丰富，但埋藏深、隐蔽性强、渗透率低，地质条件复杂，开发难度极大。可是盆地远景资源量十分丰富，据普查，鄂尔多斯盆地石油资源量 85.88 亿吨，天然气资源量 10.7 万亿立方米。

经过几代石油地质工作者的艰苦探索和思想观念的转变，鄂尔多斯盆地已探明石油储量 18.8 亿吨，探明天然气 2.6 万亿立方米，分别仅占探明储量的 22% 和 15%，成为中国油气资源增储上产潜力最大的地区。鄂尔多斯盆地近 40 年的开发建设，为低渗透油气勘探开发积累了全方位的经验、技术和方法。鄂尔多斯盆地的成功，是低渗透的成功，鄂尔多斯是中国低渗透油气事业的试验田。

按照鄂尔多斯盆地已经探明的储量规模，2009年全盆地（包括延长油矿）的实际油气生产能力已经超过了4000万吨。规划2015年长庆油田实现5000万吨规模指日可待。一是资源基础雄厚，二是技术形成系列，三是管理创新集成，此三者，为鄂尔多斯盆地插上了腾飞的翅膀。

我认为，将鄂尔多斯盆地作为我国重要的能源基地建设，不仅会对西部乃至全国的能源格局产生巨大而深远的影响，同时也将有力地促进盆地及周边省区经济的快速发展。

鄂尔多斯盆地油气发展前景无可限量。

中国工程院院士，中国资深油气勘探专家

2009-8-6 于北京

自　序

近百年来（1907以来），人们走过了迷惘漫长的低渗透"长征"；60年来（1950以来），石油人经历了可歌可泣的低渗透"创业"；近40年来（1970以来），长庆人进行着不屈不挠的低渗透"革命"。虽几经辄试，风雨磨难，终成正果，开创了低渗透油气事业今天之辉煌。

《低渗透油气田概论——迅速崛起的鄂尔多斯盆地》的书稿，在1998年就有了大致的轮廓。1997年建成中国第一个百万吨级的特低渗透安塞油田，当时就积累了低渗透油田成功开发的资料，便开始着手撰写一本《低渗透油气田概论——迅速崛起的鄂尔多斯盆地》的书。但总觉得时机还不够成熟，低渗透开发的一些认识、理念、技术和管理并不是尽善尽美。

2000年苏里格大气田发现，2005年中国第一个特大型气田——苏里格气田投入规模开发，新的认识、新的理念、新的技术、新的机制，大大丰富了低渗透油气事业的实践，加之鄂尔多斯盆地靖安、绥靖、靖边、榆林、西峰、姬塬、白豹和苏里格8大低渗透油气田先后投入开发，2001年长庆规划的2010年实现油气当量3000万吨成长性战略目标指日可待，2008年规划的5000万吨目标已见端倪，这一系列重大事件使一个名不见经传的小油田即将成为全国最大的油气田之一，令人激动！

为此，又萌生了完成《低渗透油气田概论——迅速崛起的鄂尔多斯盆地》一书的夙愿。但是，始终缺少成书的"动力"和"兴趣"。原因很简单，就是1991年出版的《全控网络管理理论》一书，该书近40余万字，整整花费了我三年时间。当时我主管长庆油田开发工作，白天没有时间，每天只能在晚上九点后才能动笔，并把电视机用报纸糊起来，发誓"书不成不看电视"。北京经济学院邬凤祥教授为该书作序时称之为"黑书"（即黑夜写成的书）。可是，我的女儿却不屑一顾，连翻都不翻一下，令人伤感啊！说明年轻人对此类书不感兴趣。

2008年的一天，有幸与中国工程院胡见义院士聚会，在谈到低渗透油气田勘探开发时，胡先生建议，"你应该争取列个专题，总结研究鄂尔多斯盆地低渗透油气田勘探开发成功的经验、技术、认识以及失败的教训，这是一笔财富，对于中国今后大规模开发低渗透油气田是有好处的"。为此，我很受感动，感动的是胡先生对鄂尔多斯盆地低渗透有如此高的评价和认识，对于我这个搞了近40年低渗透的人来说，使我动情，"专题就不列了"，决心单打独斗续写《低渗透油气田概论——迅速崛起的鄂尔多斯盆地》（上、下册）一书。

我虽然不是什么专家，但我喜欢干点专业的事，也了解如何去寻找和开发低渗透油气田，也大概知道在什么地方去寻找？如何去开发？有时候一个大的发现，可能在于专业知识，也有碰运气的，但悟性也在起作用。悟性是什么？悟性源于实践，源于经验和知识的积累，源于对周围事物的熟悉了解，并熟悉事物的来龙去脉，熟悉事物的过程和发展趋势。

我的体会是，搞自然科学的人，一定要了解一些社会科学的知识。因为社会科学，比如哲学，就是教导人们如何看问题、分析问题、思考问题，给人思维方法上的启迪和指导。为什么医学硕士要去读哲学博士？就是这个道理。实际上我们处理问题的出发点，不外乎就是两个途径，一是问题导向，二是方法导向，这就是社会科学昭示的方向和提供的方法。

曾经，我在西安第四军医大学西京医院住院时，有足够的时间读了一本极有价值的书，专题写41位诺贝尔奖获得者的成功之道。在仔细地研究并统计分析之后，惊人地发现他（她）们都有一个共同之处，除了事业上的成就之外，他（她）们都是睿智的思想家和方法家，他（她）们都对社会科学感兴趣。这或许是他（她）们成功的秘诀。任何成功的人士都有正确的方法做指导。社会科学是工具，哲学更是工具，它的绝妙之处，就是教给人方法。

"经验主义"不好，去掉"主义"，经验肯定是有用的。经验是实践的积累，也是知识的积累，是一种财富。中医学严格的讲就是经验的积累，也有人把它定性为前科学。几千年来，人们之所以把中医当做"治病救人"的一门学科，久传不衰就是这个道理。广而言之，如果一个人积累了经验不用，并束之高阁，就是傻瓜。聪明能干的人，不但用自己积累的经验，而且千方百计学习别人的经验，可谓上上之策。

我不是什么史学者，但我读了一些中国历史的书籍，特别是中国近代史。鸦片战争以来，泱泱华夏大国，毫无颜面地被西方列强百般凌辱，小小弹丸之国，都敢欺负幅员辽阔的中央帝国，作为一个有血性的中国人谁都不舒服。值得庆幸的是我们这代人，虽然经历过文化大革命，但还是赶上了千年一遇的中华民族伟大复兴的时代，为国家服务，为民族效力，为国家能源做些事，应该是很光荣的。

我热爱低渗透油气事业，因而我毕生都为之努力。虽然，本人没有什么知名度，也没有什么影响力，但深知低渗透油气事业已经成为燎原之势。中国科学院院士贾承造先生说："全球能源发展的四大趋势，即低渗透油气、老油田提高采收率、天然气和深海勘探，低渗透油气勘探开发排在了发展的第一位"。中国石油近几年新发现的探明石油地质储量70%是低渗透储量，探明天然气地质储量90%是低渗透储量。所以说低渗透事业的明天是辉煌的、美好的，事实也即将证明这一点。

我崇拜自然，更崇拜一切源于自然的事物。因为，自然反映的是真实。凡是真实的东西都是美好的。只有真实，才可能成功，人与人，只有真实，才有真诚。对于特低渗透油气田勘探开发，要下真正的功夫，才有可能成功。功夫下多大，成功就有多大。凭匹夫之勇，取得点成绩，不足道哉；凭侥幸取得点成绩，不值得庆幸。真正的功夫与真正的成功是成正比关系。

我这本书并不是什么真正意义上的专著。但是，我想改变一下此类书的写法。理论与实践、技术与管理、观点与认识、思想与评论，同台亮相，至少要能吸引像我女儿那样的80后的人能翻一翻，这就是我出版此书的最大目的。

再 版 说 明

《低渗透油气田概论——迅速崛起的鄂尔多斯盆地》(上册)一书自 2009 年 3 月由石油工业出版社出版发行以来,各方反映积极。中国石油大学、中国矿业大学、同济大学等多所知名大学的图书馆将它列为读者荐购的书目,当当网、卓越亚马逊、蔚蓝网、中国图书网、北京图书大厦等各大网上书店也很快将其列入书架,对外发行出售。目前,第一版印刷的 2000 册已销售一空。

石油工业出版社催促我再版,因为还有多家单位已与出版社联系,希望能尽快征订。看到读者对该书如此有兴趣,深感欣慰。但同时又感觉到有责任将它修改完善,才不会辜负读者的厚爱。

其实,从该书出版之后,我一直关注着石油行业的专家和广大读者对该书的反馈意见。在这期间,各位专家和热心的读者们给我提出了许多宝贵的修改意见,在此对他们表示衷心的感谢。在新版中,我根据读者的反馈意见,对原书中存在的文字错误进行改正,对个别技术内容进行了调整。如原书第 9 页第 18 行"由'自由王国'到'必然王国'的过程"改为"由'必然王国'到'自由王国'的过程";第 11 页第 14—15 行"其关键点是'常规措施难以规模有效开发'"一句,为了保持与前面的定义一致,改为"其关键点是'常规开采方式难以有效规模开发'";第 13 页第 2 行"0.1~10mD"改为"0.001~10mD";第 71 页,表 2—14 因与图 2—51 有冲突,删去;第 74 页,表 2—18 表名改为"长庆 4 个油田原油性质统计"。

在第一版中,我对引用的资料标注了参考文献,对部分图表、公式说明了来源。在新版中,又补充了几篇参考资料,如果还有遗漏,请读者们批评指正。

石油界德高望重的老前辈——中国工程院翟光明院士对该书非常关注。第一版从写作到完成,他一直都给予了极大的关心和帮助。我请他为新版写个序,他欣然同意了。在此表示深情的感谢！新版增加翟院士为本书写的序。

另外,2009年5月7日《中国石油报》发表了《中国石油企业》杂志高潮洪主编对本书写的书评——"低渗透的高丰获——读胡文瑞《低渗透油气田概论》",新版也把它收录进来,以飨读者。

虽然,新版进行了部分修改,但错误难免,敬请各位读者对不足之处继续给予批评和指正。

胡文瑞
2009年7月于北京

目录（上册）

一、什么是低渗透？

1. 主体观点　　　　　　　　/1
2. 通俗的低渗透　　　　　　/2
3. 广义的低渗透　　　　　　/2
4. 理论上的低渗透　　　　　/3
5. 前版低渗透标准　　　　　/5
6. 新版低渗透标准　　　　　/7
7. 新老版低渗透标准主要区别　/9
8. 低渗透气藏定义及标准　　/11
9. 低渗透标准的"五性"关系　/13
   - 边栏1：何谓概念？　　　/16
   - 边栏2：何谓标准？　　　/16
   - 边栏3：名词解释　　　　/17

二、怎样开发低渗透？

1. 主体观点　　　　　　　　/19
2. 聚宝盆　　　　　　　　　/20
3. "四层楼"　　　　　　　　/25
4. 地质特征　　　　　　　　/30
5. 世界级难题　　　　　　　/40
6. "磨刀石"革命　　　　　　/45
7. 破解倒悬之困　　　　　　/54

8. 油田开发特点 /58
9. 气田开发特征 /63
10. 双重介质渗流理论 /66
11. 相对均质理论 /70
12. 攻关二元理论 /75
13. 意外收获论 /78
14. 区别对待论 /82
15. 经济界限理论 /87
16. "三从一新"路线 /91
17. 低成本开发思路 /93
18. 斤两不拒 /96
19. 三大基本条件 /98
20. 八年特低渗透油田开发技术攻关 /100
21. 七年低渗透气田技术攻关 /102
  边栏1：庆一井铭 /104
  边栏2：没有不能动用的储量 /104
  边栏3：洞察力 /105

三、低渗透油田技术创新

1. 主体观点 /107
2. 早期油藏描述 /108
3. 注采井网优化 /112
4. 规模丛式钻井 /115
5. 油层顶部射孔 /118
6. 中等规模压裂 /119
7. 不压裂投注 /124
8. 超前精细注水 /125
9. 适度温和注水 /130
10. 精细注采调控 /131
11. "单、短、简、小、串"地面工艺 /135

　　　　边栏1:"好汉坡"精神　　　　/138
　　　　边栏2:胜利者　　　　　　　/138
　　　　边栏3:塞一井赋　　　　　　/140

四、低渗透气田技术创新

　　1. 主体观点　　　　　　　　　/141
　　2. 气藏评价　　　　　　　　　/142
　　3. 富集区筛选　　　　　　　　/150
　　4. 井位优选（地震）　　　　　/152
　　5. 快速钻井　　　　　　　　　/154
　　6. 分压合采　　　　　　　　　/157
　　7. 井下节流　　　　　　　　　/159
　　8. 快速投产　　　　　　　　　/161
　　9. 地面工艺　　　　　　　　　/165
　　10. 定压生产　　　　　　　　 /168
　　11. 标准化建设　　　　　　　 /168
　　12. 技术集成　　　　　　　　 /172
　　　　边栏1:开拓者　　　　　　 /176
　　　　边栏2:天然气时代　　　　 /178
　　　　边栏3:国家十大科技进展　 /179

五、低渗透油气田管理创新

　　1. 主体观点　　　　　　　　　/181
　　2. 全控网络管理论　　　　　　/183
　　3. 创新体制管理　　　　　　　/187
　　4. 模式化管理　　　　　　　　/192
　　5. 数字化管理　　　　　　　　/209
　　6. 项目EPC管理　　　　　　　 /215
　　7. 市场配置资源　　　　　　　/219
　　8. 一体化管理　　　　　　　　/221

9. 归核化管理 /222

10. 人性化管理 /224

11. 关注度新解 /227

    边栏1：顶层设计 /231

    边栏2：再创辉煌 /233

    边栏3：鄂尔多斯盆地石油简史 /235

后记 /239

低渗透的高丰获

    ——读胡文瑞《低渗透油气田概论》 /241

参考文献 /243

目录（下册）（待续）

六、低渗透勘探开发的学问

1. 主体观点
2. 三个重新认识
3. 宏观找油论
4. 原点找油论
5. 双锁循环论
6. 导向论
7. "老三重"
8. "新三重"
9. 四个立足
10. 三个理论点
11. 三找一打
12. 蜘蛛现象

    边栏1：学问
    边栏2：勘探哲学语录集
    边栏3：苏里格沉浮记

七、低渗透与低成本可以兼得

1. 主体观点
2. "低渗透低成本"
3. 低成本开发
4. 从简从省

5. 找出"空白之处"
6. "低桶板"所在
7. 建立低成本创新的战略框架
8. 低成本组织结构
9. 集成创新或整合创新
10. 流程创新
11. 颠覆性创新
12. 解放内部创新者
13. 寻找外部创新者
14. 开展低成本试验
15. 员工与企业和谐
    边栏1：悖论
    边栏2：何谓油藏评价？

八、低渗透原点的历史丰碑

1. 主体观点
2. 鄂尔多斯盆地低渗透诗史般历程
3. 鄂尔多斯盆地石油
4. 鄂尔多斯盆地天然气
5. 中国第一口低渗透油井
6. 中国第一个三百万吨安塞特低渗透油田
7. 中国第一个百万吨级的五里湾油田区块
8. 中国第一个率先建成50亿立方米靖边气田
9. 中国第一个超万亿立方米苏里格大气田
10. 中国建成最大的油气生产基地
11. 中国将诞生又一个大庆
    边栏1：什么叫历史意义？
    边栏2：原点论

九、低渗透与未来

1. 主体观点
2. 中国低渗透油气分布图
3. 中国七大盆地低渗透油气分布
4. 低渗透油气探明储量情况
5. 低渗透油气产量增长情况
6. 低渗透油气剩余油气资源情况
7. 低渗透油气田产能建设情况
8. 低渗透油气田开发生产情况
9. 多井低产现实
10. 低渗透革命
11. 战略性谋划
12. 低渗透战略
13. 最高境界观
14. 低渗透为王
15. 低渗透主义
16. 低渗透未来
17. 低渗透行动
18. 激情低渗透

　　边栏1：什么叫主义？
　　边栏2：顶层设计
　　边栏3：没有梦想就没有希望

十、全球油气大趋势

1. 低渗透油气
2. 老油田提高采收率
3. 天然气
4. 深海油气勘探
5. 新能源（包括非常规油气资源）

边栏1：大趋势
　　边栏2：胜者
后记
参考文献

一、什么是低渗透？

1. 主体观点

什么是低渗透？

什么是通俗的、广义的、理论上的低渗透？

如何认识前人划分的低渗透标准？

"低、特、超"低渗透的主要区别是什么？

低渗透划分标准的实践性、区域性、时间性、技术性和认识性？

标准意味着目标、意味着工作的难易程度。

基本概念往往是最重要的也是最简单的和最难提炼的。

从最基础的基本概念入手是成功的第一步。

新版低渗透标准代表着低渗透油气田开发的最新认识。

低渗透标准的降低意味着开发难度和技术可采储量的增加。

公式推导难，逻辑推理也难，但提炼概念更难。概念是简单的，恰恰是最难的。它是理论、实践和认识的高度浓缩。任何大的、宏观的东西都应该从最简单的人们都熟悉的而又不好准确回答的概念入手。

回答基本问题是认识问题和解决问题的第一步。

科普地讲："低渗透就是致密"，"致密就是低渗透"。例如：低渗透砂岩油气藏就是致密砂岩油气藏。这样讲，社会大众都容易理解。

2. 通俗的低渗透

（1）常规开采方式难以开发的油气藏，称之为低渗透。

（2）一般情况下，钻井无自然产量，只有经过后期改造和驱替，才产生一定的油气产量，而且是低速流动，故称之为低渗透。

（3）储层物性较差且易受伤害，单井产能低或无自然产能，多需采用非常规开发技术才可见经济产能的油气藏，称之为低渗透油气藏。

（4）油品性质较好、天然气组分较纯，常规开采方式产不出流体（油、气、水）的油气田，即所谓"磨刀石"油气田、"三低"油气田和"致密"砂岩油气田，统统称之为低渗透油气田。

上述表述只是个通俗的说法，包括油气，但不是真正意义上的定义。它的最大特点是没有采用"毫达西"的概念来表述。不论怎样讲，低渗透已经进入我们视野，进入我们的工作的全过程，进入我们的名词库。我们是不能回避它的，必须面对它，正视它，这就得有个文字表述的概念。上述四种表述只是表述方式不同而已，其意思是一样的。目的也是在于探索一种更准确、更通俗的表述。

3. 广义的低渗透

（1）流体在多孔介质中渗流时因其介质致密、孔喉细小、孔隙结构复杂、固液作用强烈等因素导致流体流动速度较慢，产生与常规渗流不同的渗流力学特征，即低速非线性流特征，称为之低渗透。

（2）一般是指储层致密、孔隙度小、渗透性差、流动不符合线性关系（而遵循低速非线性关系）的渗流问题，包括一般低渗透、特低渗透、超低渗透，这些统称之为低渗透。

（3）渗透性差、孔隙度小、毛细管作用明显，非均质或相对均质、且易受流度比影响，一般呈现孔隙渗流与裂缝渗流共存的多介质复杂流动状态，称之为低渗透油藏。

（4）油、气、水在储层中流动，是一种低速变形流动状态，主要由岩石的毛细管力作用和孔喉细小所决定，故称之为低渗透油藏。

上述四种表述，称之为广义的低渗透，也包括低渗透油气。与通俗的低渗透表述比较，它的最大特点只是嫁接了低渗透的物性参数的概念。为什么提出四种广义低渗透表述方式，主要是探讨更准确的广义的表述方式。但是，反过来讲，一个概念、一个定义，由于理解的不同，很难做到一个统一的标准的表述。

4．理论上的低渗透

低渗透油藏与中高渗透油藏比较，具有不同的渗流特征，主要表现为低渗透具有启动压力梯度和非线性流特征（图 1—1）。目前国内外研究认为，这种渗流特征主要是因为其孔喉细小、比表面积和原油边界层厚度大、贾敏效应和表面分子力作用强烈等造成的。

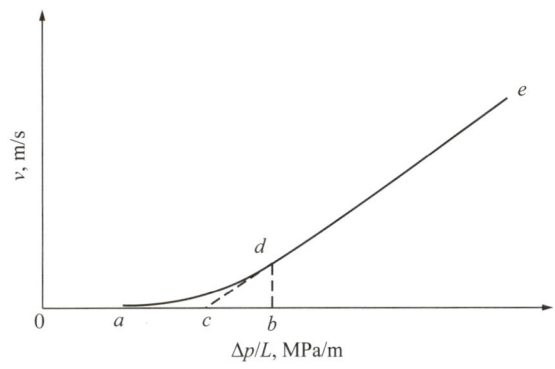

图 1—1　低渗透油藏非线性渗流曲线

图 1—1 中，纵坐标 v 表示渗流速度，横坐标 $\Delta p/L$ 表示压力梯度。压力梯度从 0 开始增大时，由于低渗透储层孔喉细小、比表面积和原油边界层厚度大、贾敏效应和表面分子力作用强烈等原因，一般情况下，流体不能流动，只有当压力梯度增大到一定值（启动压力梯度，图中的 a 点）后，流体才开始流动即低速非线性流动。随着压力梯度的增大，流体流动越来越快，逐渐趋近于线性流动。当压力梯度达到一定值（如图中 b 点）后，随着压力梯度的增大，流体呈现线性流动。

在理论上，常用的低渗透渗流曲线的数学描述方式有三种：(1) 用 ce 直线段来近似描述；(2) 用两段不同斜率的直线段（od 段和 de 段）来描述；(3) 非线性流段和线性流段分段考虑，非线性流段（ad 段）用幂律关系描述，线性流段（de 段）用直线关系来描述。

在上述三种不同的描述中：

第一种，直线段 de 与 x 轴的交点（c 点），称之为拟启动压力梯度。只有当压力梯度高于拟启动压力梯度时，流体才开始线性流动。这种描述仅考虑启动压力梯度的影响，没有考虑低渗透非线性渗流特征，是一种简化的模型，目前经常采用这种近似方法处理低渗透油田开发中的工程计算问题。

第二种，当压力梯度大于零时，流体就开始线性流度；当压力梯度达到 b 点后，流体开始另一种线性流动。这种描绘没有反映出启动压力梯度的存在，按该方法计算出的经济技术指标比实际偏高。

第三种，描述方法较精确，既反映了渗流过程中的启动压力梯度，也反映了低压力梯度时非线性渗流过程，还表达了在较高压力梯度下充分发展的线性渗流过程。但是，该描绘在数学处理上会遇到较大的困难，在工程应用中计算繁琐，使用不太方便。

上述低渗透渗流理论的描述，虽然，在理论上比较简单、现场使用较广泛，也是最经典的描述。但是，该理论只考虑了低渗透孔隙渗流的问题，而未充分考虑低渗透的相对均质性和裂缝渗流问题。因此，在理论上或许存在缺陷，在实践中也存在一定的局限性。

一是该理论前提是储层的非均质性，未充分考虑低渗透相对均质的问题。许多实践证明：低渗透油田存在相对均质的一面，并具有达西渗流的某些特点，而并非完全是非达西渗流。实践中某些低渗透油田采收率已经达到 25%，就说明这一问题。

二是储层的孔喉大小和均质程度是低渗透渗流理论的关键。理论上往往注重孔喉小及连通性差的一面，过多地渲染了非线性的一面，而忽视了储层孔喉虽细小，但相对均质及连通性较好并具有线性关系的一面。

三是该理论没有考虑低渗透油气田中普遍存在的裂缝问题。实践表明，一般情况下，裂缝在低渗透油气藏中是客观存在的，主要表现为裂缝和微裂缝，这两种裂缝都是天然裂缝。实际上，裂缝在储层中是一把"双刃剑"，既有好的一面，起到了孔隙连通和油流通道的作用；也有不好的一面，使注入水驱替效果受到影响，大大影响了注入水波及效果，最终影响了采收率的提高。

四是在低渗透油气田开发中，裂缝渗流也起着一定的作用，尤其是在开发前期，渗流几乎主要是靠天然裂缝渗流，这与低渗透油田开发实践中初期产量较高的事实相符。但是，最理想的结局，希望在常压条件下，低渗透油气藏裂缝、特别是微裂缝不开启，这样，孔隙渗流才能发挥主要作用，有利于注水均匀推进，提高波及系数，进而获得较高的采收率。

综合上述情况，充分说明低渗透油气藏渗流特征是极其复杂的，任何一个理论都不可能做到完全符合各类低渗透油气田开发的实际，完全靠某一理论解释低渗透油气藏开发的实际，都是不现实的，也是不科学的。

上述四点严格地讲，也是值得商榷的，之所以提出来，也是想引起大家共鸣关注，继续研究、讨论这一问题。

5. 前版低渗透标准

低渗透是一个相对的概念，世界各国对低渗透油藏的划分标准和界限，因国家政策、资源状况和经济技术条件的不同而各异。

低渗透油藏的分类方法有：渗透率分类法、流度分类法、流动系数分类法、孔隙度分类法等。目前最常用的是渗透率分类法。当然，下述各类低渗透划分标准，也并不都具有权威的代表性，但就低渗透标准划分而言都具有国际普遍认知的意义。

严格地讲，低渗透油藏划分标准，仅以渗透率划分并不十分科学，还应该考虑孔隙度，流度比，原油性质（密度、黏度、组分、溶解气油比、体积系数）等。但目前公认的就是渗透率分类法。

（1）俄罗斯苏尔古伊耶夫版本：

将低渗透油藏渗透率的上限定为50mD。（苏联，М.Л.苏尔古伊耶夫等，1993)

该版本可称之为世界石油业内公认的版本，但它适合于石油开发的初期和油气资源特别丰富的国家和地区，从这个意义上讲有其局限性，不一定适合当今世界低渗透发展的现实。

(2) 美国 A.I.Leverson 版本：

渗透率大于 10mD 的油藏为好储层，反之，小于 10mD 就是低渗透油藏（致密砂岩油层），其上限定为 10mD。（美国 A.I.Leverson，1975）

该版本称之为与时俱进的版本，结合了北美大面积开发低渗透油田的现实，不失为一个较符合实际的好版本。此版本为美国人开发更致密的油田设计了新的技术标准，也为开发低渗透油田创造了条件。

(3) 中国罗蛰潭、王允成版本：

渗透率小于 100mD 的称为低渗透储层（罗蛰潭、王允成，1986）。

该版本是目前所看到的中国石油业内，低渗透油藏划分标准中，标准参数选定最大的一个版本，也是很大胆的一个版本，它可能更适合中东、俄罗斯等油气资源特别丰富、丰度特别高的国家和地区，也适合大庆油田、胜利油田及其他油田等，但不适合目前中国大范围的低渗透油田。

(4) 中国严衡文等版本（严衡文、周文珍、皮广农于 1992 年西安"国际低渗透油气藏会议"上）：

渗透率大于 100mD 为好储层；

渗透率 10～100mD 的为低渗透储层；

渗透率 0.1～10mD 的为特低渗透储层；

渗透率 0.1～50mD 的统称为低渗透储层。

该版本不失为一个较客观、较科学的版本，他充分考虑了中国第一个特低渗透油田——安塞油田成功开发的实际。1992 年西安"国际低渗透油气藏会议"，就是结合安塞油田开发的实践和鄂尔多斯盆地勘探的实际而召开的，提出此标准是在情理之中。特别是首次提出"渗透率 0.1～10mD 的为特低渗透率储层"，很有创新，很有远见。尤其是设定特低渗透率的下限为 0.1mD，不能不说是一个大贡献，对低渗透油气田开发有着十分重大的现实意义。严衡文等人作为先行者，觉察并认识到"特低渗透率储层"的标准下限，而且是 17 年前就认识到这一问题，令人敬佩。

(5) 中国李道品等版本（李道品，1997）：

低渗透：10～50mD；

特低渗透：1.0～10mD；

超低渗透：0.1～1.0mD。

该版本与严衡文等版本有相似之处，但更细化了。所不同的是李道品等版本首次提出了"超低渗透（0.1～1.0mD）"标准的概念，有先见之明，关键就是一个"超"字，毫无疑问是划分低渗透标准的一个重大进展。李道品教授多年从事低渗透油田的开发，对低渗透有着深刻的体会和理解，到现在看其划分的低渗透标准，仍然符合低渗透作为世界能源开采业的主体趋势，有着重大的现实指导意义。

（6）中国《中国石油勘探开发百科全书》版本：

低渗透：大于或等于10～小于50mD。

特低渗透：大于或等于1～小于10mD。

超低渗透：小于1mD。

该版本中低渗透标准的上限采用俄罗斯苏尔古伊耶夫版本，即"将低渗透油气藏的上限定为50mD"，下限采用美国A.I.Leverson版本，即"渗透率大于10mD的低渗透为好储层"。不失为一个综合版本。特低渗透标准的上限还是美国A.I.Leverson版本，即"渗透率大于10mD的低渗透为好储层"的复制。但下限等于1mD，是目前技术都能实现的标准。"超低渗透：小于1mD"，是一个无限的概念，可以使人们联想很多。但不论怎样讲都是比较客观的、科学的划分标准，有其技术的含量，也有其实际的指导意义。

6．新版低渗透标准

随着油气田开发技术的进步，我认为低渗透储层的标准可以重新划分为：

（1）一般低渗透：1～10mD。

（2）特低渗透：0.5～1mD。

（3）超低渗透：0.5mD以下。

新版低渗透储层标准，是参照了国内外低渗透油气田开发的实际，更重要的是结合了低渗透油气田成功开发的实践，特别是结合了近几年

重大开发试验的成果而提出来的,并分为一般低渗透、特低渗透和超低渗透储层。主要依据是:

一是中国第一个特低渗透油田安塞油田 8 年技术攻关成功的实践,攻克有效渗透率 0.49mD 油田开发的难题,1997 年产量突破 100×10^4t,2008 年突破 300×10^4t。

二是鄂尔多斯盆地近 15 年大面积开发低渗透油田的实践。目前 2008 年全盆地原油产量已经突破 2400×10^4t,大部分开发的是 1mD 以下的油藏。

三是中国石油天然气股份有限公司近年来组织的重大开发试验的成功,使数量可观的低品位储量如吉林、吐哈三塘湖等得以有效动用,而且见到比较好的开发效果。

四是中国近几年探明的石油地质储量中 60%～80% 是低渗透储量,而且所占比例逐年增加,已毫无疑问地成为开发的"主力军"。

新版低渗透储层标准与前面低渗透储层分类标准的 6 种版本对比,一般低渗透的上限与美国人 A.I.Leverson 版本 10mD 是一致的;与罗蛰潭等版本、严衡文等版本、李道品等版本和《中国石油勘探开发百科全书》版本低渗透下限 10mD 也是一致的。

但是新版低渗透储层标准,首次把 1mD 作为"一般低渗透储层"划分的下限,是根据鄂尔多斯盆地勘探开发的实践而设计的,因为,对于 1mD 的储层目前技术完全可以实施开发。

新版低渗透储层标准,也采用了"特低渗透"标准的划分,这种划分在中国能看到的三个版本,即严衡文等版本,渗透率 0.1～10mD 为特低渗透;李道品等版本,渗透率 1.0～10mD 为特低渗透;《中国石油勘探开发百科全书》版本,大于或等于 1～小于 10mD 为特低渗透。尽管参数选取不一,但在"特低渗透"提法上是一致的。

新版低渗透储层标准,把 0.5～1mD 划分为"特低渗透",是目前国内最低的特低渗透储层划分标准,比严衡文等版本和李道品等版本的下限标准还低了一半。为什么这样划分?主要是 0.5mD 左右特低渗透储量,目前已经开发了 10 多亿吨这类石油地质储量,有足够的实践性依据和理由这样划分。

新版低渗透储层标准，把 0.5mD 以下划分为"超低渗透"，这种概念和划分标准在中国能看到的只有两个版本，即李道品等版本（小于 1mD）和《中国石油勘探开发百科全书》版本（0.1～1mD）。尽管"超低渗透"提法在实际工作中早已提出，但见于文字的是李道品教授和《中国石油勘探开发百科全书》。

新版低渗透储层标准，"超低渗透"是小于 0.5mD 以下。是一个无限的概念，还有许多未知数，比如 0.3mD 油藏开发，在中国还没有规模开发的成功先例，虽然在一些油田已经有了小区块的试验，技术上有了一些准备，但总体上还没有达到工业化大规模开发的程度。而美国在致密砂岩勘探开发方面已经达到很高的程度。可能在中国鄂尔多斯盆地很快就有突破。这些均提供了可以借鉴的实践上的依据。

7．新老版低渗透标准主要区别

目前，低渗透标准最有代表性（包括新版标准）的大概有 8 个级别的标准，其特点是数学式的由大到小，坐标式的一字排列。级别标准的每一次变化，都孕育了一场场油气田开采对象的变革，经历了一次次重大技术革命。中国石油低渗透储层开发，经历了"毫达西"由大到小的转变，也就是说经历了"低渗透革命"。由初级阶段到高级阶段演变发展的过程，由"必然王国"到"自由王国"的过程。也进一步说明"自然科学无极限"。

100mD，（中国）；

50mD，（俄罗斯）；

20mD，（唐曾熊教授）；

10mD，（美国、中国）；

5mD，（中国）；

1mD，（中国石油油田开发管理纲要）；

0.5mD，（中国）；

0.3mD，（中国）；

[0.01～50μD（美国）]。

从低渗透标准的不断升级，可以看出人们认识世界和改造世界的发展过程，也就是人类技术进步的发展过程，也可以说是一次次革命的过程。

在石油开采初期，开发100mD的油田，在当时技术落后的时代，就是一个了不起的进步。当人们能规模开发50mD的油田，据有关资料记载大概是20世纪60年代；开发20mD是70年代；10mD在80年代。中国从1907年钻成第一口井，用了70多年才能开发1mD左右的低渗透油田，规模有效开发0.5mD（有效）油田整整用了80年左右的时间，也就是以鄂尔多斯盆地陕北安塞油田8年技术攻关成功开发为原点。

新老版本低渗透标准的主要区别，就是"低、特、超"。如果说10～50mD，是人们公认的低渗透的话，那么0.5～1mD的"特"低渗透，就是低渗透的"次极限"，小于0.5mD以下"超低渗透"，就是"极限"，而开发小于0.5mD"超低渗透"是真正意义上的挑战极限，挑战无限奥秘的客观世界。

新版低渗透标准，"超低渗透"是小于0.5mD以下的油藏，可以说是超级的超级，极限的极限。目前除了中国某些气田和油田小区块有实践外，其他先例并不多，开发难度非常之大，不过人们总是会有办法的。

从这个意义上讲，"低、特、超"主要区别，有个重要的分水岭，一边是1mD以上，一边是1mD以下，这个分水岭，不论是实践还是技术都是可以实现的，属于低渗透、特低渗透上限的范围。1mD以下，属于特低渗透、超低渗透的范围，所以"1mD"，是"低、特、超"最主要的分水岭。

不难看出，"1mD"上下的变化，对于低渗透、特低渗透和超低渗透油田开发者来说，具有天壤之别，对开发商来说意味着投资、回报、利润的变化，对于工程技术人员来说意味着成功和失败以及挑战。

"低"是指一般低渗透，目前技术均可开发，"特"是特殊的油藏，现在技术也可以基本实现有效开发，"超"低渗透，就不是那么简单了，0.5mD以下的油田开发才是真正的挑战。

目前，美国在致密砂岩、页岩、煤层气等领域走在了世界的前面，不能不令人敬佩。中国在低渗透、特低渗透油田开发方面也具有世界先进水平，也毫不逊色。

8．低渗透气藏定义及标准

低渗透（致密）砂岩气藏，一般是指孔隙度低于10%、地下渗透率低于0.5mD、含气饱和度低于60%、含水饱和度高于40%的砂岩层中的天然气藏。这个定义整体看比较完整，而且有量化的概念，有实际意义［冉新权等编著《苏里格气田开发论》］。

雷群定义是：低渗透砂岩气藏，是指有效渗透率小于5mD，一般需要采取增产工艺才能有效开发的天然气藏。这个定义是雷群院长在中国石油第四届天然气开发年会上所描述的，适用范围大，而且特意提到了"一般需要采取增产工艺才能有效开发的天然气藏"的观点。

本书的定义是：低渗透气藏，是指常规开采方式难以有效规模开发的气藏。包括低渗透砂岩气藏、火成岩气藏、碳酸盐岩气藏以及煤层气气藏等。是最简单最通俗的表述，其关键点是"常规开采方式难以有效规模开发"，不是一般的技术可以实现有效规模开发的气藏。但必须满足两个基本参数选取条件，一是渗透率小于5 mD；二是孔隙度小于8%。至于含气饱和度、含水饱和度、低压气藏就要根据不同的气藏区别而论了。

上述表述和本书对低渗透气藏定义的表述，虽然有异曲同工的方面，但区别不大。中国人习惯提法是"低渗透气藏"，美国人一般称之为致密气藏，不过影响气藏有效规模开发的因素众多，严格的定义和统一的认知，也不可能做到。但有一点是一致的，"必须通过特殊技术改造才能实现有效规模开发"。

低渗透气藏（储层）标准，早期的分类是1980年，美国联邦能源管理委员会（PERI）根据《美国国会1978年天然气政策法（NG—PA）》的有关规定，率先提出确定致密气藏的注册标准是其原始渗透率低于0.1mD。1987年，美国能源部对致密砂岩气层进行进一步的分类，根据原始渗透率划分为：

(1) 0.05～0.1mD为致密砂岩气层。

(2) 0.001～0.05mD 为很致密砂岩气层。

(3) 0.0001～0.001mD 为极致密砂岩气层。

美国人还制定了致密砂岩气层的开采标准，包括目的层埋深（一般在 1500～4500m）、产层有效厚度以及可供勘探的面积等三个方面的主要因素 [冉新权等编著《苏里格气田开发论》]。

中华人民共和国石油天然气行业标准 SY/T6110—94 规定，碳酸盐岩不同类型的储层分为四级（表 1-1），其中 Ⅰ 级为中、高渗透储集岩，Ⅱ 级为低渗透储集岩，Ⅲ 级为特低渗透储集岩，Ⅳ 级为致密岩。

表 1-1 中国关于不同类型储层划分的行业标准

储集岩级别	渗透率, mD	孔隙度, %	中值喉道宽度, μm	排驱压力, MPa	分选系数
Ⅰ	≥10	≥12	≥2	<0.1	≥2.5
Ⅱ	0.1～10	6～12	0.5～2	0.1～1	2～2.5
Ⅲ	0.001～0.1	2～6	0.05～0.5	1～5	1～2
Ⅳ	<0.001	<2	<0.05	≥5	<1

"低渗气藏高效开发新技术——四川特低渗透气藏高效开发新技术研究"报告中，明确了碳酸盐岩储层和碎屑岩储层低渗透气藏的划分标准和依据（表 1-2），认为，低渗透和特低渗透气藏，应该满足以下条件：

表 1-2 关于低渗透气藏划分的最新标准

储层级别	克氏渗透率 K_L, mD	孔隙度(酒精法) %		中值喉道半径 R_{50}, μm	排驱压力 p_D, MPa	孔隙结构类型	孔隙类型		裂缝状况	备注
		碳酸盐岩	碎屑岩				碳酸盐岩	碎屑岩		
低渗透	0.1～10	6～12	6～12	0.5～2	0.1～1	中孔小喉小孔小喉	溶孔	粒间孔溶孔	有裂缝	Ⅱ类
特低渗透	0.001～0.1	2～6	3～6	0.05～0.5	1～0.5	微孔小喉	粒间孔晶间孔	粒间孔	裂缝少	Ⅲ类
致密岩	<0.001	<2.0	<3	<0.05	≥5	微孔微喉	晶间孔	杂基孔	裂缝不发育	非储集层

（1）储层物性差，孔隙结构为中孔小喉、小孔小喉甚至微孔小喉；

（2）储层岩石的克氏渗透率界于 0.001~10mD 之间，孔隙度低于 12%；

（3）有一定程度的缝洞发育和搭配改善，但缝洞发育程度不高；

（4）在相同的储层级别下，碎屑岩储层的孔隙度一般高于碳酸盐岩储层。

9. 低渗透标准的"五性"关系

广义地讲，低渗透没有绝对的门限值，它取决于人们对低渗透的认识程度、技术的进步，以及所选用的配套工艺技术等，此标准充分考虑了低、特、超渗透的现实。低渗透标准也要"与时俱进"，也有它的实践性、区域性、技术性、时间性和认识性。

一是实践性。所谓实践性，是指"用行动使理论成为事实"，"人类有目的地改造自然、社会和人自身的一切实际活动"。实践是认识的根源、目的和动力，是检验真理的标准。没有安塞特低渗透油田开发和技术攻关的实践，就不可能产生"新版低渗透标准"，而"新版低渗透标准"在鄂尔多斯盆地大规模开发实践得到了验证，是具有生命力的，不是拍脑袋的产物。所以任何标准的提出和实施并推行，都应得到合乎逻辑的实践中的检验。

二是区域性。随着技术的进步，大量低渗透储量投入开发，低渗透油藏开发下限不断降低。20 世纪 80 年代，采用"常规压裂技术"使 10~50mD 的一般低渗透油藏得到有效动用；90 年代初，采用"大规模压裂、井网优化"技术使 1.0~10mD 的特低渗透油藏基本可以有效动用；90 年代中期，安塞特低渗透油田开发和技术攻关的实践，使 0.5mD 的特低渗透油田规模开发成为可能。2000 年以来，鄂尔多斯盆地其他油田，采用"整体压裂、超前注水"技术，使得低于 1.0mD 的 $10×10^8$t 特低渗透储量得到了有效动用。但不同油田、不同渗透率级别的低渗透储量动用程度和动用级别差异还是很大，吉林、大庆、辽河、新疆未动用低渗透储量主要为大于 5mD 的低渗油藏，由于储层物性的差异，如渗透率、孔隙度、流度比、原油黏度、储层微观结构等，也由于盆地沉积环境和年代的不同，其差别是很大的。鄂尔多斯盆地开发特低渗透油田的成功做法就不一定适合松辽盆地低渗透油田开发。因此，单纯以渗透率为评价参数的分级标准，目前不能适应低渗透油气田开发生产、科研和管理的需要，有必要研究低渗透油气田分级评价参数体系，制定低渗透油气田新的分级标准。这项工作技术性强，工作量大，目前做起来还有很大的难度。

三是技术性。技术是人类在利用自然和改造自然的过程中积累起来并在生产劳动中体现出来的经验和知识，也泛指其他操作方面的技巧；那么，技术性就是人们所进行的生产活动具有技术上的普遍意义和技术含量。技术进步引起标准变化，目的是为了适应当前低渗透油气田开发需求，是自然科学领域的"与时俱进"。中国石油勘探开发研究院廊坊分院、长庆油田分公司根据储层物性、流体性质和渗流特征对低渗透油气田分级标准作了初步修改。中国石油勘探开发研究院廊坊分院从储层微观特征出发，根据低渗透储层的微观特征对低渗透油藏进行了多因素综合分类，将低渗透油藏划分为四类；长庆油田分公司采用储层有效孔隙度、主流喉道半径、可动流体饱和度、启动压力梯度等参数，构造"四元分类系数"对超、特、低渗透油田进行了分类。但是，这些分类标准现场应用指导性不强，目前没有得到推广应用，说明这项工作还需要实践、技术和认识的积累的过程，还不能一蹴而就。

四是时间性。时间是运动着的物质存在的基本形式。时间是物质运动的延续性、间隔性和顺序性。时间的特点是一维性即不可逆性，一切事物都要经历时间的考验，时间是公平的，时间是无情的，时间的过程就是印证人类活动成功与失败的过程。鄂尔多斯盆地石油勘探始于1907年，其三叠系延长统石油，被人们认为"井井有油，井井不流"、"磨刀石"、"破棉袄"、"边际油田"和"开发无效油田"等，真正意义上的开发始于1995年，也就是说安塞特低渗透油田开发技术攻关成功之后，在这之前的80多年，石油开发无所作为。时间不到，功夫不到，谈何容易。只有功到，自然才成。有时历史阶段不好逾越，但是，同样时间阶段也不好逾越。

五是认识性。技术进步是认识的前提，实践是认识的基础，时间是认识不可逾越的过程，区域性是认识的"的"和"矢"，反映人的世界观是否实事求是。人脑对客观世界的反映，包括感性认识和理性认识。社会实践是认识发生和发展的基础，是检验认识正确与否的唯一标准，也是认识的目的。当人们具备了实践性和技术性的认识和成果，认识到区域性的差别并通过时间性的过程检验，才能对低渗透标准有认识上的进步和变化。新版低渗透标准，就是在这种情况下提出来的。这就是发生在我们身边的唯物辩证法。

边栏1：何谓概念？

概念，在《现代汉语词典》里解释为"思维的基本形式之一，反映客观事物的一般的、本质的特征"。人类在认识过程中，把所感觉到的事物的共同特点抽出来，加以概括，就成为概念。比如从白雪、白马、白纸等事物里抽出它们的共同特点，就得出"白"的概念。

人们认识周围事物最初形成的概念，通常是作为对周围事物的感性经验的直接概括，并不具有很高的抽象性。科学思维中运用的概念，即科学概念，是在相关理论指导下形成的，而且它总是处于特定的理论系统之中，具有较高的抽象性和概括性。

人们对于同一事物的认识，往往形成不同内容的科学概念。不同的学科对于同一事物会形成不同内容的科学概念，而在同一学科的不同理论中，对于同一事物也会形成不同内容的科学概念。

人们对于特定事物的本质的认识，即科学概念的内容，并不是单一的、无条件的，而是多方面的、有条件的。概念总是随着人的实践和认识的发展，处于运动、变化和发展的过程中。这种发展的过程或者是原有概念的内容逐步递进和累加，也或者是新旧概念的更替和变革。

对于产品而言，所谓"概念"无非是指商品具备了前所未有、别出心裁或与众不同的特色、特点；对于企业而言，概念就是理念，反映了企业的灵魂。一个企业有概念，那这个企业就有希望，有发展潜力。

边栏2：何谓标准？

《现代汉语词典》中，对于"标准"的解释是：(1) 衡量事物的准则；(2) 本身合于准则，可供同类事物比较核对的事物。

标准的定义："标准是对重复性事物和概念所做的统一规定。它以科学、技术和实践经验的综合成果为基础，经有关方面协商一致，由主管机构批准，以特定形式发布，作为共同遵守的准则和依据。"

标准分为国家标准、行业标准、地方标准和企业标准。标准也分为强制性标准和推荐性标准两类。强制性标准必须严格执行，推荐性标准国家鼓励企业自愿采用。其实国家标准是最低的要求，是一个行业平均水平稍靠上的水平。而行业标准高于国家标准，一般企业标准是最高的。

曾经有段时间，网上热议"有关馒头标准"的事情，特别是馒头标准中规定"馒头是圆"的说法，你不可能把"馒头做成扁的或方的"，那就不成其"馒头"了,这从侧面也说明了标准要兼顾人民的生活习惯和习惯性思维方式。

实际上,标准与规范有异曲同工之妙,对"规范"的理解:"规:圆规和正规;范:模范和示范"。从某种程度上讲,一个标准也可理解为是一个规范,标准和规范一样,标准也是有范围和等级的,标准也是能够正规性实施的,标准是应该起到"模范"和"示范"的作用的。

标准是人类所制定的,它必然要符合实际,符合国情,不可能与广大人民群众的思维背道而驰;标准也是可以不断突破和不断发展的,这也反映了我们的社会在发展、国家在日益强大。标准也要与时俱进,随着科学技术和社会文明的进步而不断提高,要能反映目前的社会发展现状及发展趋势。

总之,标准是人定的,是为人类更好地工作和更好地生活服务的,不能当做教条死搬硬套,不能被标准束缚和影响人类的进步与发展。

边栏 3:名词解释

达西定律:描述一定流体通过一定截面积的多孔介质时,其速度与沿渗流方向上的压力梯度成正比的定律。该定律是由法国工程师达西(Darcy)通过实验统计所发现并提出的,故称为达西定律。

孔隙度:指岩石样品中孔隙体积与岩石样品总体积的比值。

渗透率:在一定压差条件下,岩石能使流体通过的能力为岩石的渗透性,岩石渗透性的好坏以数值表示,称为渗透率。渗透率又可分为绝对渗透率、相(有效)渗透率、相对渗透率。

油气藏:圈闭内聚集了一定数量的油气即为油气藏。油气藏是油气在地壳中聚集的基本单位。一个油气藏存在于一个独立的圈闭之中,具有独立压力系统和统一的油—水(或气—水)界面。油气藏按圈闭的成因可分为:构造油气藏、地层油气藏、水动力油气藏和复合油气藏。

"三低":即低渗透、低压力、低丰度,是长庆低渗透油田的地质特征之一。

"磨刀石":本义是用于打磨刀刃的石头,是一种硬度大、极致密的石头。鄂尔多斯盆地油气储层由于其岩性致密状如磨刀石般,通常俗称为"磨刀石"。

长庆油田:陕西省(秦)长武县,甘肃省(陇)庆阳县,秦陇两省交界处有一条河叫泾河,经流两省注入到渭河,泾河上有一座石孔桥,这座桥叫长庆桥(取长武县和庆阳县的字头组合而成),桥旁边有一个镇叫长庆桥镇，1970年陕甘宁盆地石油大会战，总部设在长庆桥镇，庆1井出油后，油田起名长庆油田。这就是"长庆油田"名称的来历。

鄂尔多斯：原意为"宫殿部落群"和"水草肥美的地方"。蒙语是"官帐"的意思。另一种解释，成吉思汗死后，其使用过的物品被安放在八个白室中供奉，专门的护陵人繁衍并逐渐形成了一个新的蒙古部落——鄂尔多斯部落。其后几百年间，鄂尔多斯部落的蒙古人按时祭奠成吉思汗陵，一直没有离开此地。这样久而久之，这一地区就叫做鄂尔多斯了。历史上的鄂尔多斯地区包括今日伊克昭盟全境，还包括巴彦淖尔盟的河套及宁夏和陕北的一部分地区。鄂尔多斯盆地是地质学上的名称，也称陕甘宁盆地，行政区域横跨陕、甘、宁、蒙、晋五省（区）。

二、怎样开发低渗透？[1]

1. 主体观点

激活了沉睡百年的鄂尔多斯油气开发。

开创了中国低渗透开发的新纪元。

20世纪90年代以来最激动人心的低渗透革命。

低渗透开发是前所未有的挑战。

认识是解决问题的第一步。

立论是开启阀门的密码。

关键是"适用新技术"。

斤两不拒、锲而不舍。

始终牢记"多井低产"的现实。

一切注重实际效果。

坚信低渗透完全可以实现规模有效开发。

假如你对一个问题乐观地看待，你始终会有成果、有进步；假如你对一个问题是悲观的，你始终不会取得成果和成功（翟光明院士语）。

低渗透是一篇大文章，从事此项工作没有捷径可走，不是望而生畏，也不是望而却步，必须是知难而进。亚里士多德说"知识源于好

---

[1] 本书2～5章引用的有关部分长庆油田成果性的图、表资料由长庆油田总地质师张明禄等提供，详细情况见参考文献。

奇"，好奇是动力，万物都有好奇的自然属性，没有好奇心，就等于没有创造。

马克思说"劳动创造美"，劳动创造财富、劳动创造精神。劳动的激情源于对事业的热爱。要有"如痴、如醉、如迷、如狂"的精神，更要有"求真、求实、求知、求证"的态度。

一位哲学大师说："哲学来自好奇，而所谓好奇就是一种需要，也就是欲求。欲求是意志的作用。"

2. 聚宝盆

"聚宝盆"，其词源于明朝初年的一个典故。"聚宝盆"，顾名思义就是盛满金钱、珠宝之宝盆。"聚宝盆"，既为镇宅之宝，又是财富的象征。

本书所说的"聚宝盆"，是指鄂尔多斯盆地蕴藏着丰富的天然矿产资源，主要有石油、天然气、煤炭、盐岩、油砂、放射性铀矿、石灰石和水等资源，专家称之为"国之宝盆"。

鄂尔多斯盆地范围：四周高山环绕，北起阴山，南抵秦岭；西自六盘山，东达吕梁山；盆地面积$37\times10^4 km^2$，是我国第二大沉积盆地。本部面积$25\times10^4 km^2$。行政区划：内蒙古$15\times10^4 km^2$（中部）；陕西$11\times10^4 km^2$（中北部）；宁夏$5\times10^4 km^2$（全境）；甘肃$4\times10^4 km^2$（东部）；山西$2\times10^4 km^2$（西部）。

地貌特征：北部为沙漠草原及丘陵区，地势相对平坦，海拔1200～1350m。南部为黄土高原，沟壑纵横、梁峁交错，海拔1100～1400m，黄土厚100～500m。西缘为山地、基岩露头区，海拔1500～3000m。构造特征：单一的西倾大单斜，每千米坡降不足0.5°。西降东升（侏罗系0～2000m）；东高西低（古生界1000～4000m）（图2-1）。

油气聚集特征总体讲，"满盆气"，"半盆油"；"南油北气，上油下气"。具体讲："大面积，多油层，分布广，复合连片"。储层特征：既存在"三低"（低渗透、低产、低压）；又存在"两高"（局部高渗透、高产）；油气物源多向，且以河流相沉积为主；非均质性强，层间渗透率级差大。

鄂尔多斯盆地是典型的克拉通盆地，基底为太古界及下元古界变

二、怎样开发低渗透？

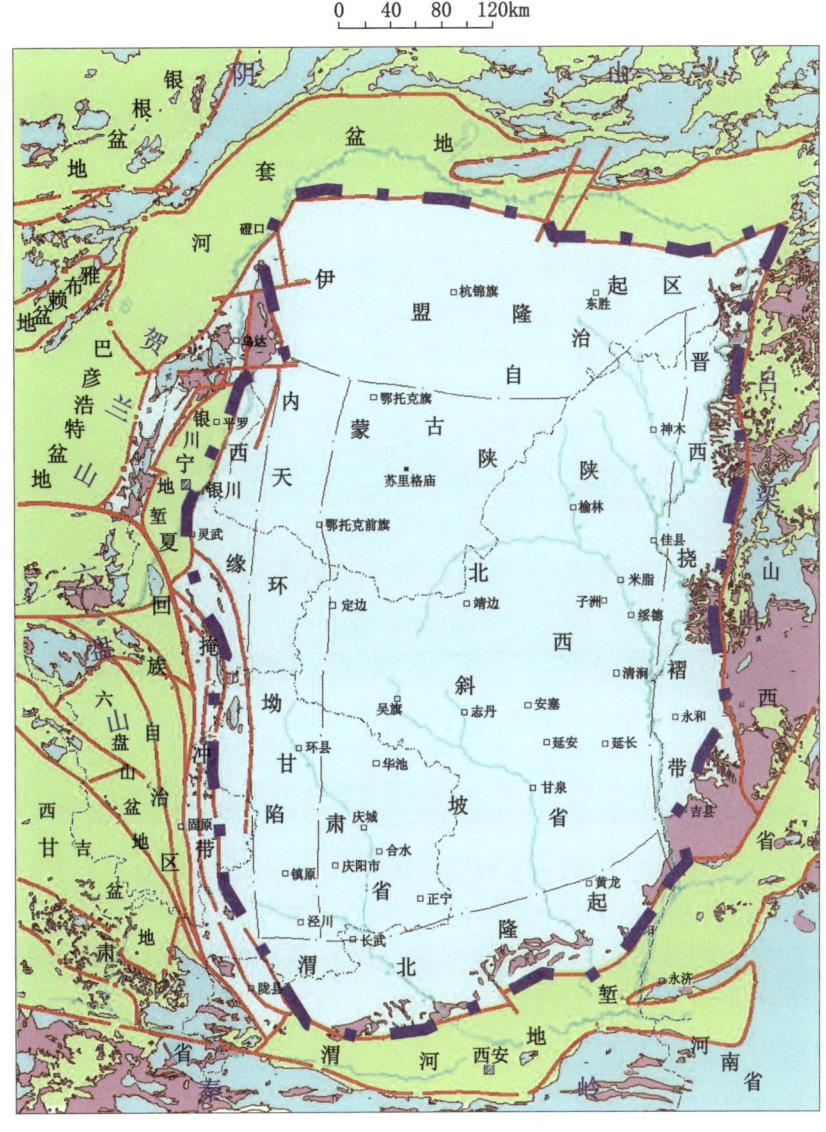

图 2-1　鄂尔多斯盆地构造区划分图

质岩系。盆地经历了五个演化阶段：中晚元古代坳拉谷——奠定盆地雏形；早古生代浅海台地——形成下古气层；晚古生代近海平原——形成上古气层；中生代内陆湖盆——形成二叠、侏罗油层；新生代周边断陷——现今构造格局与油气赋存定型（图 2-2）。

鄂尔多斯盆地构造格局划分为 6 个二级构造单元：伊盟隆起：主要发育构造、构造—岩性气藏；西缘掩冲带：主要发育构造油气藏；天环坳陷：主要发育构造、地层气藏；陕北斜坡：主要发育古地貌油气藏和

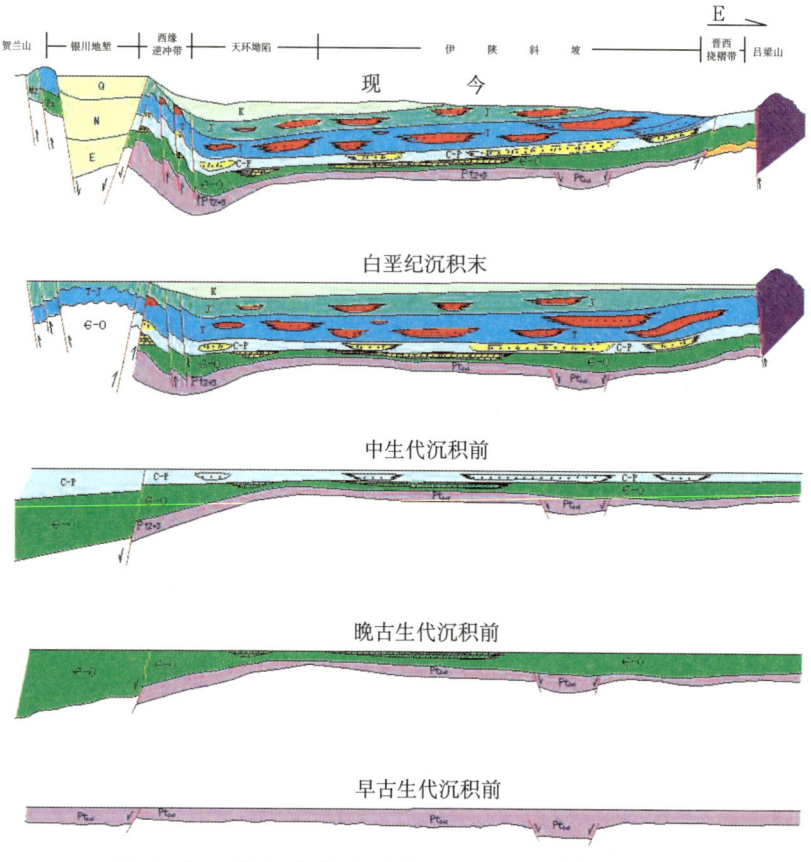

图 2-2 鄂尔多斯盆地构造—沉积演化剖面图

岩性油气藏；渭北隆起：发育构造油气藏；晋西挠褶带：发育构造油气藏，其中陕北斜坡是盆地勘探开发的主要地区，目前发现的油气藏主要分布在该构造单元（图 2-3）。

鄂尔多斯盆地有着丰富的自然矿藏：

（1）石油总资源量 85.88×10^8 t（第三次资源评价结果）。其中，三叠系石油分布 $10 \times 10^4 km^2$，总资源量 65.64×10^8 t，主要分布在近邻湖盆生油中心的三角洲前缘砂体部位；侏罗系石油分布 $5 \times 10^4 km^2$，总资源量 20.24×10^8 t，主要沿古河道边部分布。目前探明石油地质储量 18.93×10^8 t（图 2-4）。

（2）天然气资源 $10.7 \times 10^{12} m^3$，含气面积 $15 \times 10^4 km^2$。其中，上古生界 $12 \times 10^4 km^2$，下古生界 $5 \times 10^4 km^2$。目前累计探明天然气地质储层 $2.68 \times 10^{12} m^3$。

二、怎样开发低渗透？

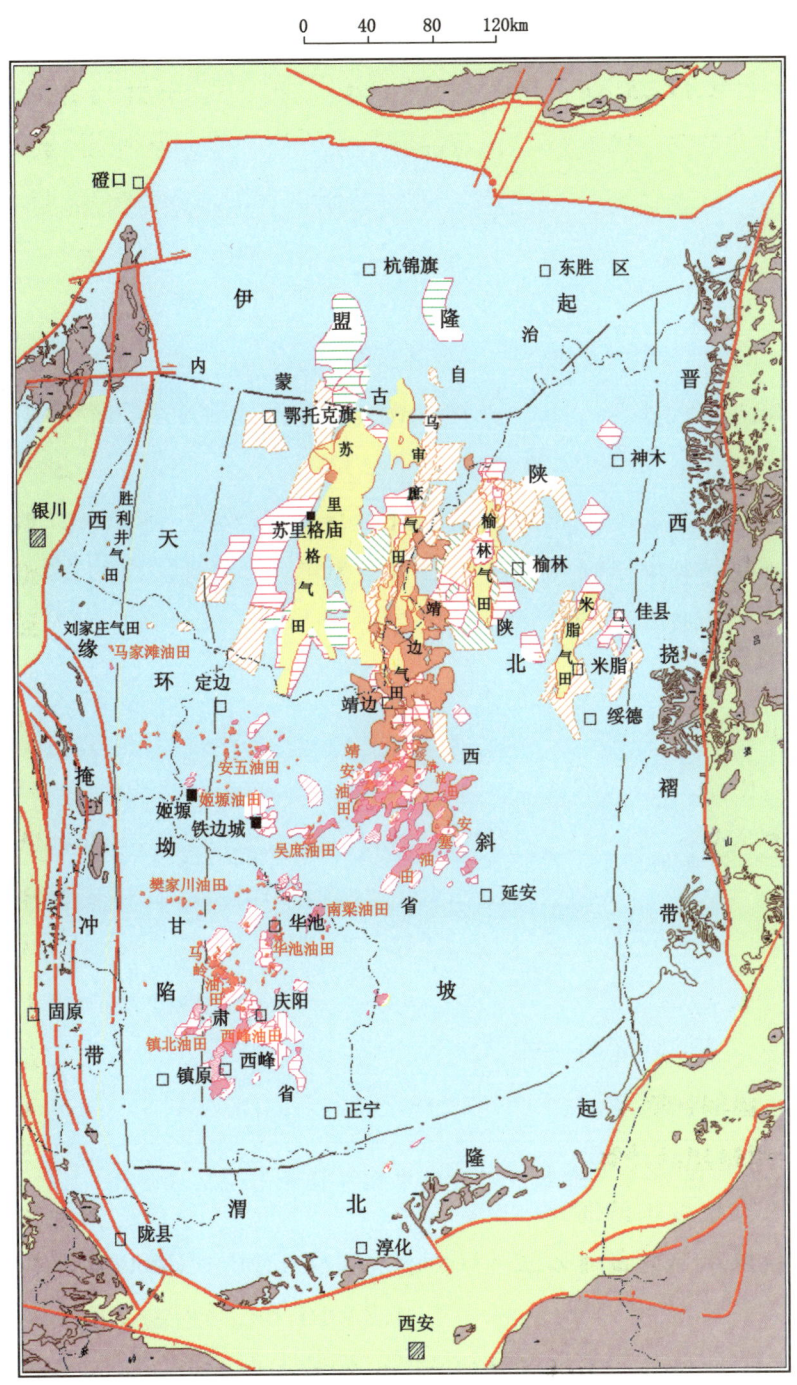

图 2-3　鄂尔多斯盆地勘探开发成果图

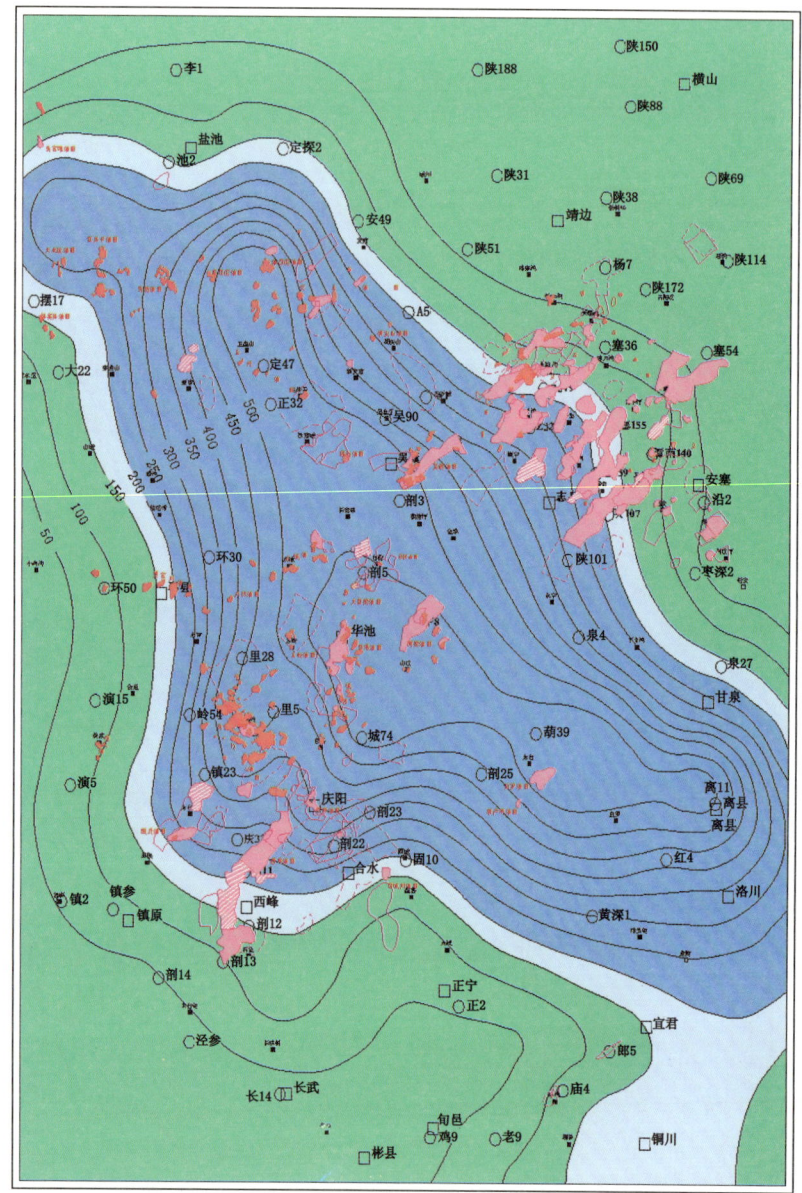

图 2-4　鄂尔多斯盆地中生界烃源岩生油强度图

(3) 煤层气资源 $11.32 \times 10^{12} m^3$（埋深 $1500 \sim 2000m$）。其中，石炭、二叠系 $6.52 \times 10^{12} m^3$，侏罗系 $4.8 \times 10^{12} m^3$。埋深小于 $1500m$ 有利勘探目标区分布在大宁、吉县、吴堡、韩城、合水、乌审旗等地区。

(4) 页岩油资源 $208 \times 10^8 t$。主矿层厚度多在 $15 \sim 40m$ 之间，其大部分在 $1000m$ 以内。盆地各种资源，在埋深 $2000m$ 以内，分布总面积达 29400km², 资源量达 10476×10⁸t, 其中, 页岩油资源量 525×10⁸t。主要分布在三叠系延长统长 7, 属于大型内陆湖盆的湖相油页岩, 沉积厚度大、分布广, 且受沉积相展布控制。

(5) 煤炭资源 (8～11) ×10¹²t。层系为侏罗系和石炭二叠系, 主要分布在鄂尔多斯、榆林、神木、韩城、彬县、长武、宁县、宁夏、山西地区。目前, 鄂尔多斯盆地是我国主要的煤炭产地。

(6) 岩盐资源 6×10¹²t。埋深 2300m 左右, 主要分布在陕北地区, 分层资源情况是: 马一层 1.32×10¹²t, 马三层 1.56×10¹²t, 马五¹⁰ 层 0.21×10⁴t, 马五⁸ 层 0.34×10⁴t, 马五⁶ 层 2.33×10⁴t, 马五⁴ 层 0.24×10⁴t。据近期研究可能含有钾盐的成分, 国务院高度重视这一发现, 这将解决我国钾盐不足的矛盾, 经济意义十分重大。

(7) 铀矿资源 86×10⁴t。主要分布在白垩系和侏罗系安定组、直罗组, 预测储量 36.9×10⁴t, 丰度 0.082%, 埋深 70～80m, 分布面积 1000km²。

(8) 水资源 11.42×10¹²m³。其资源量相当于 134 个青海湖的水量, 主要分布在白垩系。分层组资源: 罗汉洞组 0.51×10¹²m³, 环河组 1.68×10¹²m³, 华池组 2.59×10¹²m³, 宜君洛河组 6.64×10¹²m³。该层系水资源量大, 是优质饮用水。除此之外, 还有古生界的岩溶水和鄂尔多斯北部盆地 (无定河流域) 的地表水, 资源量十分巨大。分地区水资源量: 鄂尔多斯盆地北部高原地区 7.94×10¹²m³, 南部黄土高原地区 3.48×10¹²m³。

(9) 其他资源。地热、石灰石、褐铁矿、铝土矿、石膏、高岭土、石英砂等资源也十分丰富。

鄂尔多斯盆地是上苍赐给大地的一个奇迹, 完全可以用"聚宝盆"来比喻。鄂尔多斯盆地, "聚宝盆"也!

3."四层楼"

所谓"四层楼", 是指鄂尔多斯盆地发育着"四套"含油气层系。第一层楼是侏罗系含油层系, 第二层楼是三叠系含油层系, 第三层楼是上古生界含气层系, 第四层楼是下古生界含气层系。这就是人们常说的

"四层楼"含油气层系,也是鄂尔多斯盆地主力含油气层系。

鄂尔多斯盆地地层发育,新生界有第四系、第三系,中生界有白垩系、侏罗系、三叠系,上古生界有二叠系、石炭系,下古生界有奥陶系、寒武系,上元古界有蓟县系、长城系地层。缺失上奥陶统、志留系和泥盆系地层。沉积岩平均厚度达6000m(表2-1)。

一是侏罗系含油层系;二是三叠系含油层系;三是上古生界含气层系;下古生界含气层系。这就是人们常说的"四层楼",这所谓的"四层楼",就是鄂尔多斯盆地主力含油气层,其中三叠系和上古生界是目前主要开发的含油气层系。

鄂尔多斯盆地,中生界有侏罗系、三叠系两套含油层系,共有23个油层组。其中,侏罗系有13个油层组,三叠系有10个油层组。

表2-1 鄂尔多斯盆地地层表

地层时代					厚度 m	主要地壳运动	距今时间 Ma	构造阶段
界	系	统	组	符号				
新生界	第四系	全新统		Q_4	60		0.1	喜马拉雅构造阶段
		上更新统		Q_3	80			
		中更新统		Q_2	130	喜马拉雅运动Ⅱ		
		下更新统		Q_1	10		2	
	第三系	上新统		N_2	690	喜马拉雅运动Ⅰ	5	
		中新统		N_1	960		25	
		渐新统		E_3	700	燕山运动Ⅳ	40	
		始新统		E_2	270		50	
中生界	白垩系	志丹统	泾川组	K_1z^6	120			燕山构造阶段
			罗汉洞组	K_1z^5	180			
			环河组	K_1z^4	240			
			华池组	K_1z^3	290			
			洛河组	K_1z^2	400	燕山运动Ⅲ		
			宜君组	K_1z^1	50		137	
	侏罗系	上统	芬芳河组	J_3f	1100	燕山运动Ⅱ	160	
		中统	安定组	J_2a	250			
			直罗组	J_2z	300	燕山运动Ⅰ	170	
		下统	延安组	J_1y	300			
			富县组	J_1f	100		195	
	三叠系	上统	延长组	T_3y^5	1200	印支运动	205	
		中统	纸坊组	T_2z	500		215	
		下统	和尚沟组	T_1h	120			
			刘家沟组	T_1l	380		230	

续表

地层时代					厚度 m	主要地壳运动	距今时间 Ma	构造阶段
界	系	统	组	符号				
上古生界	二叠系	上统	石千峰组	P_2s	200	海西运动	250	海西构造阶段
			上石盒子组	P_2sh	270			
		下统	下石盒子组	P_1x	80			
			山西组	P_1s	120		280	
	石炭系	上统	太原组	C_3t	130	加里东运动		
		下统	本溪组	C_2b	60		305	
下古生界	奥陶系	上统	背锅山组	O_3b	800			加里东构造阶段
		中统	平凉组	O_2p	1000	怀远运动		
		下统	马家沟组	O_1m	1000			
			亮甲山组	O_1l	90		500	
			冶里组	O_1y	70			
	寒武系	上统	凤山组	ϵ_3f	60			
			长山组	ϵ_3c	90			
			崮山组	ϵ_3g	270			
		中统	张夏组	ϵ_2z	170			
			徐庄组	ϵ_2x	120			
			毛庄组	ϵ_2m	40			
		下统	馒头组	ϵ_1m	70			
			猴家山组	ϵ_1h	100	蓟县运动	600	
上元古界	震旦系			Z_2	180		1000	前震旦系构造阶段
	蓟县系			Zj	>1000	吕梁运动		
	长城系			Zc	>1000			
下元古界	滹沱系			Pt_1^2	8000	五台运动		
	五台系			Pt_1^1	8000~16000		2500	
太古界	桑干系			Ar	9000			

侏罗系主要发育着古地貌油藏,其油藏受古水系、古地貌控制,主要油层为延安组、直罗组、安定组、富县组等(图2-5)。目前已开发的油田有:甘肃陇东油区的马岭、华池、元城、城壕、南梁、打扮梁、樊家川等油田,宁夏油区的红井子、油房庄、摆宴井、红柳沟、马坊、姬塬等油田,陕北油区的吴起、王洼子、五谷城、胡尖山、白豹等油田。

三叠系主要发育着三角洲岩性油藏,其油藏主要受岩性和岩性—构造控制,主要油层为延长组。目前已开发的油田有:陕北安塞、靖安、吴起(延长组)、白豹(延长组)、绥靖、姬塬(跨三省区、延长组)等

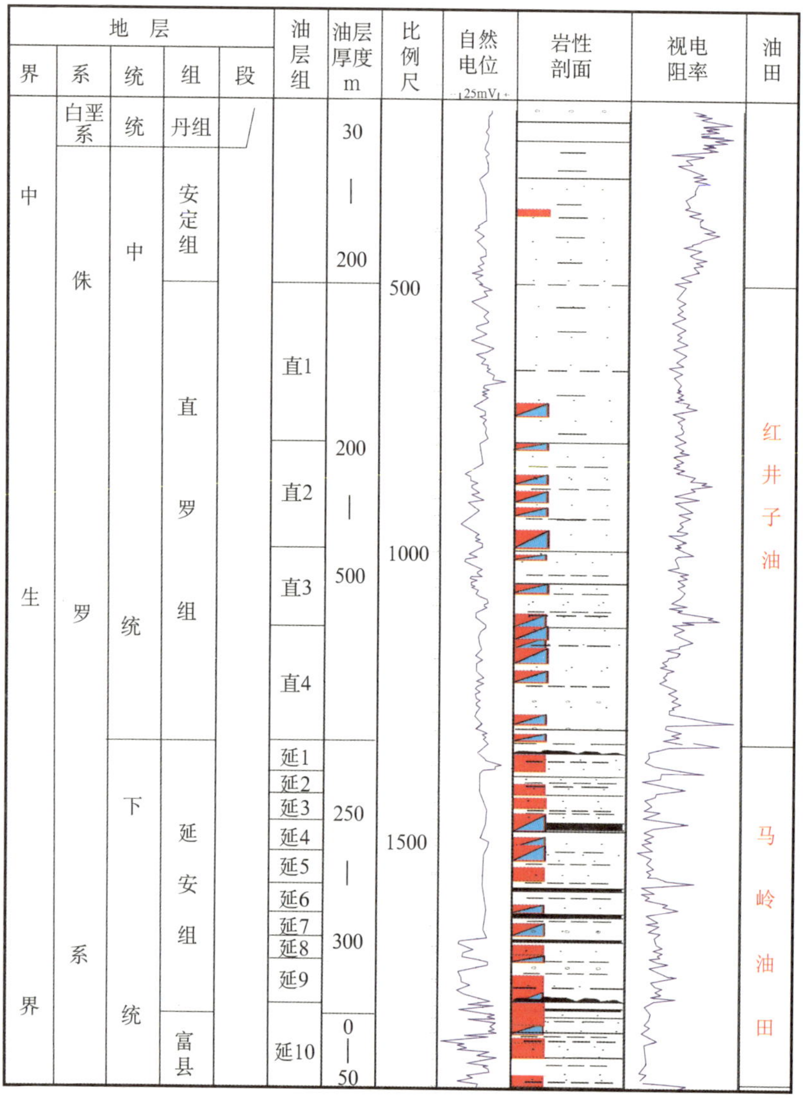

地层				油层组	油层厚度 m	比例尺	自然电位 (25mV)	岩性剖面	视电阻率	油田
界	系	统	组	段						
中生界	白垩系	统	丹组		30					
	侏罗系	中统	安定组		200	500				红井子油田
			直罗组		直1					
				直2	200	1000				
				直3	500					
				直4						
		下统	延安组	延1						马岭油田
				延2						
				延3	250	1500				
				延4						
				延5						
				延6						
				延7	300					
				延8						
				延9						
			富县	延10	0—50					

图2—5 鄂尔多斯盆地中生界侏罗系综合柱状图

五大油田,甘肃陇东油区的西峰、华庆、合水等三大油田,均为延长组及直罗组、安定组、富县组等。主要特点是面积大、层系多、复合连片(图2—6)。

古生界发育上、下古生界两套含气层系,共18个气层组:下古生界气藏主要分布在奥陶系顶部碳酸盐岩风化壳中,已投入开发的靖边气田为奥陶系马家沟组气层;上古生界气藏以砂岩岩性气藏为主,目前投入开发的有苏里格、榆林、乌审旗、米脂等特大型、大型气田,主力含

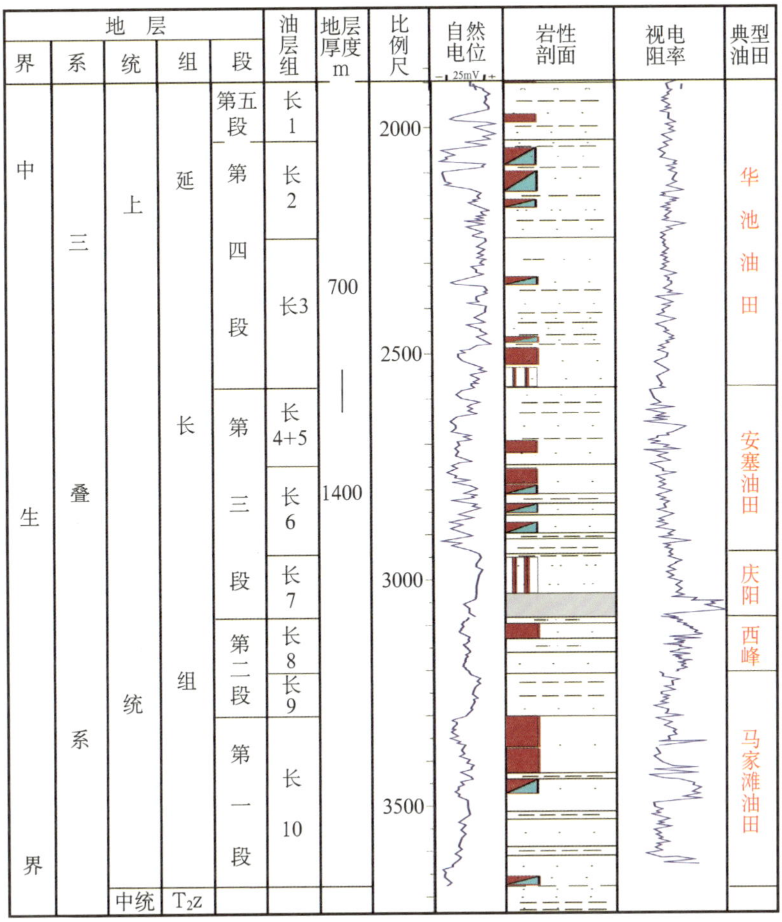

地层				油层组	地层厚度 m	比例尺	自然电位 −25mV−	岩性剖面	视电阻率	典型油田
界	系	统	组	段						
中生界	三叠系	上统	延长组	第五段	长1	700	2000				华池油田
				第四段	长2						
					长3		2500				
				第三段	长4+5	1400					安塞油田
					长6						
					长7		3000				庆阳
				第二段	长8						西峰
					长9						
				第一段	长10		3500				马家滩油田
		中统	T₂z							

图 2-6　鄂尔多斯盆地中生界三叠系综合柱状图

气层系为二叠系山西组和下石盒子组气层（图 2-7）。主要特点也是面积大、层系多、复合连片。

鄂尔多斯盆地"四层楼"含油气层系，造就了鄂尔多斯盆地勘探开发最大的"回旋余地"，有"东方不亮，西方亮"和"堤内损失，堤外补"之说。在安塞油田 8 年技术攻关、苏里格气田 7 年技术攻关未突破前，鄂尔多斯盆地多层系含油气层系都只能是"画饼充饥"，现在都是"宝贵的财富"，成为长庆实现 3000×10^4t 目标，冲刺 5000×10^4t 宏伟目标的资源基础。

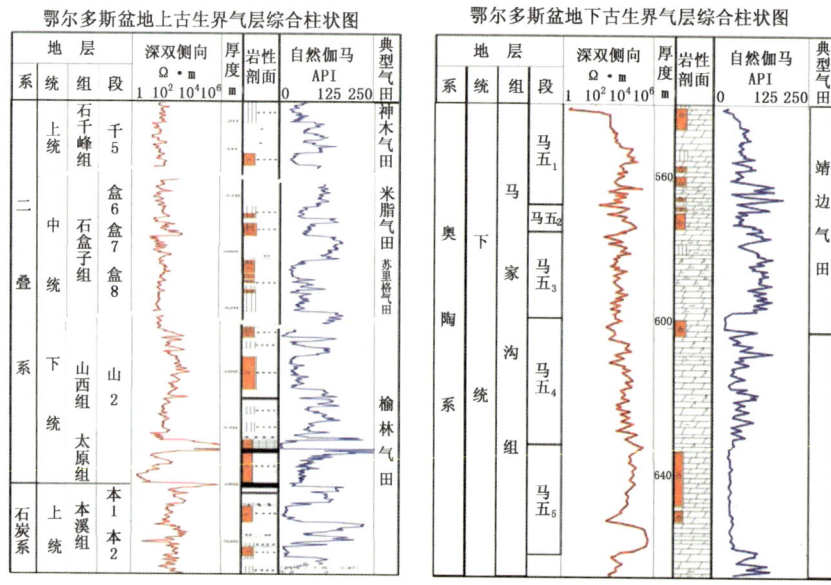

图 2-7　鄂尔多斯盆地上古生界、下古生界气层综合柱状图

4．地质特征

所谓特征，是指某种事物所具备的特别的征象、标志和特点。鄂尔多斯盆地低渗透油田的地质特征，最主要的表现为三大特征，即"低渗透、低压、低丰度"。

"低渗透、低压、低丰度"，泛指低渗透油田渗透率为 1mD 左右，平均有效渗透率不足 0.5mD，压力系数低于 1，每平方千米石油地质储量丰度约（40～60）×10^4t。（表 2-2）。

表 2-2　安塞油田部分数据统计表

油田	区块	层位	孔隙度 %	渗透率 mD	压力系数	丰度 10^4t/km^2
安塞	王窑区	长 6	13.9	2.29	0.82	69.22
	侯市区	长 6	12.4	2.56	0.80	49.69
	杏河区	长 6	12.4	2.20	0.75	54.91
	坪桥区	长 6	11.0	0.90	0.77	57.00

鄂尔多斯盆地低渗透气田以苏里格气田为代表，也属于典型的

"低渗透、低压、低丰度"。渗透率平均小于 0.5mD，压力系数低于 1，每平方千米天然气地质储量丰度约（1.1 ~ 1.4）× $10^8 m^3$（表2-3）。

表2-3　苏里格气田部分数据统计表

气田	层位	孔隙度 %	渗透率 mD	压力系数	丰度 $10^4 t/km^2$
苏里格	盒8	8.95	0.73	0.87	1.1 ~ 1.4
	山1	8.50	0.59	0.91	1.1

严格地讲，凡是符合上述三个条件的均属于低品位储量，一般极难开采。业内描述为"磨刀石"、"鸡肋"、"破棉袄"、"烫手的山芋"、"边际油气田"、"注水无效"和"井井有油，井井不流"，是"泼在地上的水"。

几乎所有不好的词语都用在了"低渗透"上，可见之难，难就难在"三大特征"。

表2-2所反映的渗透率是岩性分析的结果，一般情况下，有效渗透率是岩性分析渗透率的三分之一或四分之一。安塞油田有效渗透率不足 0.5 mD，而平均只有 0.49mD。

鄂尔多斯具有代表性的地质层系是三叠系延长统，其岩性分析的渗透率，一般在 0.1 ~ 3.0mD 之间，有效渗透率就更低了。压力系数 0.65 ~ 0.75，地饱压差较小（2.94 ~ 6.38MPa），弹性采收率仅2% ~ 5%，自然产能低或无自然产能，属于典型的"低渗透、低压、低丰度"油田。

鄂尔多斯盆地低渗透，从1907年钻成第一口井起，人们就对它一筹莫展，直到1995年中国第一个特低渗透油田安塞油田开发成功，人们才探索出了解决问题的有效办法。中间经历了80多年。

苏里格气田，按照严格的天然气储量上报程序，选取的参数是极其保守的，原因是人们还没有认识到苏里格开发的潜在价值，放弃了一部分现在看来原本可以开发的天然气储量，如果算上这部分天然气储量，苏里格气田渗透率的平均取值应在 0.5mD 以下（表2-3）。

苏里格气田按压力划分：压力系数在 0.771 ~ 0.914 之间，平均值 0.87。按储层物性划分：盒8砂岩孔隙度平均8.95%，渗透率平

0.73mD；山1砂岩孔隙度平均8.5%；渗透率平均0.589mD。从以上可见，苏里格气田为"低压、低渗透"型气藏。

如果按驱动类型划分：盒8气藏属于地层岩性圈闭气藏，储层分布受砂体展布和物性控制，无明显边水和底水，属弹性驱动气藏。平均丰度只有$(1.1\sim1.4)\times10^8m^3/km^2$。因此，苏里格气田为"低孔、低渗透、异常低压、低丰度"弹性驱动气藏。

所谓特殊性，是指不同一般的事物，而有其不平常的方面。鄂尔多斯盆地油气田都具备各自的特殊性。

特低渗透油田，以安塞、靖安油田为代表，其主要特征为：一是油藏类型以岩性和构造—岩性为主（图2-8）；二是储层孔隙类型以次

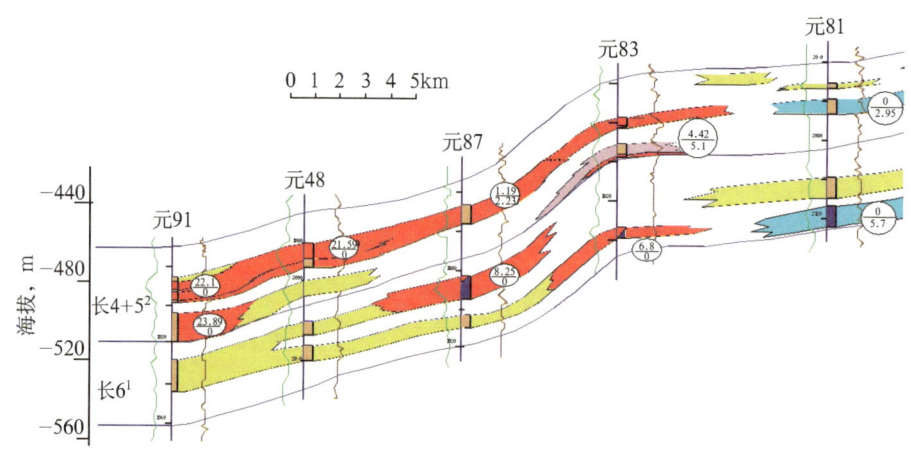

图2-8（a） 姬塬地区延长组长$4+5^2$—长6^1油藏剖面图

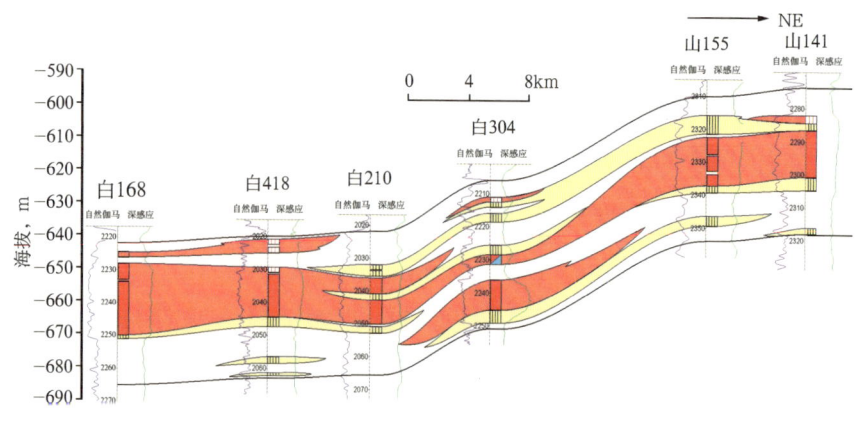

图2-8（b） 华池地区白168井—山141井长8^1油藏剖面图

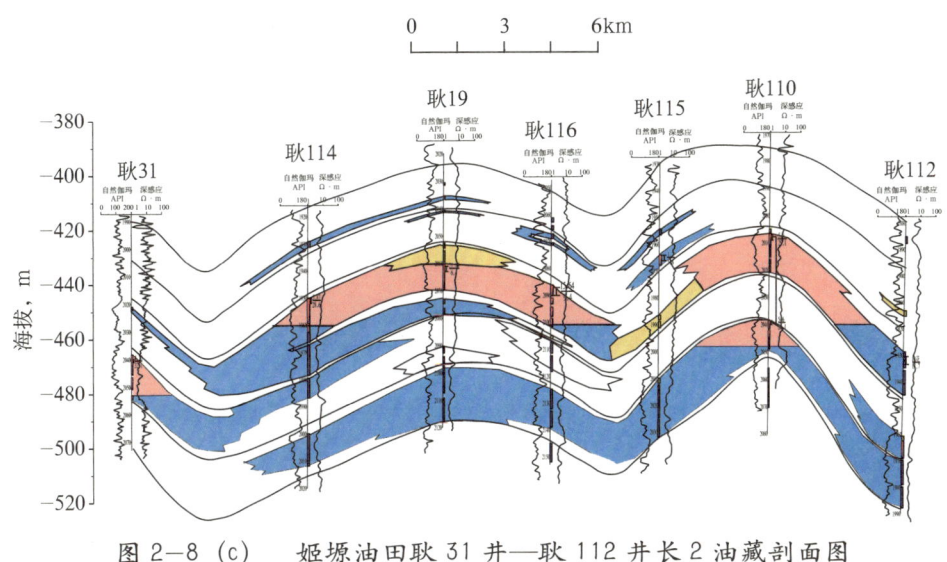

图 2-8（c） 姬塬油田耿 31 井—耿 112 井长 2 油藏剖面图

生孔为主、成岩黏土矿物发育、颗粒胶结及充填物类型多样、非均质强（图 2-9、图 2-10）；三是油藏表现为低渗透、低电阻、低饱和度（表 2-3）。三者相互伴生，油水关系复杂，原始含油饱和度低于 60%。

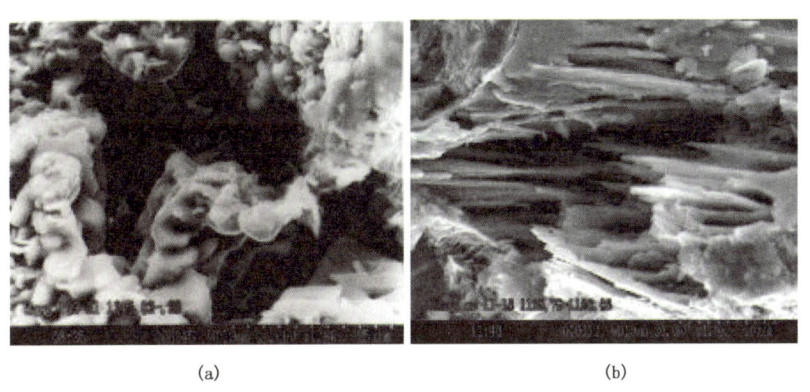

图 2-9 安塞油田岩心孔隙结构分析图

鄂尔多斯盆地中生界延长组油藏长 $4+5^2$—长 6^1 油层主要受岩性控制，其中长 6 油层在鄂尔多斯盆地大面积分布，是该盆地主力油层，也是最早开发的层系，只是产量高低而已，但河口坝是该油层最富集区。长 $4+5^2$ 油藏面积较小，连续性差，且受底水影响，开发有一定难度，但产量较高。

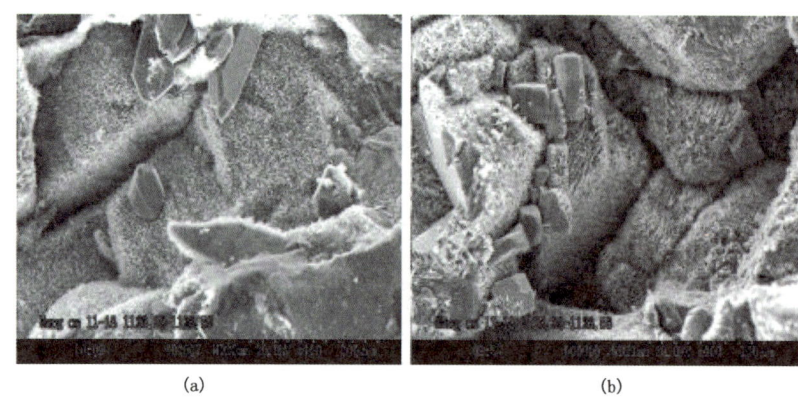

图 2-10 安塞油田岩心矿物成分分析图

鄂尔多斯盆地延长统长 8 油藏，受岩性控制，在盆地大面积分布，连续性好，是后续的主力油层，代表性油田是西峰和白豹油田，开发有一定难度。是近年开发的油层。

鄂尔多斯盆地延长统长 2 油藏，主要受构造—岩性控制，分布面积小，物性好，产量高，底水活跃，分布在盆地西部。

鄂尔多斯盆地中，岩性油藏主要由上倾方向岩性尖灭形成，主要发育在延长组长 3、长 4+5、长 6、长 7、长 8、长 9 油层组中；构造—岩性油藏主要受构造与岩性的双重控制，主要发育在长 2 以上油层组中。

安塞油田储层中黏土矿物发育，图 2-9（a）中颗粒表面绿泥石膜发育，部分孔喉中充填石英，图 2-9（b）中储层岩石孔隙结构疏松，粒间孔喉中钠长石充填生长。

表 2-4 安塞油田主力区块基础数据表

区块	油层，m	电阻率 Ω·m	孔隙度，%	渗透率 mD	含水饱和度，%	泥质含量 %	试油数据	
							日产油 t	日产水 m³
王窑	13.2	23.0	12.20	1.11	52.6	10.07	13.30	8.34
坪桥	12.2	26.5	9.89	1.29	51.4	8.64	14.67	9.61

表 2-4 表明，安塞油田渗透率较低，安塞油田油层电阻率平均小于 30.0Ω·m，含油饱和度小于 50.0%，平均单井试油日产油 13.98t，整体电阻率、含油饱和度较低。

低渗透气田,以苏里格气田为代表,其主要特征为:一是构造图显示盒 8 下为一宽缓的西倾单斜,坡降 3～10m/km;单斜背景上发育多排北东—南西走向的低缓鼻隆,幅度 10～20m(图 2-11);低缓的鼻隆构造对天然气聚集不起控制作用,天然气分布主要受砂体和物性控制;二是气藏类型以岩性气藏为主 [图 2-12 和图 2-13];三是储层岩石类型以石英砂岩为主,局部发育岩屑石英砂岩(图 2-14,表 2-5);孔隙度和渗透率较低,储层孔隙类型以溶孔、晶间孔、粒间孔为主(图 2-15);储层孔隙结构总体表现为孔喉大、分选好、粗歪度。

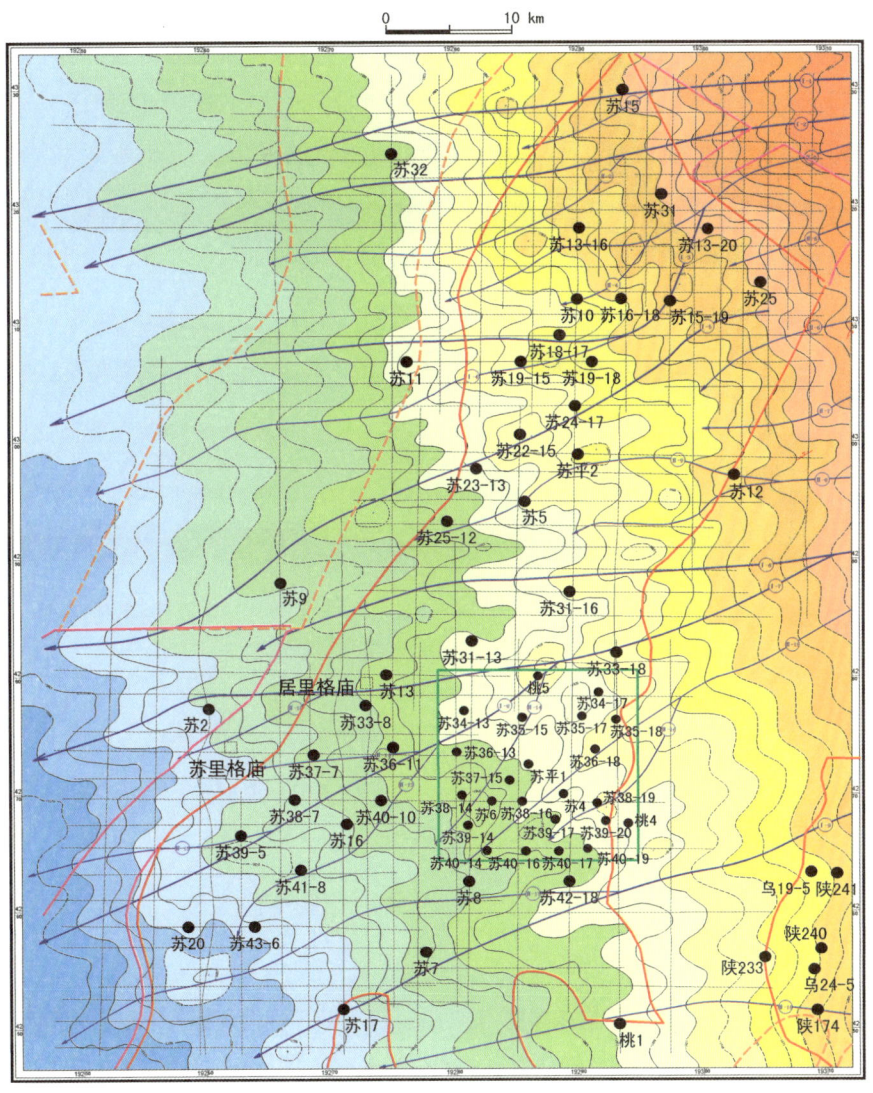

图 2-11　苏里格气田盒 8 底部构造等值线图

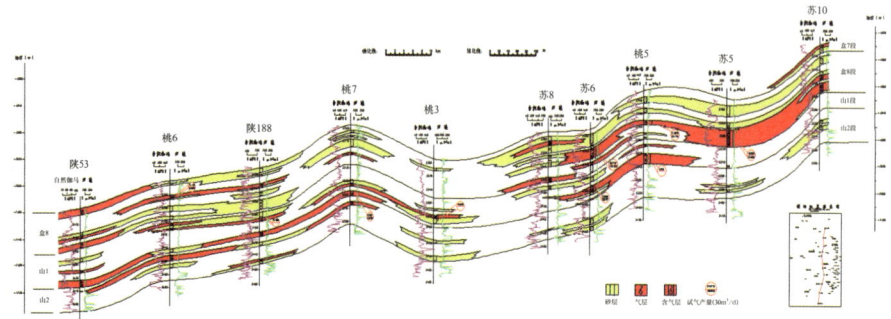

图2-12 苏里格气田陕53—苏10井盒8、山1气藏剖面图(SN)

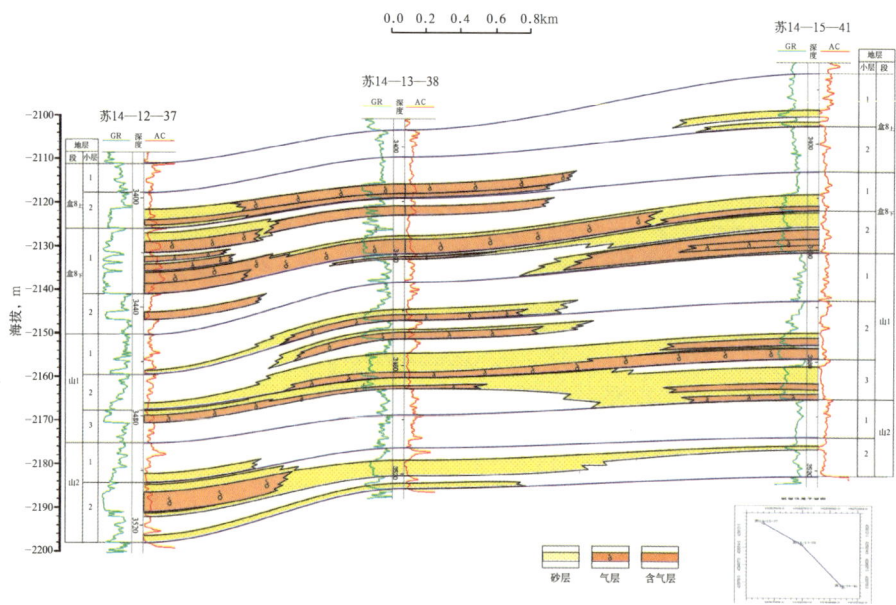

图2-13 苏14-12-37—苏14-15-41井盒8-山2气藏剖面图

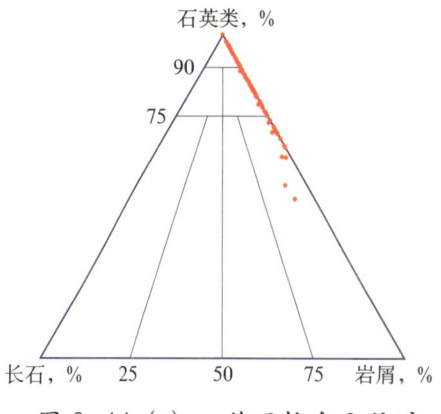 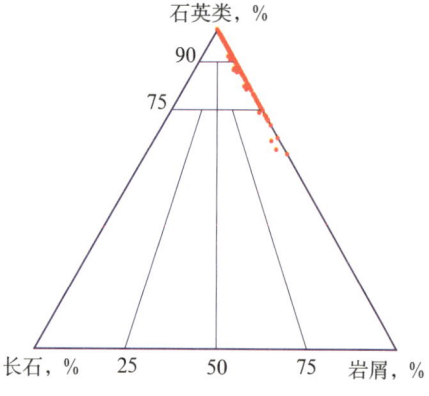

图2-14(a) 苏里格盒8段碎屑矿物含量三角图

图2-14(b) 苏里格山1段碎屑矿物含量三角图

表 2-5 苏里格地区盒 8、山 1 段储层碎屑组成统计表

地区	层位	碎屑组分，%		
		石英	岩屑	长石
苏里格西区	盒 8	90.8	9.2	0.1
	山 1	86.5	13.2	0.3
苏里格中区	盒 8	86.0	13.7	0.3
	山 1	85.1	14.8	0.1
苏里格东区	盒 8	79.1	20.7	0.2
	山 1	84.3	15.6	0.1

鄂尔多斯盆地上古生界盒 8—山 2 气藏，主要受岩性控制，在盆地中西部大面积分布，是主力气层，其中盒 8 是目前苏里格开发的主力层系，砂层连续性较差，储气富集区受岩性致密带影响，供气范围受到一定程度的限制。

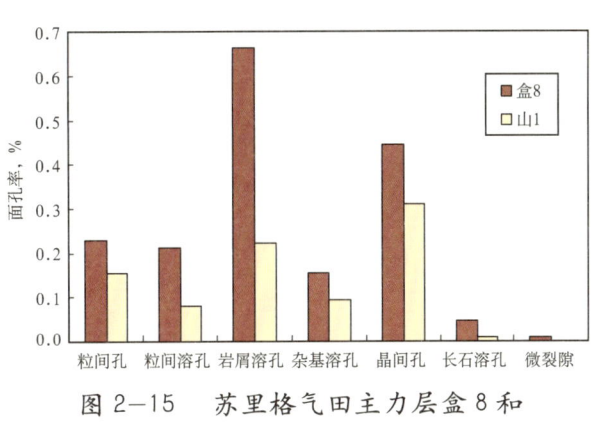

图 2-15 苏里格气田主力层盒 8 和山 1 孔隙类型分布图

鄂尔多斯盆地古生界主力气层盒 8、山 1 段砂岩储集层岩性以石英砂岩为主，局部发育岩屑石英砂岩 [见图 2-14（a）、图 2-14（b）和表 2-4]。石英砂岩主要发育有两类：粗粒石英砂岩和岩屑石英砂岩（见图 2-16）。

苏里格地区储层孔隙度小，渗透率低，物性相对较差，按照作者对低渗透的新定义，属于典型的低渗透气藏（表 2-6）。

另外，苏里格气田中区发育粒间孔—火山物质强溶蚀相，储层物性较好；西部发育晶间孔—火山物质强溶蚀相，储层物性次之；东部发育晶间孔—岩屑溶蚀相，储层物性存在非均质性（图 2-17，图 2-18）。

苏里格气田上古生界盒 8、山 1 砂岩孔隙类型以次生孔隙较为发育，以溶孔、晶间孔、粒间孔为主。其区域组合特征是：（1）西区以溶

(a)浅灰色粗粒石英砂岩

(b)浅灰色岩屑石英砂岩

图 2-16 石英砂岩

孔+晶间孔+粒间孔为主；(2)中区以溶孔+粒间孔+晶间孔为主；(3)东区以岩屑溶孔+晶间孔+长石溶孔。

表 2-6 苏里格地区物性分析对比表

区块	物性 层位	孔隙度,%		渗透率,mD	
		范围	均值	范围	均值
西区	盒8	5~14	8.3	0.1~2	0.74
	山1	5~12	7.4	0.1~1	0.437
中区	盒8	6~10	8.6	0.05~10	0.945
	山1	6~11	7.6	0.02~8	0.519
东区	盒8	6~14	8.8	0.1~2.5	0.83
	山1	5~14	8.3	0.1~1	0.52

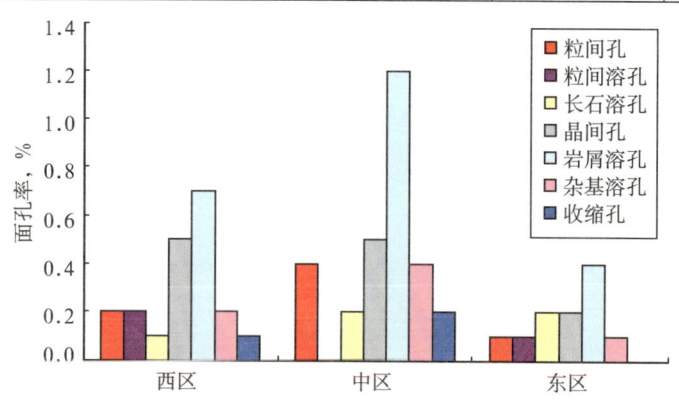

图 2-17 苏里格气田孔隙类型分布图

分析可知，苏里格上古生界砂岩有效储层孔隙结构特征总体表现为孔喉大、分选好、粗歪度，排驱压力一般为 0.01~1.0MPa，喉道中值半径分布在 0.2~3.0μm 之间（图 2-19）。

 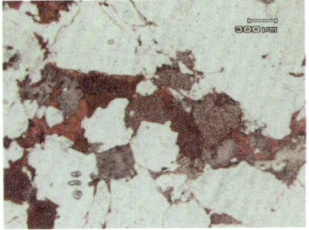 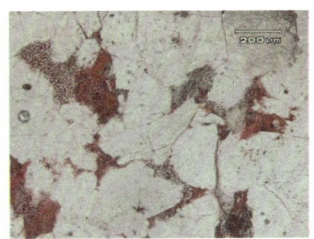

(a) 苏59井：3513.14m，盒8，溶孔　　(b) 苏59井：3515.15m，盒8，溶孔、晶间孔　　(c) 苏56井：3485.87m，山1，粒间孔

图 2—18　苏里格气田岩心孔隙结构分析图

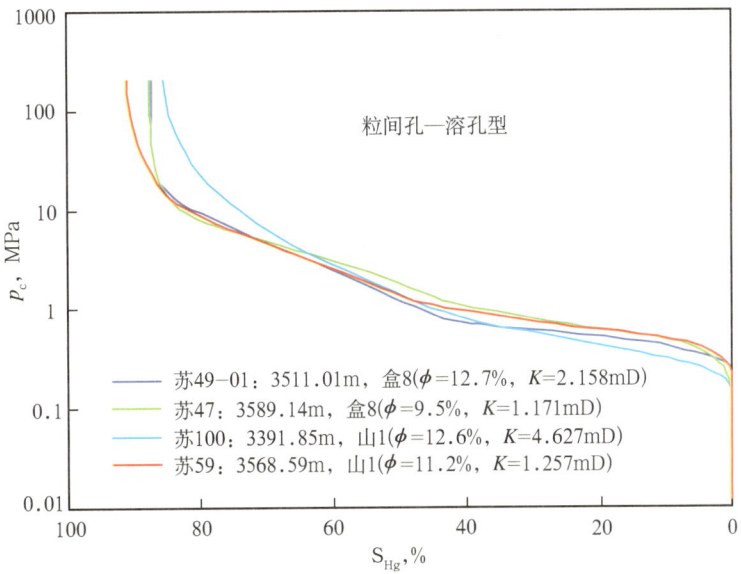

图 2—19（a）　苏里格砂岩储层典型毛细管压力曲线

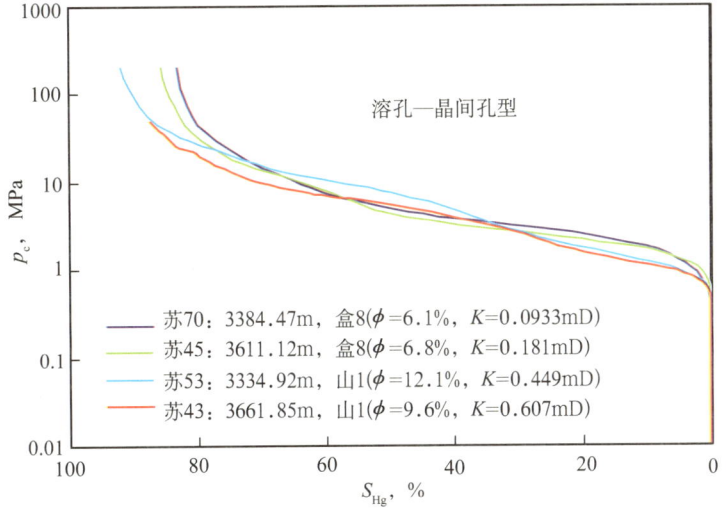

图 2—19（b）　苏里格砂岩储层典型毛细管压力曲线

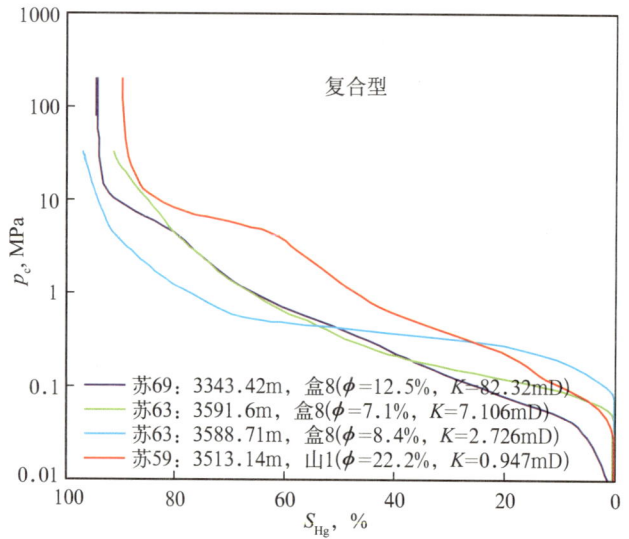

图 2-19 (c) 苏里格砂岩储层典型毛细管压力曲线

5. 世界级难题

有人称低渗透（包括特低渗透）的四大难题，均为世界级的难题。

（1）渗流力学表现为"非达西流"，从本质上影响采收率的提高（图 2-20）。

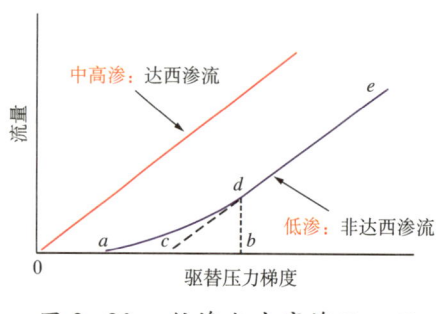

图 2-20 低渗与中高渗油田开发规律对比示意图

（2）低压储层导致投产初期过后，采液、采油指数下降，采用一般常规性注水很难恢复（图 2-21、图 2-22）。

（3）"低渗透、低压、低丰度"，造就了"多井低产"，给资本投资和运行成本造成了巨大的压力。

（4）低渗透水平井水平段压裂改造提产始终是一大难题，现在仍在探索。

了解低渗透，在于认识低渗透，开发低渗透。低渗透不是不可战胜的神话。低渗透可以攻克。关键在于设计什么样的思路、技术路线和开发策略。

四大世界级的难题，经石油工程技术人员近 40 多年的不懈努力，从理论和实践上已经成功地破解了前两道难题，后两道难题正在破解之中，下面就其理论和实践问题做一分析。

一是低渗透在渗流力学上表现为"非达西"渗流。

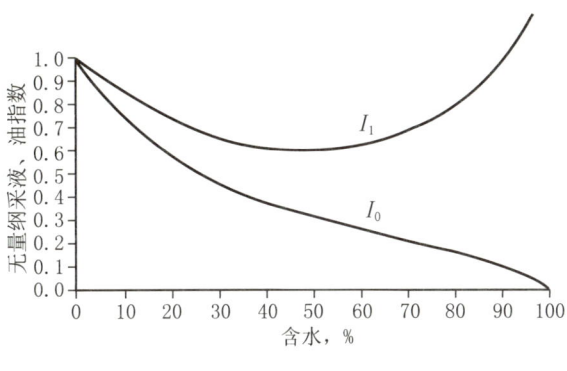

图 2-21 安塞油田无量纲采液、采油指数与含水关系曲线（理论）

如图 2-20 所示，低渗透与中高渗透油藏相比，中高渗透油气藏表现为线性渗流关系。而低渗透油气藏中由于流体与岩石分子力作用较强，非达西渗流特征明显，其表现为一种非线性关系。

二是低渗透油田投产初期过后，采液、采油指数迅速下降。

由于低渗透油藏一般压力系数偏低，如果注水滞后，开发后导致地层压力迅速下降，因而油水相对渗透率曲线呈现出随含水饱和度增加，油相渗透率急剧下降，水相渗透率缓慢上升，最终导致了随含水饱和度上升，采液、采油指数下降。由图 2-20 可以看出，当安塞油田综合

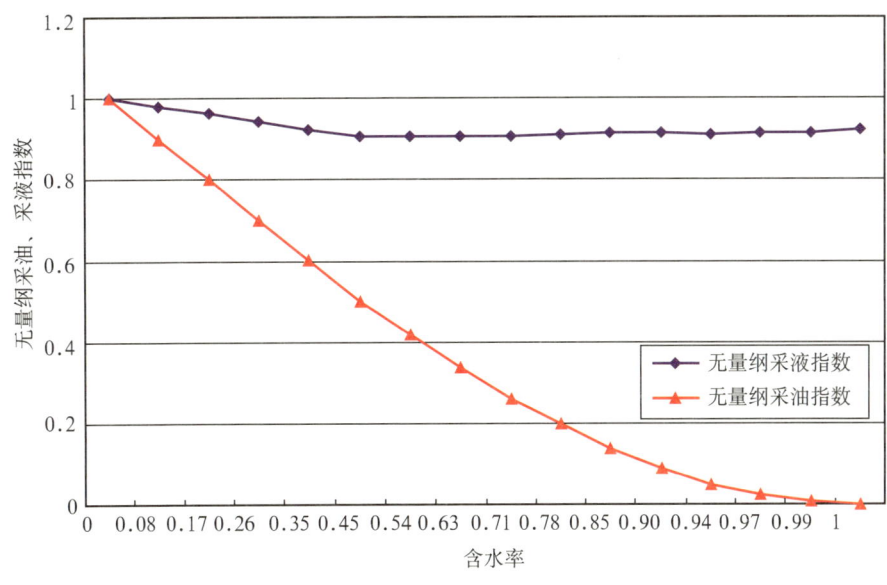

图 2-22 安塞油田王窑区无量纲采液、采油指数与含水关系曲线（实际）

含水由 26.4% 上升到 36.0% 时，无量纲采液指数由 0.67 下降到 0.61，无量纲采油指数由 0.46 下降到 0.26。

实际生产资料表明，特低渗透油藏开发后期通过提高产液量来提高单井产量的难度比较大。

三是低渗透油气田"三低现实"造就了"多井低产"。

由图 2-23、图 2-24 可以看出，中国石油年钻井数不断上升，从 2000 年的 6373 口，上升到 2008 年的 16500 口，8 年增长了 158.9%，钻井数年均递增 12.6%。中国石化的年钻井数从 2000 年的 2100 口，上

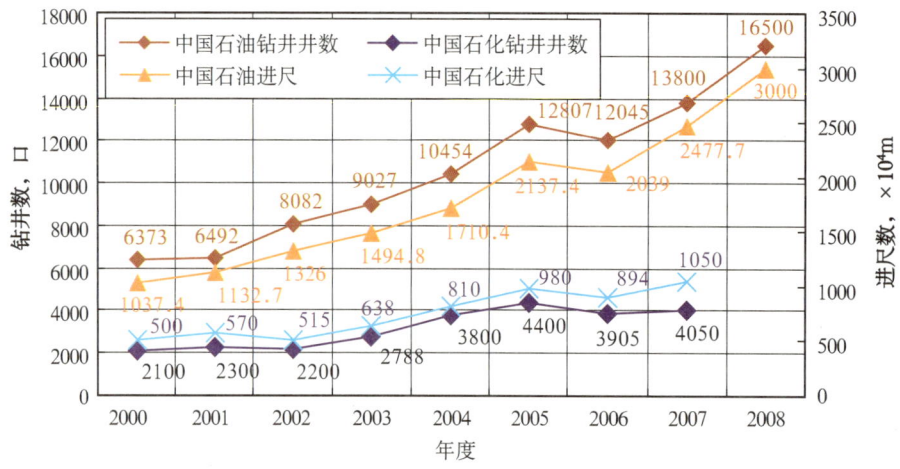

图 2-23 中国石油、中国石化历年完成井数和进尺

升到 2007 年的 4050 口，7 年增长了 92.9%，钻井数年均递增 9.8%。

为了支持国家现代化建设，缓解国内能源紧张局面，加快油气田开发和提高产量，必须钻更多的井。中国石油钻井工程的投资占油气田开发建设总投资的 70% 还多，而低渗透油气田的开发建设最为突出，已经成为难以卸载的沉重负担和巨大难题。

四是低渗透水平井水平段压裂仍是一大难题。

水平井技术应该是成熟的技术，而水平井水平段的压裂改造提产始终是个难题，有人把它称之为是"世界级的难题"。20 世纪 90 年代初长庆油田分公司试图用水平井解决低渗透油田产量低的问题，先后在安塞油田、靖安油田钻了 9 口水平井，也进行了分段压裂，成功了几口井。但大部分效果均不理想。问题在于分段压裂的技术过不了关。有时第一段压裂后其产量比较高，但第二、三段压裂后，产量反而不如第一

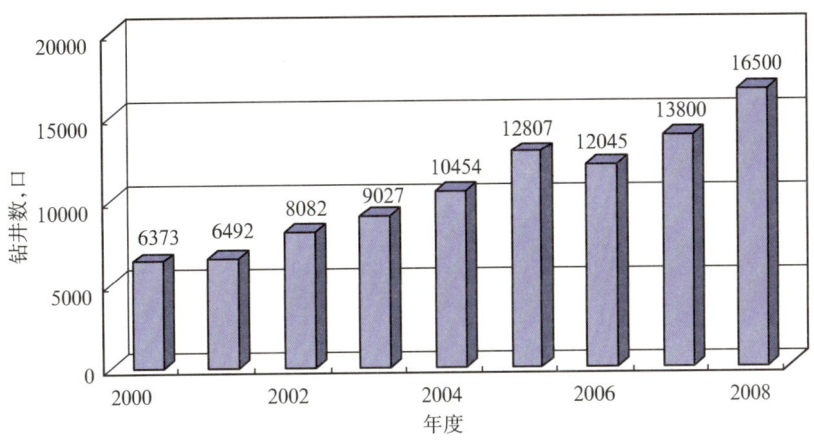

图 2-24 中国石油历年钻井数

段压裂的高,使人匪夷所思。即便是压裂成功的油井,也只是第一段压裂有效果,后面几段根本说不清。

2007年,中国石油组织了"两院三公司"(勘探开发研究院总院、廊坊分院和大庆、长庆、吉林油田分公司)水平井水平段技术改造攻关。根据规定,2008年现场试验,初步进入水平井技术改造区块试验阶段。2008年现场实施147口井(计划140口),项目立项以来累计达到265口,投产186口,压后第4个月产量水平井是直井的3.2倍(表2-7)。

表2-7 2008年水平井改造实施井数统计表

单位	年计划改造井数,口	1—12月各类水平段改造井数,口					
		机械分段	水力喷砂	限流压裂	均匀酸化	液体胶塞	小计
大庆	48	43	1	2	6		52
吉林	43	51					51
长庆	32		22		5		27
勘探开发研究院总院	10				9	1	10
廊坊分院	7		6			1	7
合计	140	94	29	2	20	2	147

水力喷砂分段压裂技术在长庆油田实施38井133层段(2007年实施14井52段;2008年实施24井81段),压后效果逐年提高(图2-25,图2-26)。但是,四个月之后,油田产量急速下降,这符合低渗

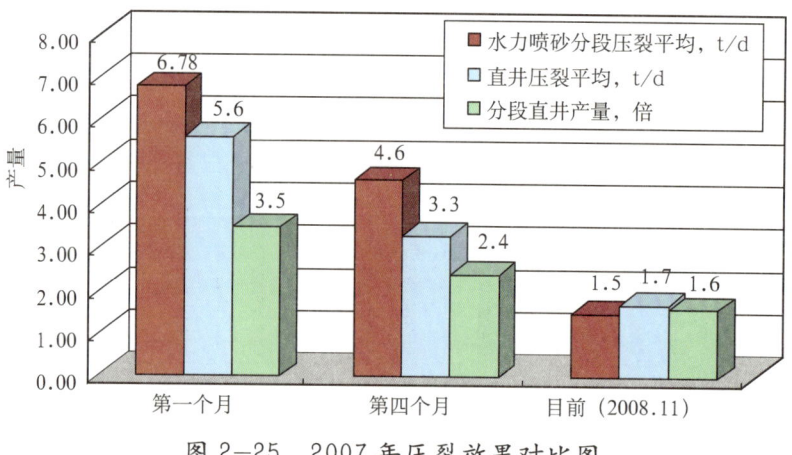

图 2-25　2007 年压裂效果对比图

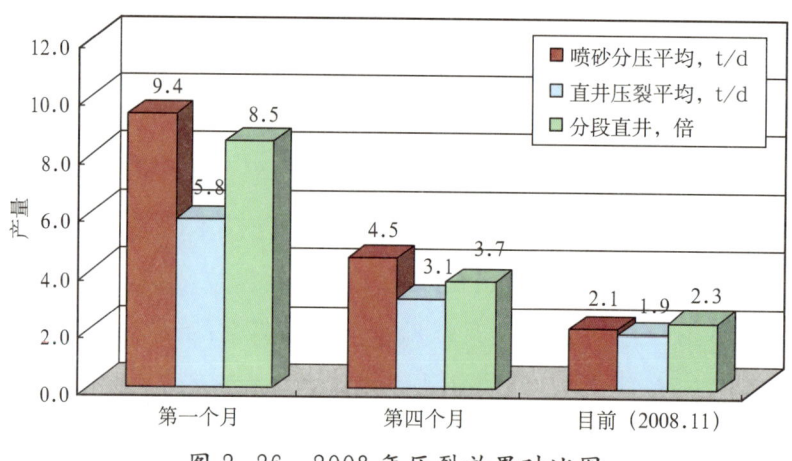

图 2-26　2008 年压裂效果对比图

透油田双重介质渗流特征，即由于低压储层，采液、采气指数下降过快规律。解决这一难题，还需要整体配套技术攻关，才能从根本上解决低渗透油田产量低的问题。

图 2-26 表明，2007 年压裂投产井产量，第四个月是直井 1.7 倍，目前（第 13 个月）是直井的 1.6 倍。

图 2-26 表明，2007 年压裂投产 14 口井，第四个月压后产量是直井的 1.9 倍。

虽然，水平井水平段改造提产见到了一定的效果，但是距规模化推广，还要走很长的一段路，"两院三公司"水平井水平段技术改造攻关还在继续，问题的关键是水平井水平段改造还没有达到成熟技术，加之配套技术不完备、基本手段不具备，使此项技术的推广大大受到了限制。也要看到全世界在这个问题上都没有很好的解决办法，只有美国在这方面技术进步很大，其主要得益于连续油管车手段的先进，而中国还没有认识到连续油管车的关键作用。

6．"磨刀石"革命

低渗透储层，号称"磨刀石"。百年来，人们在不断地认识它、攻克它，其中80多年实践，"几经辄试，如云若雾；迷茫漫长，未成大势"。

1989年以来，长庆人一直进行着不屈不挠的"磨刀石"革命，如同史诗般的低渗透"长征"。特别是1995年中国第一个特低渗透油田安塞油田的成功开发，"有拨云见日之功，指点山河之力，开低渗透油田之先河"，激活了沉睡百年的鄂尔多斯盆地，开创了中国低渗透、特低渗透油田开发的新纪元。

2000年来，人们积累了丰富的经验，有实践的、技术的、管理的、思想认识的，终于有了攻克和破解低渗透的办法，堪称"磨刀石"革命。主要贡献有：

（1）非达西渗流问题。

按一般理论讲，当油田开发的储层有效渗透率小于0.5mD或1mD，采收率的贡献主要是裂缝，而不是储层的孔隙。以此推理，那么低渗透、特低渗透油田的开发采收率，也只有14%左右。而长庆油田低渗透、特低渗透油田开发的实际表明，虽然微裂缝在常压条件下是闭合的而是不开启的。但是，实践证明孔隙发挥着极其重要的作用，也就是说低渗透、特低渗透油田开发，采收率的提高主要是以孔隙渗流为主，裂缝渗流为辅。这一结论和认识的重要意义，在于创新和发展了双重介质理论，为此，提高低渗透、特低渗透油田开发的采收率，就有了理论和实践上的依据，所以说低渗透、特低渗透油田采收率提高到30%以上就完全有实践上的可能。当前应该在总结前人实践经验的基础上，完善这一认识和理论体系，用以指导低渗透、特低渗透油田开发的实践，这应该说是很有意义的（后续，见本书"双重介质渗流理论"部分的"首要理论问题"）。

如图2-27所示，当基质（孔隙）渗透率较低时，裂缝与基质之间的流体交换主要是渗吸方式，当储层为亲水油藏时，注入水通过毛细管力作用由裂缝渗吸到基质中，并将基质中的油驱替到裂缝中，由采油井采出。通过控制注水方式和注入速度可使驱替与渗吸作用之间达到平衡，达到最佳驱油效果，提高采收率。这种传统的双重介质渗流理论，在安塞油田开发实践中被完全颠覆，如果按此理论，安塞油田的采收率也只有14%左右。

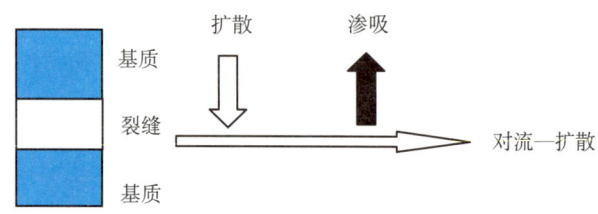

图2-27　裂缝与基质渗吸采油机理示意图

（2）采油、采液指数下降问题。

低渗透、特低渗透油田开发初期的采油、采液指数下降问题，是低渗透、特低渗透油田开发的又一大难点。其开发特点是油井投产初期产量可以达到方案设计要求，三个月后产量下降，油压下降，采油、采液指数下降。特别是采油、采液指数下降后不好恢复（图2-28），成为开发专家公认的世界级的难题。为了解决这一问题长庆油田的开发专家和工程技术人员，经过长达15年的苦苦探索和攻关，在一次偶然的情况

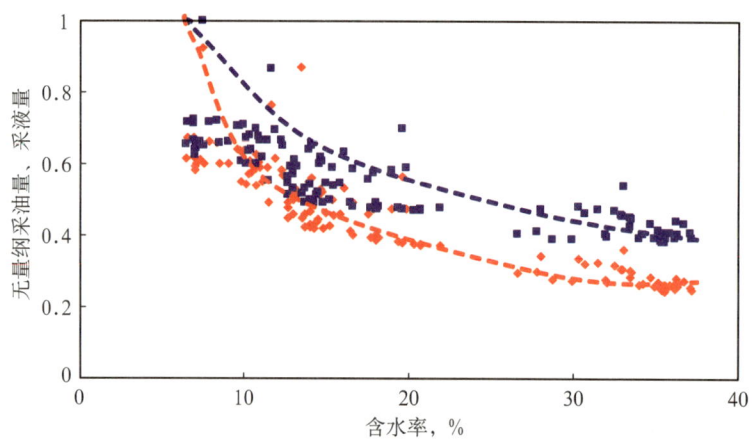

图2-28　无量纲采油量、采液量与含水率的关系曲线

下解决了这一难题,那就是针对低渗透、特低渗透油田开发实施"超前注水"技术。这一技术的核心问题是在油井投产前解决了储层能量补充问题。实践证明:"超前精细注水"的油田,比"同步注水"的油田产量提高了23%左右,大大提高了油田开发的最终采收率。这一问题的实践,还要根据不同油田、不同储层而决定实施的步骤,要选择时机、选择井网、选择规模。目前应从机理和理论方面进行完善提高(后述,见本书"超前精细注水"章节),做精做细,扩大应用规模不失为一条善之善策。

低渗透、特低渗透油藏本身就是低压系统,天然能量不足,补充地层能量困难,油井注水受效较慢,地层压力下降快,储层易受伤害且伤害后不易恢复,导致采油、采液指数不断下降。实施"超前注水"技术,在很大程度上解决了这个问题,可以大大提高油井产量和采收率。

(3)储层裂缝问题。

安塞特低渗透油田储层天然微裂缝比较发育,在地层常压条件下呈闭合状态,但是油层经后期压裂改造、注水开发后,局部井区注水压力超过裂缝开启压力,注入水极容易沿砂体轴向形成裂缝水窜,造成平面矛盾及纵向上注采剖面的不均衡。同时,裂缝线上的采油井表现为见效快、见水快、水线推进速度0.43~4.35m/d,个别井2个月就暴性水淹;裂缝侧向的油井见效缓慢,甚至长期不见效,水驱动用程度极差,加剧了注水开发的平面矛盾。这一问题,通过多年技术攻关和实践,被较好地解决了,主要是控制注水压力和优化注采井网技术(后续,见"注采井网优化")(图2-29,图2-30,图2-31)。

图2-29 王19-3-189裂缝(×5倍)

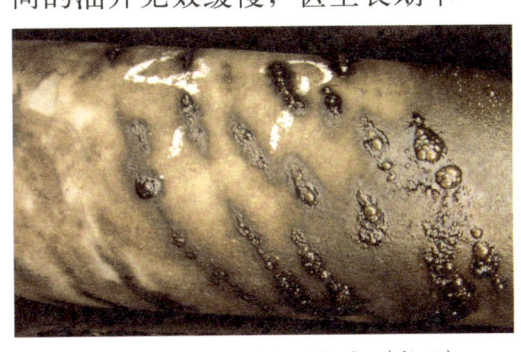

图2-30 沿122-18井(长6)

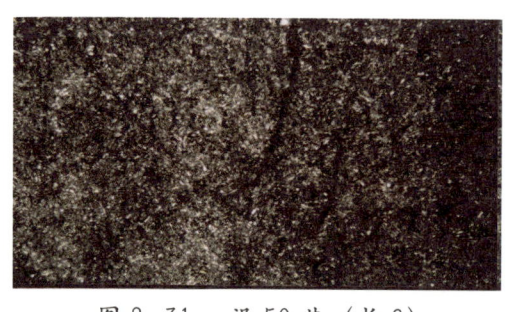

图2-31 沿50井（长6）

图2-29中的裂缝是成岩过程中形成的微裂缝，未被充填；图2-30是观察岩心看到的裂缝，原油沿裂缝方向渗出；图2-31是观察岩心看到的裂缝，裂缝已被沥青质充填。岩心观察与描述成果表明，特低渗透油藏储层中天然裂缝相对较为发育。天然裂缝对油藏的开发井网部署与开发特征具有重要控制作用。

通过成像测井研究，安塞长6特低渗透油藏中天然裂缝较发育，且以高角度裂缝为主，裂缝主向近于NEE向（图2-32）。

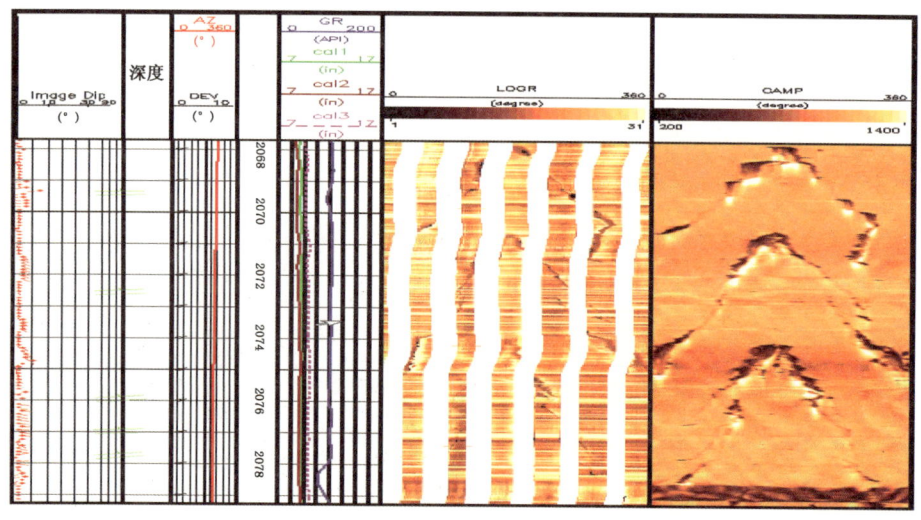

图2-32 塞6井长6地层裂缝特征图

（4）压裂改造问题。

低渗透、特低渗透油田开发，射孔后一般都没有初产，必须经过压裂改造之后，才有产量，就是说低渗透、特低渗透油田开发，口口井都需要经过压裂改造这一关，反之亦然。但是低渗透、特低渗透给业外人士和不了解低渗透、特低渗透油田开发的人的印象，是认为压裂改造规模越大越好，但实际并不尽然。压裂改造除了压裂参数的合理选择和压裂材料的选择外，对低渗透、特低渗透油田压裂改造来说，还有一个压裂改造的规模问题。鄂尔多斯盆地低渗透、特低渗透油田压裂改造的规模，经过近 30 多年的技术攻关、实践积累和总结提高，选择适度中等规模压裂，比较符合低渗透、特低渗透油田改造的实际。我们现在不是盲目地选择新的方法，而是总结提高已有的经过实践证实了的认识和做法，更不失为明智之举，同时还应完善总结提升，从理论上完善并提升实践的效果更显得重要（表2-8）。

表2-8 2008年储层改造主体技术的应用情况

试验工艺	井数	厚度 m	电阻率 $\Omega \cdot m$	视孔隙度 %	视渗透率 mD	含油饱和度 %	砂量 m^3	砂比 %	试油产量 油 m^3/d	试油产量 含水 %
前置酸加砂	17	18.6	40.6	11.04	0.72	54.3	29.2	33.8	21	5.4
多级加砂	39	28.1	38.5	11.58	1.04	55.03	45.7	35	20.7	1.7

经过多年的技术攻关与现场试验，形成了针对不同类型油藏的一整套压裂增产技术措施，主要有：

①低渗透、特低渗透储层：形成了"深穿透、饱填砂、大排量、高砂比、强闭合、高返排"水力压裂方法。该技术在靖安、陇东勘探开发的实践中得到了充分的应用。

②复杂油水层：确定了"三小一低"（即小砂量、小排量、小液量、低射开程度）的压裂模式。结合油层渗透性差异，有针对性实施负压射孔、高能气体压裂等配套技术措施。该技术在陕北的长2、长4＋5油藏的勘探开发中见到了较好的效果。

③浅油层：针对油层埋藏浅、原始含水饱和度高、温度低、压力低的特点，采用了"三低一高"（低温破胶剂、低残渣稠化剂、低滤失、高效助排剂）的压裂液配方体系。结合浅油层的应力分布情况，建立了小井眼压裂改造模式。

例如：

①三叠系低渗透、特低渗透安塞长6储层经典压裂参数：

施工排量：$2m^3/min$；

支撑剂 20～30m^3（石英砂、陶粒）；

砂比控制在：25%～30%；

前置液控制在 35% 左右。

②靖安油田长 6 储层经典压裂参数：

施工排量：2.5m³/min；

支撑剂 40m³ 左右（石英砂、陶粒）；

砂比控制在：30%；

前置液控制在 35% 左右。

(5) 适度注水问题。

低渗透、特低渗透油田开发，注水补充能量是最经济的也是唯一的一种好形式，目前看再没有哪一种形式比注水开发形式更为有效。但是，注水如何注上水、注好水，虽然是老生常谈的问题，往往也是最难搞好的问题。实践证明，不在注水上下功夫的油田，都是走了弯路的油田，最终影响的都是油田开发最终采收率。注上水容易，注好水是不容易的。特别是水质问题是最不好解决的问题。解决全过程的水质问题向来是最头疼的问题，特别是井筒和地层水质污染，我们到现在还没有很好地解决。除此之外，注多少水也是十分重要的，其中"温和注水"和"适度注水"，就是针对低渗透、特低渗透油田长期摸索出来的最佳方法，其效果也得到实践的验证。

超前注水是低渗透、特低渗透油气田开发的一次革命，是长庆人在长期实践基础上积累和实践的结晶。它的意义在于有效地解决了低渗透、特低渗透油田能量补充问题，从根本上改变了低渗透、特低渗透油田采液指数下降问题。所谓超前注水就是一个新开发的油田，应提前半年多先投产注水井，而后再投产油井，使油井投产时的原始地层压力保持在 100% 以上，并制定合理的开采速度，以及合理而严格的控制油井生产压差，使之保持较长期的稳产。一般情况下，凡是实现了超前注水的油田，其油井产量与同步注水油田相比较可以提升单井产量 23% 左右。问题的关键是要真正做到超前注水，而且成规模实施超前注水，才能显示超前注水的真正效果。但是，超前注水的真正机理在理论上并未完善，虽然实践中见到了良好的效果。同时还要针对不同油田，制定符合实际的超前注水政策和合理选择超前注水的时机也是重要的。

例如，长庆油田延长统低渗透、特低渗透油田规模应用超前注水（采油前 3～6 个月注水），效果好于同步注水和滞后注水，平均单井产能提高了 15%～25%（图 2-33）。从根本上解决了困扰低渗透、特低渗透油田开发的难题。邱中建院士称之为"革命性的举措"，"具有重大的实际意义"。

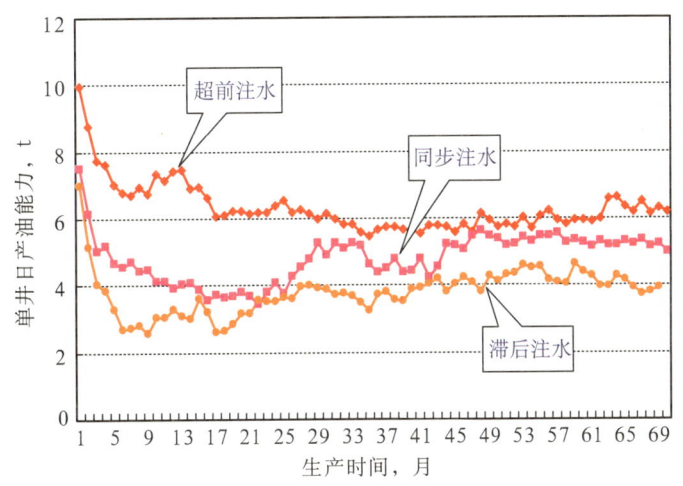

图 2-33　长庆五里湾一区超前注水与滞后、同步注水效果对比图

（6）稳产周期问题。

低渗透、特低渗透油田开发，在一般情况下，开发初期过后，产量下降到一定程度，其稳产期相对时间很长，一般是 10 多年，有些储层比较好，开发方案科学，特别是开发井网比较合理，开发政策制定比较实际，稳产周期会更长。这里面有个很现实的问题，就是百万吨产能建设到位率问题，一般情况下其到位率是 75% 到 80%，显然不符合开发方案和投资评价的要求。但是，你是要稳产三年的 100% 的产能到位率，还是要稳产十多年 80% 的到位率，显然应选择后者。所以，对产能建设经济评价标准就要有一个合理的新的尺度，这样有利于对低渗透、特低渗透油田产能建设有一个合理的评价。

特低渗透油田油井产量与时间的关系一般呈现较强的规律性，产量变化分为三个明显的阶段：初期递减、见效稳产和后期递减（图 2-34）。初期递减阶段，时间较短，递减率较大；见效稳产阶段，由于

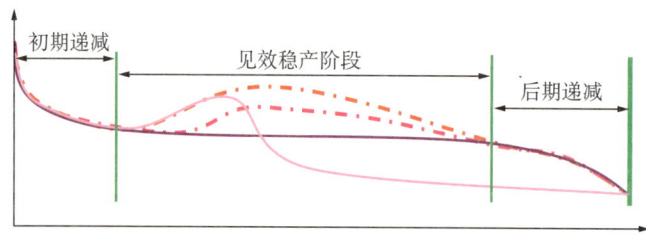

图 2-34 油井见效特征示意图

注水或其他措施，油井产量先小幅上升再缓慢下降或基本保持稳定，持续时间较长；后期递减阶段，递减率较小。

图 2-35 是五里湾一区老区三口油井的产油量曲线，在经历了初期递减后，一口油井产油量保持基本稳定，另外两口油井的产油量缓慢小幅上升，然后缓慢递减，产量基本保持稳定，稳产近 10 年。

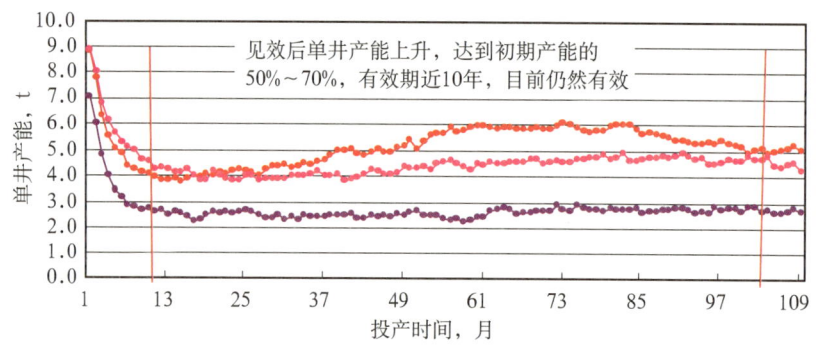

图 2-35 五里湾一区老区油井见效特征曲线

低渗透油田产量经过初期快速递减后，因不同开发井网、不同开发技术政策及不同储层物性而使其受效及稳产情况各不相同，储层物性越好、开发井网越对路，开发技术政策越符合实际，采油井受效情况越好，单井产量越高，稳产周期越长。

（7）多井低产问题。

低渗透油田的一大现实问题就是钻井工作量巨大。长庆油田目前万吨产能建设，单井产量 2t/d 时，需要钻井 22 口井。单井产量 1t/d 时需要井 40 口，单井产量 0.5t/d 时需要钻井 80 口井。如此多的井，全部是直井，征地量大，环境保护堪忧，后续成本压力更大。丛式钻井较好地解决了这一问题。中国最大规模的丛式钻井群就诞生在鄂尔多斯，最早开始于 20 世纪 90 年代初。这一革命性措施大大缓解了投资和成本的压力,为低渗透油气田大规模开发创造了条件。

多井低产是全球产油国普遍遇到的一个现实而客观存在的问题。多井低产在美国20多年前就客观存在了,现在中国石油天然气股份有限公司已经进入了多井低产的时期,平均单井产量不足2.8t/d,而且以每年递减0.2t/d速度在下降,这已是不争的事实。长庆油田于20世纪90年代初,建设万吨产能钻油井是6口,90年代末达到了10口油井,目前是15口井,有些可能是30口井,延长地区是60口井,钻井数成几何倍数增长。这就带来了一个严肃的话题,即投资效益问题、开发成本问题。在高油价下该问题还可以讲得过去。假如油价下降后,如何应对这一问题,就需要决策者在实际操作中认真研究和思考,重要的是要有多井低产的相应对策、政策、机制、体制和管理,才能主动应对这一局面,不至于束手无策或放任自流,当然,更不应该熟视无睹,仍采用高产、中产条件下的传统做法。

由表2-9、图2-36和图2-37可看出,长庆油田油井投产初期的单井产量就较低,初期产量小于3t/d的占总井数的46.6%,油井见水后产量大幅度下降,目前产量小于3t/d的占总井数的67.2%,大多数井产量较低。

表2-9 长庆油区主要油田单井产量分类表

油田	井数(初期产量)						井数(目前产量)					
	<1 t/d	1~2 t/d	2~3 t/d	3~4 t/d	>4 t/d	总计	<1 t/d	1~2 t/d	2~3 t/d	3~4 t/d	>4 t/d	总计
安塞油田	628	1004	1174	920	1579	5305	1686	1188	815	388	492	4569
靖安油田	478	540	611	465	1881	3975	1212	908	455	361	753	3689
姬塬油田	245	379	387	424	1144	2579	631	504	521	293	602	2551
西峰油田	295	283	291	263	553	1685	614	320	255	135	228	1552
合计	1646	2206	2463	2072	5157	13544	4143	2920	2046	1177	2075	12361

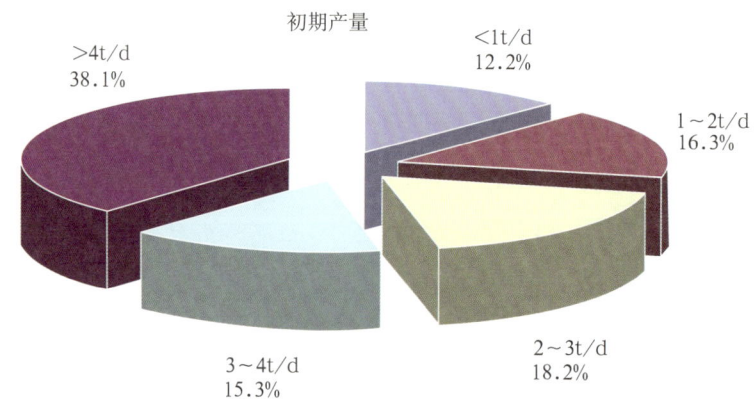

图 2-36　长庆油区主要油田初期产量比例图

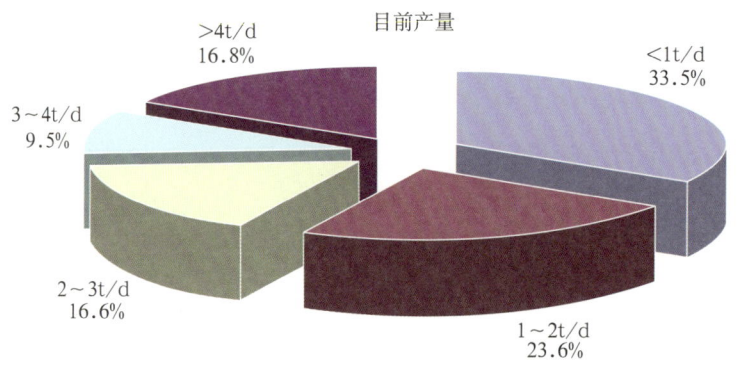

图 2-37　长庆油区主要油田目前产量比例图

7. 破解倒悬之困

苏里格气田开发初期,遇到了前所未有的困难。被认为是"世界级的开发难题",被看作是"烫手的山芋"。关键难就难在是"低渗、低压、低丰度"。

苏里格气田被发现后,社会给予了高度的评价,先后获得国家科技进步一等奖,被568位院士评为2002年度国内十大科技进展,并与水稻基因精细图谱,神舟3号、4号发射成功并列前三位。接着就是困惑,有人两次告状到国务院,为此,中间被人为搁置三年,苏里格成为街谈巷议的"焦点"。

实际上,苏里格气田开发的最大难题是两个方面:一是技术的确存在未认识的方面;二是机制的落后阻碍了开发的进程。也就是说开发苏里格气田，首先要解决人们的认识、机制和技术问题。

（1）地震问题。

苏里格地质大背景是大型辫状河流沉积，属于致密砂岩气藏，储层被砂岩致密带相对阻隔，影响了有效的供气范围，寻找相对富集区成为突出的矛盾。

但是，二维地震只能识别10m砂岩储层，解决不了相对富集区问题。为此，当时的中国石油天然气集团公司总经理马富才决策，用精细三维地震技术解决这一问题，但是，实践的结果，"二维地震与三维地震在识别砂体上基本一样"，没有多大区别。随后，在现场又进行了多波多分量技术攻关，对于苏里格气田的开发有了整体认识的概念。

虽然沉积背景是辫状河沉积，但砂体大面积分布，其厚度可观，而且分布稳定并连续，最令人高兴的是口口井含气，只是产气量大小不等而已，这就坚定了开发苏里格大气田的信心。

（2）优选井位问题。

依据开发试采提供的基础资料，针对苏里格气田非均质性极强的特点，虽然，用常规二维地震采集和解释方法，基本上可以预测并找到砂体，但并不能预测有效储层。就是说只找到"酒瓶子"，但不知道"酒瓶子装的是什么？"这一问题严重困扰了开发布井。

经过优化地震采集的系统参数，现场反复试验，摸索出了以数字检波器接收、小道距、大偏移距、高覆盖次数、潜水面以下激发为核心的高精度二维地震采集技术，获得了较高品质的地质资料，满足了用叠前地震资料，直接预测气层的条件（AVO），大大提高了地震预测含气性的准确度，也就是说解决了"酒瓶子装的是什么"的问题。这一重大技术上的进步，使布井问题出现了"柳暗花明又一村"。同时，结合苏里格气田试采取得的认识和积累的经验，使Ⅰ+Ⅱ类井比例由评价初期的50%提高到目前的80%。大大加速了苏里格气田开发的进程。

（3）快速钻井问题。

苏里格地区初期钻井，最快钻一口井需要三个月，后来缩短为一个月，通过采取PDC钻头个性化设计、井身结构优化、改进钻井液体系等，形成了苏里格地区特色快速钻井技术，使钻速大幅度提高，钻井周期不断刷新，钻井周期由开发初期平均45d缩短到目前的15d左右，缩短了三分之二，大幅度降低了钻井成本。

这里面包括三个方面的问题，一是技术装备（工具手段）的进步和改进；二是对地质情况认识越来越清楚，有了对付不同地质条件的对策；三是管理体制和机制的进步和市场化配置资源的策略发挥了重大的作用。因此，技术的进步是必不可少的，但任何先进的技术如果没有先进的管理制度和机制相配套，都是无济于事的。苏里格气田开发的实践就说明了这一问题。

(4) 中等规模压裂问题。

苏里格气田的地质特点，使人们很容易推崇大规模压裂改造，开始总认为致密储层只有通过大规模压裂改造才能解决单井产量低的问题。

经过反复的试验，结论是中等适度规模压裂是最佳选择。这一认识和安塞特低渗透油田压裂改造如出一辙，惊人的相似。也就是说大规模压裂改造的效果和中等规模压裂效果基本一样，甚至大规模压裂还不如中等适度规模压裂。小规模压裂肯定效果不理想。但是，由于低压储层，压力系数只有0.87，压裂改造后，迅速排液就是一大难题，用常规的排液手段，效果不佳，而且堵塞储层，影响产量，最后选择液氮、二氧化氮助排，效果理想。

苏里格最经典的压裂参数设计：

排量：$2.5 \sim 4m^3/min$；

砂量：$20 \sim 40m^3$；

砂比：$25\% \sim 30\%$。

(5) 多层改造和合层生产问题。

苏里格气田与北美气田有相似之处，都是低渗透，用他们的话说是致密砂岩气田，其物性比苏里格气田还要差。北美气田开发最成功的办法就是多层连续压裂改造，最后合层开采。他们已经在有效开发 $1 \sim 50\mu D$ 的天然气田（而不是毫达西），一口井压裂20余层，而且单井产气量可观，达20多万立方米。苏里格气田也是多层含气，假如由两层改造发展为多层改造投产，而且是同一个压力系统，层与层之间相互不会影响，其产气量会大幅度提高。问题是我们的认识和手段还有很大的差距，还没有详细研究多层改造、合层生产的思想认识准备，更不具备多层改造的基本手段。比如大型连续油管车问题，就需要进口。假如这一关突破，类似苏里格这样的气田就有了大规模开发的可能。目前，在苏里格气田凡是分层压裂改造的储层（盒8、山1），合层生产的气井就比单层生产的气井产量要高，而且稳定性很好。

（6）井下节流问题。

井下节流技术，是苏里格气田开发实践的产物，也是偶然情况下的产物。井下节流技术这一不太显眼的技术，从认识到实践推广应用，经历了5年时间，但是，他从根本上解决了苏里格气田的三大问题：一是井下结冰问题；二是稳定了单井产量；三是使高压系统转换为低压系统，使地面工程简化成为可能。这一技术的认识和推广，使苏里格气田开发投资发生了颠覆性的变化，地面投资几乎降低了50%，对于苏里格气田开发来说无疑是大好事。现在的问题是，应用井下节流技术，要针对不同区块、不同井，区别设计井下节流的大小，使之量化到具体的单井，这样更有针对性，使井下节流技术发挥更佳的效果。这对于开发苏里格这样的气田意义是非同凡响的。

应用井下节流装置：可实现中低压集气模式安全平稳运行，有利于降低地面建设成本，地面投资降低50%；能提高气井携液生产能力，有效防治水合物形成；有利于防止地层激动，保护气层，稳定生产；有利于节能降耗。

总之，井下节流技术应用于低渗透、特低渗透油气田开发，除了需要不断进行技术、管理创新外，还需要总结、提高、完善并发挥好前人已经实践成功的传统做法，而且做精做细。这不失为一大聪明之举。

（7）水平井压裂改造问题。

2002年苏里格气田开发评价工作，主要围绕大幅度提高单井产量为目的，实施了水平井、大型压裂试验，开辟了苏6井开发试验区，共投产15口试采生产井，平均单井日产量$3\times10^4\mathrm{m}^3$左右，生产约2个月后，井口压力由初期的21.1MPa下降到10MPa左右，试采动态进一步反映出气井产能低、地层能量供给不足；2口水平井实钻结果显示，盒8气藏单个砂体横向延伸范围小，仅几十米到几百米；14口井大规模压裂试验结果，表明增产量与加砂规模无明显的相关性，利用大规模压裂沟通多个砂体的预期目标未能实现。

开发评价工作受挫，部分人开始对气田开发前景感到困惑，对储量是否落实产生了怀疑，苏里格天然气勘探工作也因此暂时停滞，勘探开发遇到了很大的困难。不过水平井技术攻关试验仍在进行之中。

除上述7项技术的突破外，"5+1"体制的创新、市场配置资源政策的恢复、高层领导高瞻远瞩的决策和推动，发挥了极其重要的作用，使倒悬的苏里格气田开发问题出现了重大转机。

8. 油田开发特点

低渗透、特低渗透油田开发最突出的有6大特点，集中代表了低渗透、特低渗透油田开发的问题和开发的水平。面对6大特点，认识6大特点，破解6大特点，是开发此类油田的"第一步"和"基本功力"。

（1）油层自然产能低。

油层的特低渗透和低压条件，使其自然产能极低，一般钻井后油井无自然产量。采用油基钻井液、泡沫负压钻井试验，进行中途测试，油井初产也仅只有0.3～0.5t/d，故一般油井均需经压裂改造方可获得工业油流。

从图2-38分析，该井压裂改造后初产3.7t/d，而后基本稳定在1t/d左右，但与只射孔投产（未经压裂改造）后的初产0.3～0.5t/d

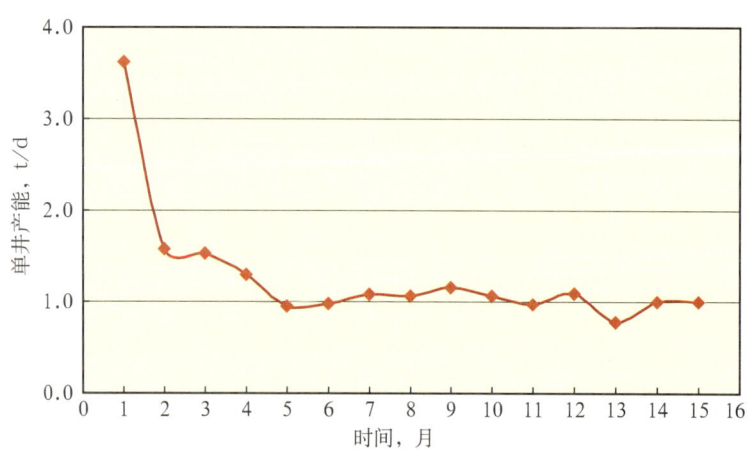

图2-38　安塞油田自然能量开发（长6）产量变化图

比较，其初产增长了 6～10 倍多。该图所表示的是油层压裂改造之后的产量，属于自然能量开采，还未注水开发。

(2) 利用天然能量开发采收率低。

长 6 油层压力系数 0.7～0.8，地饱压差仅 3～4MPa，属低压未饱和岩性油藏，由于油藏缺乏天然能量补给，采用天然能量开发时以弹性溶解气驱为主，油层供液能力不足，脱气严重，油井产能低且递减大。如安塞油田塞 6 井区地层压力由 9.1MPa 降至 6.3MPa 时，采出程度仅 0.71%，采出 1% 的地质储量地层压力下降 3.94MPa，年递减大于 30%。

经计算，长 6、长 2 油层弹性采收率仅为 0.87%～2.1%；采用经验公式法、物质平衡法、岩心压降试验法、数值模拟等多种方法测算，溶解气驱采收率为 8.3%～12.8%，一般为 11% 左右，其经济采收率仅 8% 左右，需要进行注水开发，提高开发效益。

(3) 油层存在天然微裂缝。

油层中天然微裂缝较发育，在地层条件下呈闭合状态，但油层经压裂改造、注水开发后，局部井区注水压力超过裂缝开启压力，易沿砂体轴向形成裂缝水窜，造成平面矛盾及纵向上注采剖面的不均衡。同时，裂缝线上的采油井表现为见效快、见水快，水线推进速度 0.43～4.35m/d（图 2-39，图 2-40），个别井 2 个月就暴性水淹；裂缝侧向的油井见效缓慢，甚至长期不见效，水驱动用程度极差，加剧了注水开发的平面矛盾。开发的主要技术措施之一，是裂缝不要开启，尽可能地使孔隙发挥渗流作用。实际上，这种微裂缝在某种程度上起到了沟通油

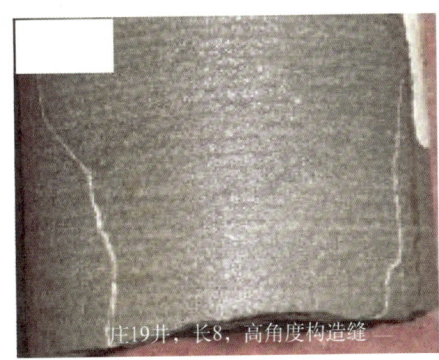 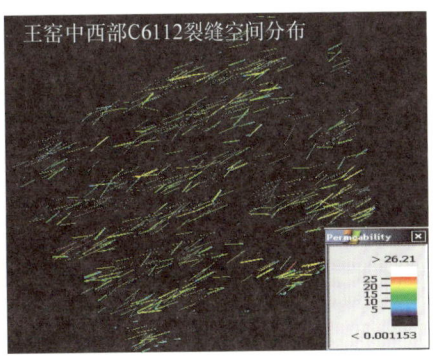

图 2-39　安塞油田天然裂缝形态与分布

图 2-40 安塞油田坪桥区裂缝分布图

流通道的作用。

图 2-40 表明，安塞油田坪桥区天然裂缝较发育，而且裂缝方向基本一致。

由于油层中天然裂缝的存在，当注水压力超过裂缝开启压力后，裂缝张开，纵向上裂缝开启的层位大量吸水，而不存在天然裂缝或裂缝尚未开启的层位吸水量少，造成吸水剖面不均匀，注水波及吸水小，影响注水开发效果。相反，凡裂缝未开启的层位吸水效果更好，说明孔隙发挥了渗流作用（图2-41，图2-42）。

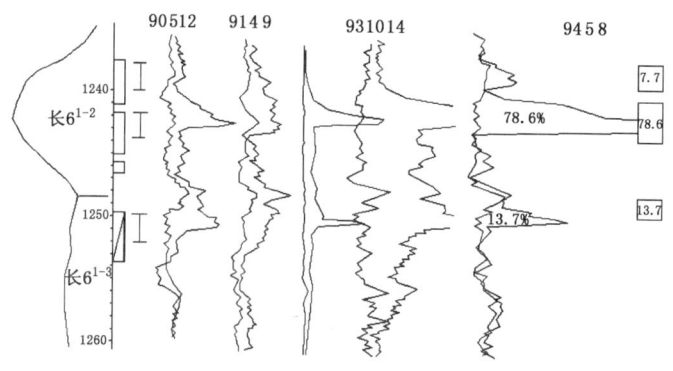

图 2-41　安塞油田王 12-8 井吸水剖面

（4）启动压差及驱替压力梯度大。

安塞油田长 6 油层室内试验、矿场测试资料均表明，油层启动压差为 0.5～4MPa。油层物性差，导致渗流阻力大，驱替压力梯度大。根

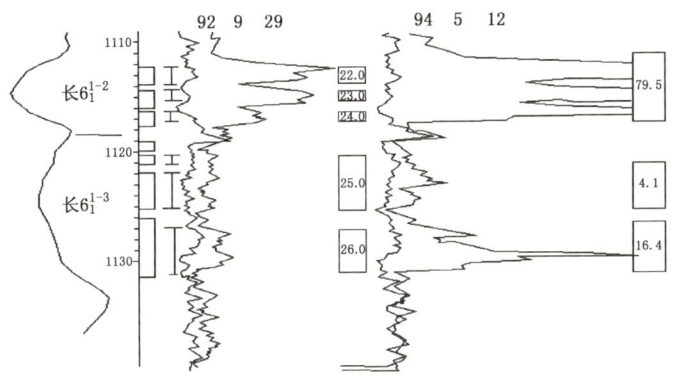

图 2-42 安塞油田王 13-20 井吸水剖面

据现场生产动态及测压资料计算，即便天然微裂缝不发育、非均质性不强的井区，启动压力梯度也较大（靖安油田为 1.42MPa/100m；安塞油田为 1.74MPa/100m）；对于储层物性更差、天然微裂缝发育的井区，侧向启动压力梯度可达 2.7（王窑区东部）～ 2.2MPa/100m（坪桥区）。这充分说明了非达西渗流特征。

图 2-43 是安塞油田主力油层——长 6 油层 13 块岩心的试验数据，由图可以看出，由于低渗透储层物性差，都具有启动压力梯度。

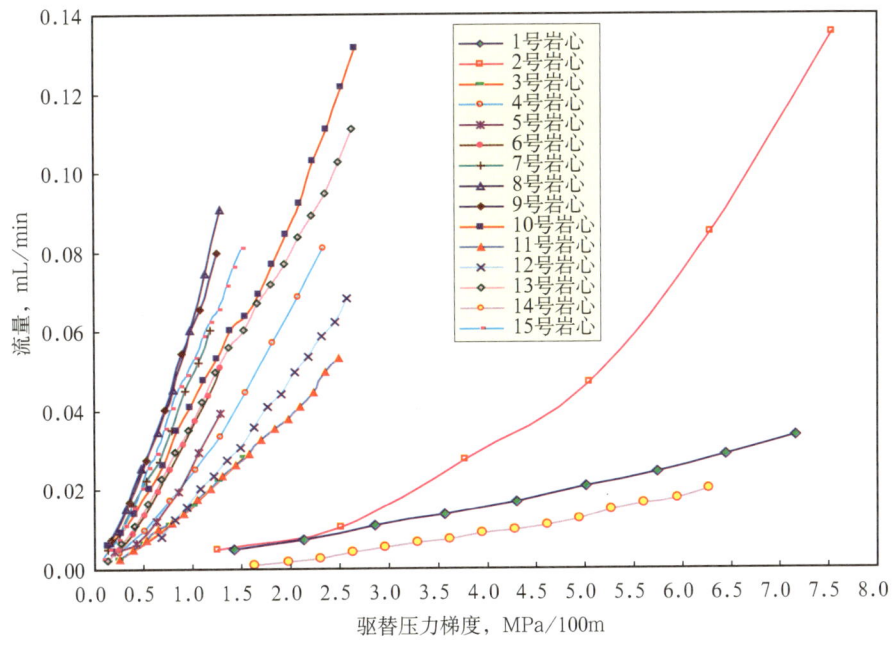

图 2-43 安塞油田长 6 岩心启动压力曲线

图 2-44 表明，安塞油田四口注水井的启动压力为 2～5MPa，只有当注入压力大于启动压力时，才能将水注入油层。

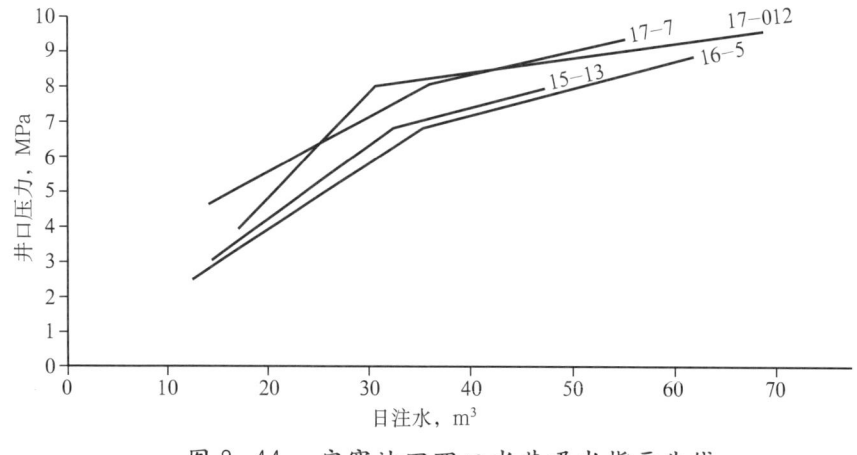

图 2-44　安塞油田四口水井吸水指示曲线

（5）部分油井见效缓慢、地层压力分布不均衡。

位于砂体轴向或裂缝线上的油井在注水 3～6 个月后即可见到注水效果，裂缝侧向和砂体侧向部分井见效缓慢。如坪桥区部分裂缝侧向油井，自 1995 年 3 月开始注水，经过 10 次注水开发，多次注水调整，仍然没有见到注水效果，单井产能在低水平上运行。

（6）见水后采液、采油指数下降。

由于特低渗透油层中性—弱亲水的润湿性，加之水驱过程中局部地区出现水敏、水锁、速敏等问题以及注水滞后，地层压力下降，使油层产生渗透率下降的不可逆转性，因而油水相对渗透率缓慢上升，水的相对渗透率最大不到 0.6，最终导致了随含水上升，采液、采油指数下降。根据矿场实际资料统计，开发时间较长的安塞油田王窑区，目前采出程度 13.7%，综合含水由 29.0% 上升为 49.8%，采液指数由 0.88m^3/（d·MPa）降为 0.49m^3/（d·MPa），采油指数由 0.69t/（d·MPa）下降为 0.28t/（d·MPa）。采液、采油指数的下降，增大了油田中后期提液、稳产的难度。

安塞油田王窑区油井见水后，综合含水由 26% 上升到 36% 时，采油指数由 0.46t/（d·MPa）下降到 0.26t/（d·MPa）。低渗透油田油井见水后，采液、采油指数下降，油田稳产难度加大（图 2-45）。

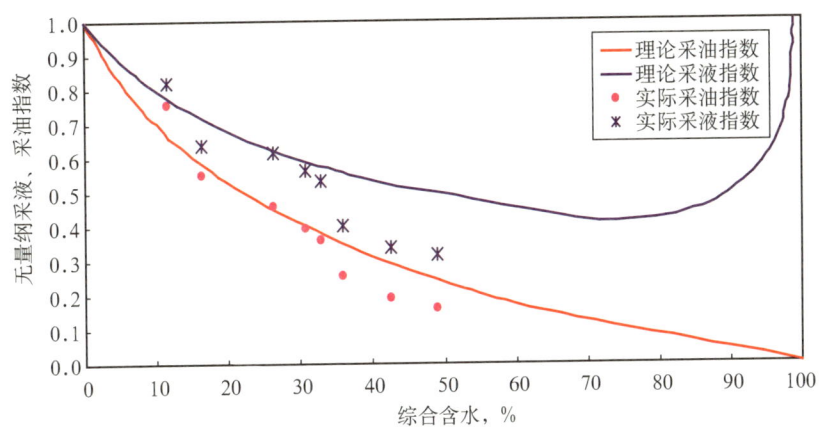

图 2-45　安塞油田王窑区无量纲采液、采油指数与含水关系曲线

9. 气田开发特征

低渗透气田开发最突出的有 7 大特点，集中代表了低渗透气田开发的问题和开发的水平；面对 7 大特点，认识 7 大特点，破解 7 大特点是开发此类气田的"敲门砖"和基本功底。

（1）单井产量低。

在对探井短期试采的基础上，围绕气井稳产能力和开发指标论证，开展了 28 口井长期生产试验，试生产结果表明：储层非均质性强、气层连通性较差，气井初期压力下降快；中后期气井表现出一定的稳产能力。单井平均产量 $1 \times 10^4 m^3/d$，能够稳产 3 年，单井平均累计产气量达到 $(2000 \sim 3000) \times 10^4 m^3$ 以上。依据低速渗流力学，低渗透气田稳产的基本特征是，后稳产期时间特别长，有的气田可长达 20 多年。这一认识，奠定了苏里格气田开发的理论基础，也为编制苏里格气田开发年产 $200 \times 10^8 m^3$ 提供了充分的依据。

表 2-10　苏里格气田 2007 年分区实际产量表

单　位	日平均开井口	目前日产量 $\times 10^4 m^3$	年累计产气量 $\times 10^4 m^3$	单井日均产量 $\times 10^4 m^3$	单井年均产量 $\times 10^4 m^3$
第一项目部	146	176.78	36200.34	1.21	247.95
第二项目部	165	233.23	38602.82	1.41	233.96
第三项目部	151	288.82	37160.42	1.91	246.10

续表

单 位	日平均开井口	目前日产量 ×10^4m^3	年累计产气量 ×10^4m^3	单井日均产量 ×10^4m^3	单井年均产量 ×10^4m^3
第四项目部	60	115.43	15116.78	1.92	251.95
第五项目部	122	160.12	20080.27	1.31	164.59
合计	697	1038.5	154608.27	1.49	221.82

由表2-10可见，2007年苏里格气田总平均单井日产量为$1.49\times10^4m^3$，单井平均年产量为$221.82\times10^4m^3$，单井产量低。

（2）井控储量小。

苏里格气田属于"低渗、低压、低丰度"气藏。渗透率平均0.5mD；压力系数仅0.87，储量品位低，平均探明地质储量丰度$1.4\times10^8m^3/km^2$，单井控制储量比较低（表2-11）。

表2-11 苏里格气田Ⅰ、Ⅱ、Ⅲ类井控制储量统计表

类别	井数 口	控制储量 10^4m^3		单位压降产气量 $10^4m^3/MPa$		控制半径 m
		平均	范围	平均	范围	
Ⅰ	4	3881.2	3067.5~5049.2	119	96.8~141.4	224.7
Ⅱ	12	1780.8	1409.2~2389.2	53.1	41.9~67.9	199.8
Ⅲ	5	1118.3	731.5~1318.1	33.5	22.2~39.1	185.8
合计	21	2023.1	731.5~5049.2	61	22.2~141.4	201.2

由表2-11可知，苏里格Ⅰ类、Ⅱ类和Ⅲ类井的单井平均控制储量仅$2023.13\times10^4m^3$，单井控制储量低，单位压降的平均产气量仅$61\times10^4m^3$，这与苏里格气田"低渗、低压、低丰度"的认识是一致的。

（3）气体低速流动。

依据非达西渗流力学，气体在低压储层中流动是一种变形的低速流动状态，这主要受三个条件限制，一是本身就是低压系统；二是储层孔喉细小；三是辫状河砂岩储层"岩性致密带"。苏里格气田的开发实践充分显示了这一特征。

（4）初期稳产较难。

2001年苏里格气田开发评价早期介入,利用苏6井等5口探井开展大产量修正等时试井。试验结果是气井产量和压力下降快,关井压力恢复程度差。实践和研究证明苏里格气田为低产气田,单井控制储量小、稳产期短、非均质性强、连通性差,初期压降速率大、稳产难,属于典型的特大型整装低渗特致密岩性气田(表2-12)。

表2-12 苏里格气田各区块不同类型井目前平均压降速率统计表

项目部	区块	Ⅰ类井 MPa/d	Ⅱ类井 MPa/d	Ⅲ类井 MPa/d	平均 MPa/d
第一项目部	苏6	0.025	0.023	0.033	0.026
	苏36-11	0.027	0.034	0.029	0.030
第二项目部	苏10	0.021	0.028	0.035	0.026
第三项目部	苏5	0.025	0.031	0.03	0.028
	桃7	0.032	0.029	0.021	0.031
第四项目部	苏20	0.021	0.042	0.031	0.033
第五项目部	苏25	0.027	0.021	0.021	0.025
自营区	苏14	0.035	0.035	0.030	0.034

苏里格气田气井生产初期压降速率较大,稳产难,生产半年后,压力下降比较平稳,初期压降速率应控制在0.02~0.03MPa/d。

(5)开发难度大。

苏里格气田含气面积大,储量丰度低,单个气砂体横向延伸范围小,要实现"规模、有效、开发",必须采用小井距、密井网,这又必然造成钻井及相应的井下作业、测井、录井、固井、地面建设、物资、运输等各专业工作量大、任务重,开发难度大。

(6)多井低产。

苏里格气田储层大面积含气,但单井控制储量小、非均质性强、连通性差,导致单井产量低,井网密度大,造成了"多井低产"的格局。截至2007年,苏里格气田中区、东区、西区共钻井1590口(表2-13),井网密度为1口/km^2。2007年,苏里格气田Ⅰ类井、Ⅱ类井、Ⅲ类井的配产分别仅为2.0×10^4m^3/d、1.0×10^4m^3/d、0.6×10^4m^3/d,单井产量低。

表2-13 苏里格气田气井分类结果对比表

区块	统计井数	Ⅰ类井井数	Ⅱ类井井数	Ⅲ类井井数	Ⅰ类井比例,%	Ⅱ类井比例,%	Ⅲ类井比例,%	Ⅰ+Ⅱ类井比例,%
中区	1341	482	523	314	35.9	39	25.1	74.9
东区	168	29	79	60	17.26	47.02	35.71	64.29
西区	81	17	39	25	20.99	48.15	30.86	69.14

(7) 经济效益受限, 且受价格制约。

常规管理模式下开发建设成本高、经济效益差。苏里格气田气层埋深3500m, 气层横向连通范围有限, 单井控制储量低, 钻井周期长, 单井建设综合成本约1500万元, 按照常规开发方式和管理模式, 难以实现经济有效开发。前期评价结果表明苏里格气田要实现有效开发, 当气价为800元/10^3m^3、内部收益率达到8%时, 开发指标必须满足: 单井累计采出气量$2000×10^4m^3$, 单井建设综合成本控制在800万元以内。

不论是低渗透岩性气藏、层状气藏, 还是低渗透断块气藏, 其开发特征都存在共性的方面。苏里格气田就是突出的代表, 2001年苏里格气田开发评价早期介入, 利用苏6井等5口探井开展大产量修正等时试井。试验结果是气井产量和压力下降快, 关井压力恢复程度差。实践和研究证明苏里格气田为低产气田, 单井控制储量小、稳产期短、非均质性强、连通性差, 属于典型的特大型整装低渗特致密岩性气田。

10. 双重介质渗流理论

所谓双重介质渗流, 是指油、气、水在储层中流动时一种低速变形状态, 主要受岩石的毛细管力作用和孔喉细小所决定, 主要表现为以孔隙渗流为主, 裂缝渗流为辅的储层特征。

创新点是"孔隙渗流为主, 裂缝渗流为辅"。是对传统的双重介质渗流理论的发展和创新。主要代表油田是安塞油田。

创新点在理论上符合非达西定律, 本质上发展了沃伦路特的"双重介质"渗流理论。沃伦路特的理论模型是基质孔隙只是个"储油"体, 最多是从孔隙流动到储层的裂缝, 而裂缝发挥着油流"通道"的作用。

安塞油田开发的实践，希望储层裂缝在常压下闭合，有利于孔隙渗流，而不是依靠裂缝渗流，这样有利于提高油田采收率。当压差大到一定程度，储层裂缝是开启的，裂缝才发挥渗流"通道"的作用，但一般不希望出现这种情况，因为它影响采收率的提高。实际也有一种情况，微裂缝在一定压差下是开启的，某种情况下发挥了很好的渗流作用，因为它沟通面积大。

创新发展的双重介质渗流理论，主要有三大贡献：

一是奠定了特低渗透油田大幅度提高油田最终采收率的理论基础。

二是揭示了特低渗透油田投产初期过后，特低渗透油田较长时期稳产和保持长时期开采的根本原因。

三是揭示了特低渗透油田采油、采液指数下降过快的根本原因。投产初期过后，采油、采液指数下降过快，而且不易恢复，是最困扰特低渗透开发的世界性的难题。创新发展的双重介质渗流理论为这一问题的解决提供了理论上的依据，也为超前注水技术找到了理论上解决的依据。

创新发展的双重介质渗流理论，也基本适应于特低渗透天然气田的开发。

当然，这一理论有悖于非达西渗流理论（认为特低渗透主要是裂缝渗流，而不是孔隙渗流），可以继续商榷。

"孔隙渗流为主，裂缝渗流为辅"的假设：（1）低渗透油田开发的地层压力很难保持稳定，是不断下降的；（2）低渗透储层压力下降后，储层渗透率下降，且很难恢复；（3）低渗透储层压力下降后，天然裂缝或人造裂缝多数处于闭合或半闭合状态，其导流能力随之大幅度下降。

"孔隙渗流为主，裂缝渗流为辅"的含义：油气井投产后较短时间内，由于裂缝的渗透率远大于基质孔隙，主要的流动形式是裂缝中的流体（或原油）流入井筒，由于裂缝体积较小，此过程伴随着近井地带压力的快速下降，天然裂缝开始闭合。由于裂缝压力低，孔隙介质中的流体开始流入裂缝，裂缝中压力有上升的趋势，但远不及裂缝中压力下降的趋势，因此裂缝中压力继续下降。当二者相等时，裂缝中压力达到最低，近井附近地层压力降到最低，此时大多数裂缝基本闭合。此后很长一段时间内，地层中油气主要是通过孔隙而不是裂缝向井筒中供液。由于低渗透储层的孔隙介质渗透率低，孔隙中流体流入井筒的速率很慢（正因流动慢），所以可以持续很长时间。

值得说明的是，"孔隙渗流为主，裂缝渗流为辅"不是完全否定传统的双重介质渗流理论，而是对传统双重介质理论的发展。"孔隙渗流为主，裂缝渗流为辅"的观点是考察低渗透油气田的油气井从投产到废弃的整个过程后得出的，是对油气井整个生命周期中流体渗流规律的总结。

从鄂尔多斯特低渗透油田的开发实践，特别是"原点"安塞特低渗透油田的开发实践，已经证实了创新发展的双重介质渗流理论的可行性（见图 2-46、图 2-47、图 2-48）。

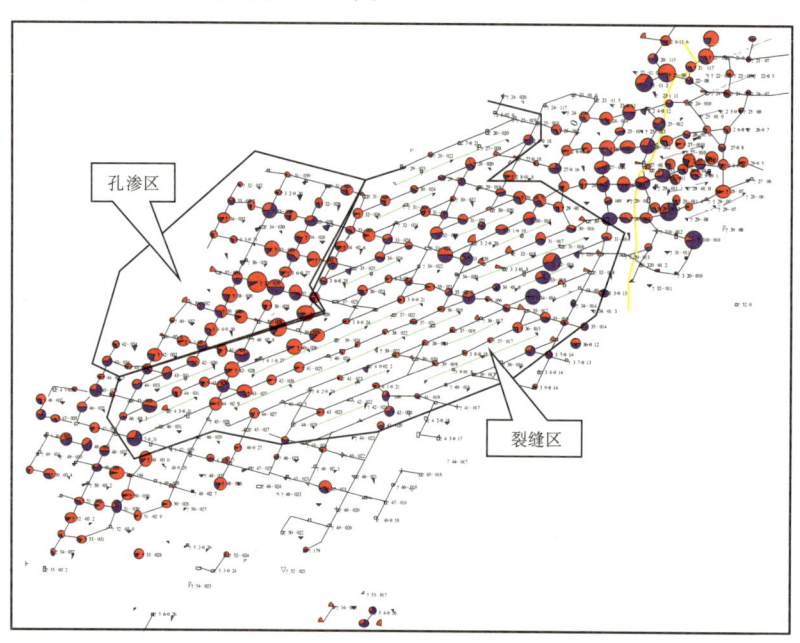

图 2-46　塞 160 区块 2007 年 12 月开采现状图

图 2-46 是安塞油田王窑区裂缝发育区和孔隙渗流区示意图。裂缝发育区，油井含水上升快，含水与采出程度呈凸形（见图 2-47），孔隙渗流区水驱效果好，含水与采出程度呈"S"形（见图 2-48）。

(1) 案例 1：安塞油田的开发现状及采收率。

应用传统的双重介质渗流理论预测，安塞油田的采收率最多是 18%，而应用创新发展了的双重介质渗流理论预测，采收率可以提高到 28% 以上，提高了 10 个百分点。安塞油田现在的综合递减小于 4%（见

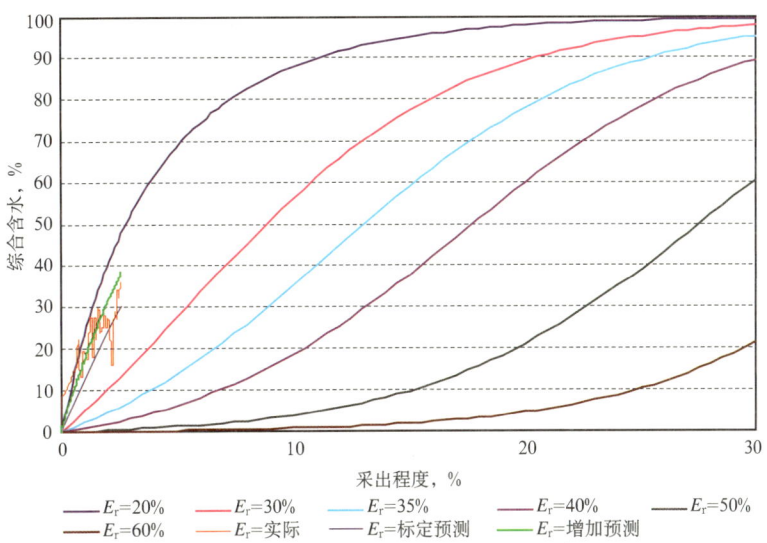

图 2-47　安塞油田裂缝发育区含水与采出程度关系曲线图

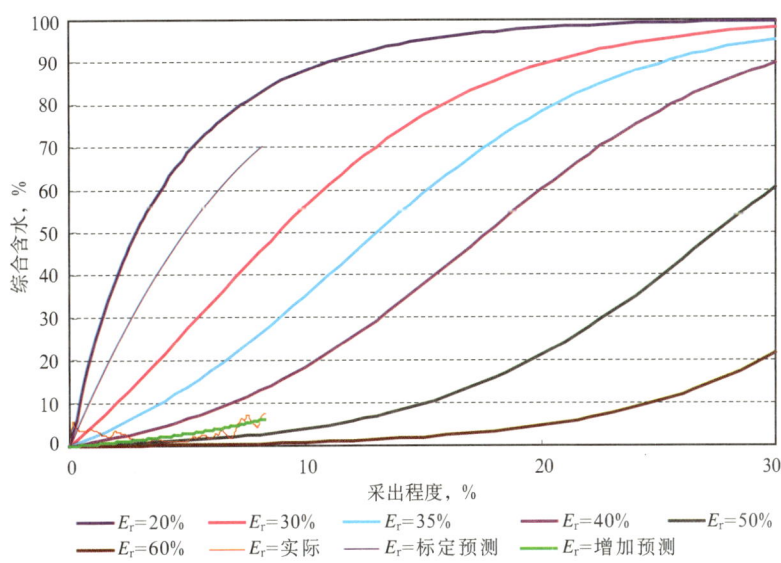

图 2-48　安塞油田孔隙渗流区含水与采出程度关系曲线图

图 2-49），含水上升率小于 2%，目前安塞油田的采出程度已经达到了 30%（图 2-50）。随着技术的进步，还有很大的提升空间。安塞油田 2004 年被中国石油天然气股份有限公司授予提高采收率的典型油田。

(2) 案例 2：靖安油田五里湾一区开发现状及采收率。

靖安油田五里湾一区已经开发了 13 年，目前的综合递减小于 5%

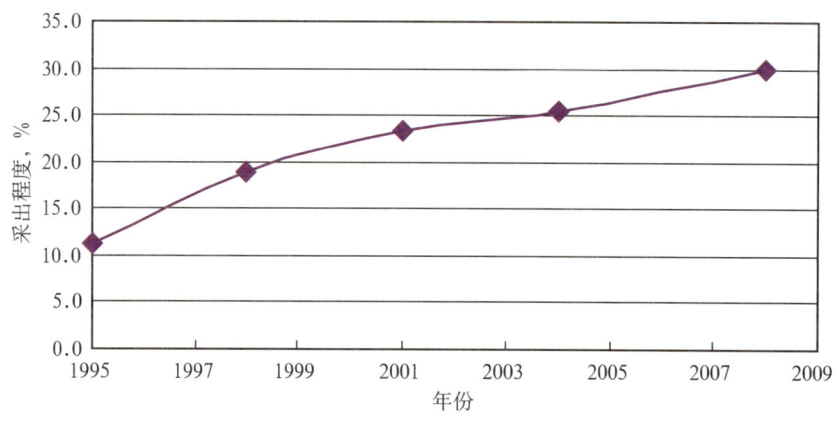

图 2-49 安塞油田的采出程度变化图

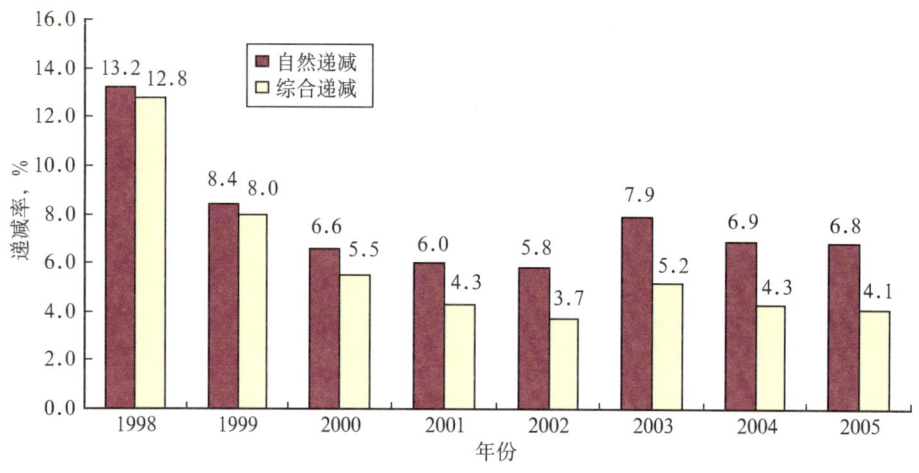

图 2-50 安塞油田历年来递减率变化图

(见图 2-51),含水上升率小于 5%,一次井网动用程度达到 91%,可采储量采出程度达到 33.1%(图 2-51),已经连续 10 年实现稳产高产,而且含水极低,2004 年被中国石油天然气股份有限公司评为"高效开发油田"。其注水有效率高、波及面积大、驱油效率高,是特低渗透不可多得的好油田,开创了此类油田最新和最高水平,在国际上都能占一席之地,代表中国特低渗透油田的最高水平。

11. 相对均质理论

在低渗透、特低渗透油气田开发过程中,非均质是个相对概念,相对和绝对是辩证统一的,绝对寓于相对之中,均质寓于非均质之中,在

二、怎样开发低渗透？

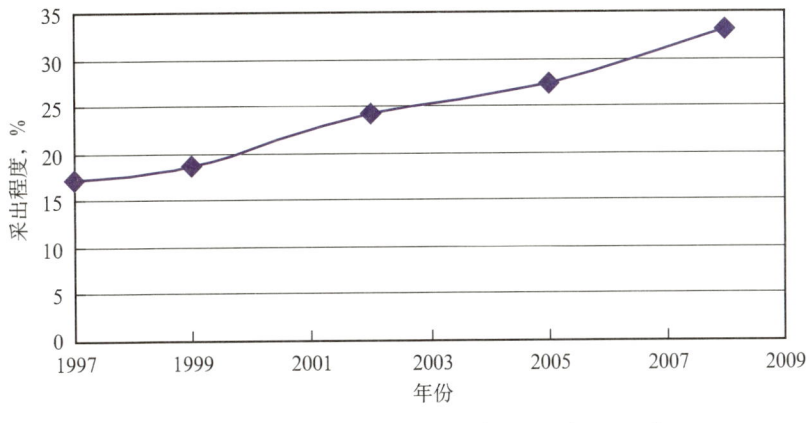

图 2-51　靖安油田五里湾区的采出程度

相对均质中包含绝对的非均质成分，无数相对的均质储层的总和，就构成大面积相对的均质储层。如安塞油田河口坝储层就是相对均质的典型例子。

鄂尔多斯盆地低渗透、特低渗透储层的相对均质性表现在如下几个方面：

（1）结构较为均一，孔喉分选较好（见图 2-52）。从压汞曲线可以看出，四个油田吸吮曲线的中间直线段接近、几乎平行，说明这四个油田（安塞、靖安、西峰、姬塬）的孔隙结构较为相似，表现为四个油田宏观

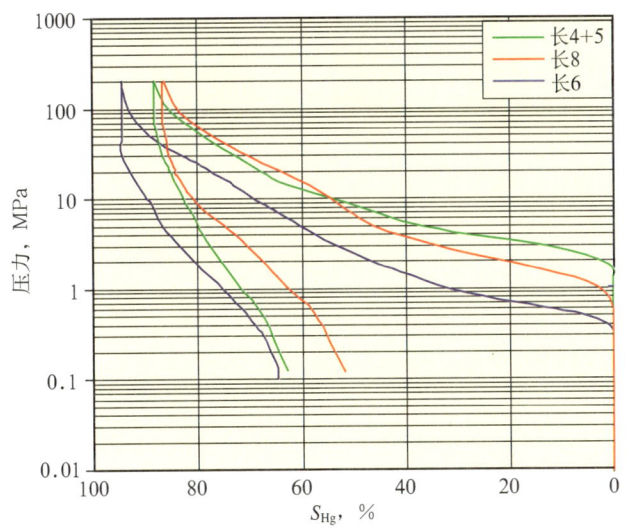

图 2-52　鄂尔多斯盆地延长组主力目的层段压汞曲线

上的相对均质性；四条吸吮曲线的直线段都长且平缓，说明储层的孔隙结构较为均一，孔喉分选性好，表现为每个油田微观上的相对均质性。

（2）储层主要物性分布相对集中，数值接近。

表2-14表明，鄂尔多斯盆地的安塞、靖安、西峰、姬塬四个油田储层的有效厚度、孔隙度、渗透率、原始含油饱和度比较接近，这说明鄂尔多斯盆地五个油田的储层物性相对均质（见表2-14，图2-53，图2-54）。

表2-14　长庆4个油田油层物性统计表

油　田	有效厚度,m	孔隙度	渗透率,mD	原始含油饱和度
安塞油田	12.0	0.14	2.05	0.55
靖安油田	9.5	0.13	1.68	0.51
西峰油田	12.1	0.11	1.53	0.52
姬塬油田	8.8	0.11	0.81	0.47

注：绥靖油田取塞39井区长2储层及流体物性；靖安油田取五里湾长6油藏数据。

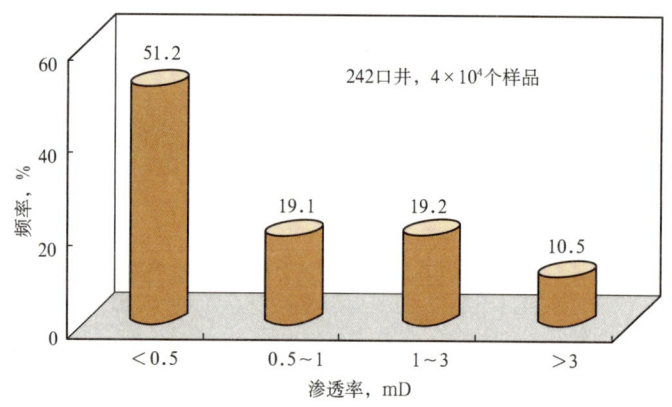

图2-53　陕北地区长6渗透率分布图

陕北长6油层242口井岩心分析表明，渗透率在0.5mD以下的油层占51.2%，1mD以下的油层占70.3%，渗透率分布相对均质（见图2-53）；陇东长8油层58口井的岩心分析表明，渗透率在0.3mD以下的油层占61%，1mD以下的油层占83.6%，渗透率分布较均质（见图2-54）。

由表2-15和表2-16可以看出，安塞油田王窑、侯市作业区主力

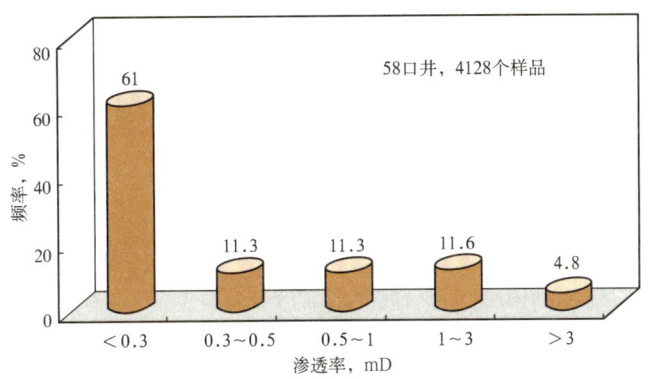

图 2—54　陇东地区长 8 渗透率分布图

油层长 6 的渗透率变异系数、突进系数较小，在均质储层范围内，级差超出均质储层范围，但相差不大，可见安塞王窑、侯市作业区主力油层长 6 相对均质。

表 2—15　渗透率非均质性参数评价标准

储层类型	变异系数	突进系数	级差
均质储层	<0.5	<2.0	<2.0
中等非均质储层	0.5～0.7	2.0～3.0	2.0～6.0
强非均质储层	>0.7	>3.0	>60

表 2—16　安塞油田两个作业区渗透率非均质性参数对比表

油田	区块	油层	变异系数			突进系数			级差		
			最大	最小	平均	最大	最小	平均	最大	最小	平均
安塞	王窑	长 6	5.82	0	0.29	9.51	0.79	1.33	33.75	1	2.59
	侯市	长 6	1.79	0	0.28	4.5	1	1.38	24.9	1	2.71

（3）原油性质好，主要指标差别较小。

表 2—17 表明，鄂尔多斯盆地的安塞、靖安、西峰、姬塬四个油田原油的密度、黏度、气油比、体积系数很接近，原油都属于轻质稀油，品质较好，原油相对均质。

表2-17　长庆4个油田原油性质统计表

油　田	地下原油密度 g/cm³	地下原油黏度 cP	气油比 m³/m³	体积系数
安塞油田	0.75	2.40	80.3	1.21
靖安油田	0.76	2.02	71.5	1.22
西峰油田	0.75	1.68	92.0	1.27
姬塬油田	0.75	1.38	94.5	1.27

下面讲述3个典型案例。

(1) 典型案例1：安塞油田注水开发效果。

安塞油田的主力油层是三叠系延长组长6油层，地质上属于河控三角洲，砂岩主体带渗透性好，渗透率变异系数小；边部渗透性差，渗透率变异系数大，该层的平均空气渗透率为1.29mD，有效孔隙度11%～14%。在"相对均质论"的指导下，优选长6油层砂体中部油层进行注水开发试验，注水井压力为8MPa左右，平均日注32m³，最高达70m³，82口油井压裂投产后平均日产油3.64t。注水使油井大面积连片见效，见效后平均日产油4.03t，一次井网的储量动用程度达90.7%，水驱储量控制程度达73.6%，注水两年后水驱控制程度达到80.7%，油井见效程度达到70%，预测水驱采收率为20%～25%，注水开发效果较好。

(2) 典型案例2：靖安油田注水开发效果。

靖安油田辖区主要发育中生界侏罗系延9、延10和三叠系长6、长2四套油层，其中长6油层是主力油层，为湖成缓坡三角洲砂体，构造简单，孔隙度为0.127，平均空气渗透率为1.81mD，压力系数低，储量丰度低，开发难度大。依据"相对均质论"，优选渗透率变异系数小的五里湾一区北部长6油层的13个井组开展注水开发试验，单井日注29m³，注水压力为2.7～7.0MPa，注水井吸水剖面相对均匀。注水三个月后，5个井组的11口井不同程度见效，平均单井日产由见效前的2.55t上升到5.08t。2年后13个井组对应64口油井中有48口井见效，见效井平均日产 5.4t，储量动用程度达到 90.1%，该区块油层表现了较好的注水开发效果。

(3) 典型案例 3：坪北油田连续稳产八年。

坪北油田：1998 年 3 月 12 日，江汉石油管理局与长庆石油勘探局正式签订合作开发安塞油田坪桥北区协议书。长庆石油勘探局以探井、资料、勘探成果出资，占总投资的 15%；江汉石油管理局以货币、实物出资，占总投资的 85%。

坪北油田位于陕北中部，为一低渗、低压、低产的裂缝性岩性油藏。主要含油层系为三叠系延长组长 $4+5^2$、长 6^1、长 6^2，油藏平均埋深 1348m，平均孔隙度 11.5%，平均渗透率为 1.3mD。油井无自然产量，均需压裂改造投产，且单井产量低，正常生产时平均日产油仅 1t。原始地层压力仅为 8.3MPa，压力系数只有 0.64，地层中存在微裂缝且规律性明显，注入水沿裂缝水窜严重，注水井多形成水线。

坪北油田于 1998 年 5 月正式启动开发，1998—2001 年进行了四年规模产能建设，分年建成 25×10^4t/a 原油生产能力，至 2001 年底油田实有年生产能力 20.5×10^4t，2002 年油田产量达到高峰值 18.24×10^4t。近年来，通过油田精细注采调整，实现了年产油在 17.0×10^4t 以上连续稳产八年。

12．攻关二元理论

所谓攻关二元理论，是指低渗透、特低渗透油气田开发技术攻关，由单一的技术攻关转变为技术攻关和管理革新相结合，设计攻关目标。

攻关二元理论的最大特点是：一是设计攻关目的，例如单井产量、采收率、投资回报等。二是攻关途径是多向的，但最少是两个途径。三是必须认识到低渗透投资效益的合理限度，不可能做到"人有多大胆，地有多大产"。

形象的比喻，一个十岁的小孩，让他扛 100 斤，他肯定扛不动。但是，可以让他右手帮扛 30 斤，其余的 70 斤装在四轮小车用左手拉动，同样实现了搬动 100 斤的目的。低渗透开发技术攻关也是这样。

苏里格气田开发技术攻关，就是"二元理论"攻关的最具代表性的典型。苏里格气田从发现，到实施规模有效开发，经历了 7 年开发技术攻关。针对"低渗、低压、低丰度"现实，如何"规模有效"开发万亿立方米大气田，成为最大的难题。

开发技术攻关的设计路径，有形无形地遵循了"攻关二元理论"的思路，即由单一技术攻关转变为技术攻关和管理革新相结合的技术攻关路线，采用多向模式或至少两个以上的路径，实现技术攻关的目的。具体地讲就是一手抓技术攻关，一手抓管理革新，两手都要硬，二者缺一不可，同步激发，最终体现气田开发效果。

技术攻关，主要体现在 12 项开发配套技术攻关上，其中井位优选技术、快速钻井技术、分压合采技术、井下节流技术、井间串接技术、远程控制技术等 6 项关键技术是攻关的重点。开发配套技术的形成和推广应用，使气田开发成本显著降低，开发水平得到大幅度提升，为苏里格气田的规模有效开发创造了条件。例如：井位优选技术大大提高了地震预测含气性的准确度，使Ⅰ+Ⅱ类井比例由评价初期的 50% 提高到目前的 80%；快速钻井技术使钻速大幅提高，钻井周期由开发初期平均 45 天缩短到目前的 15 天左右，缩短了三分之二，大幅度降低了钻井成本；分压合采技术有效增加了单井产量，提高了储量动用程度；井下节流技术简化了井口装置，提高气井携液能力，防止水合物形成，为实现低压集气创造了条件，使地面建设投资降低了 50%，开井时率也由 67.0% 提高到 97.2%；井间串接技术使单井管线长度减少 36%，平均单井管线投资节约 32%；远程控制技术则奠定了苏里格安全、现代化生产的基础。

管理革新，主要体现在坚持管理创新，探索出了"5+1"管理体制，创新形成了"六统一，三共享"管理体系，全面推行"标准化设计、模块化建设、数字化管理"。特别是"5+1"管理体制，充分调动了中国石油内部有关油气田公司和施工服务队伍的积极性，打破了地域限制和内部体制的限制，由"一家"优势转变为"多家"优势，由"一家一人"智慧转变为"多家多人"智慧；最大限度地实现了优势资源的科学整合，为苏里格气田的有效开发创造了条件。

2007年苏里格气田物探、钻井、井下作业、测井、录井、固井、地面建设、物资、运输各专业建设者上万人，一场新时期、新形式石油会战悄然展开，长庆油田分公司是会战的组织者，市场是会战的协调者。"统一规划部署、统一组织机构、统一技术政策、统一外部协调、统一生产调度、统一后勤支持"和"资源共享、技术共享、信息共享"的"六统一、三共享"的管理体系，对"5+1"合作开发起到至关重要的保障作用，促进了"资源共享、互利共赢、安全有序"开发建设局面的形成，加快了苏里格气田的开发进程。"标准化设计、模块化建设、数字化管理"不仅精简了组织机构，提高了生产效率、建设质量，而且降低了安全风险、综合成本，取得了良好的现场应用效果。

苏里格气田开发，遵守"攻关二元理论"，坚持技术攻关与管理革新并举，取得了良好的开发效果。2007底气田日产气量已达到$1000 \times 10^4 m^3$，建成了天然气年生产能力$40 \times 10^8 m^3$。2008年11月日产天然气突破$1800 \times 10^4 m^3$（图2—55），2008年生产天然气$45 \times 10^8 m^3$。到"十一五"末，苏里格地区基本探明储量将达到$2 \times 10^{12} m^3$，建成$100 \times 10^8 m^3$的年生产能力；"十二五"期间整体建成$200 \times 10^8 m^3$的年产规模，最终将苏里格气田建设成为"科技、绿色、和谐"的"现代化大气田"。

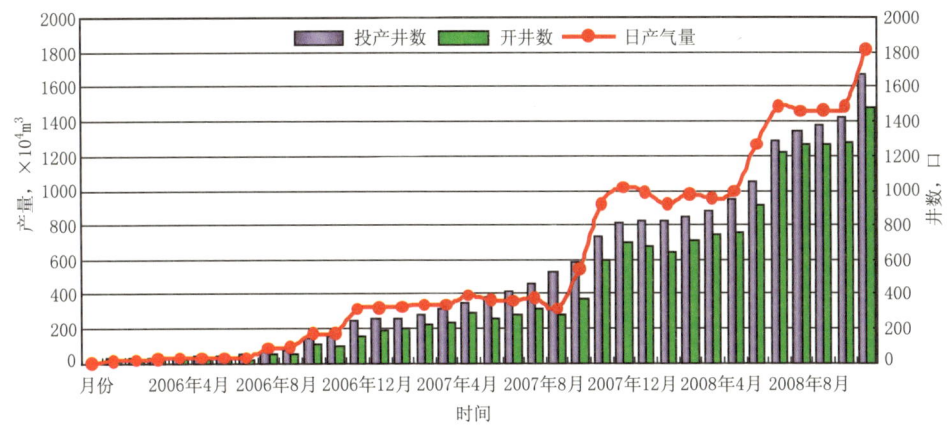

图2—55　苏里格气田生产曲线

0.3mD低渗透重大开发技术攻关（试验），是中国石油天然气股份有限公司"十大开发技术试验"之一，但是攻关的路径是"一元"

攻关模式，即靠"单一技术攻关"实现单井产量的提高，这本身就有缺陷。就目前低渗透开发技术的实践，还达不到"规模有效"开发的目的。虽然，0.3mD 低渗透重大开发技术攻关（试验），取得了一定的效果，但是，就投资效益而言，百万吨产能建设投资达 60 亿元，在高油价情况下还过得去，但油价降到每桶 40 美元，其开发效果就大打折扣。

长庆油田"0.3mD 储层攻关试验项目组"。攻关试验 4 年来，发展了"储层分类法、渗流机理、油藏工程方法、储层改造"等基础理论，形成了"储层定量描述、井网优化、压裂改造、改性注入剂"四大主体技术，特别是"采油工艺优化技术、地面简化优化技术、污水生化处理技术"三项配套技术，有了明显的进步。现场试验应用这些理论和技术后，提高了单井产量，降低了综合成本，取得了一定的效果。然而，0.3mD 储层开发攻关试验效果，还不尽如人意，还没有规模推广应用，其中一个重要原因就是只关注技术攻关的效果，而对管理革新的效果没有足够重视、是"一元攻关"模式，而不是"攻关二元理论"的实践。

最近，长庆油田颠覆性的"2吨区产能"建设模式，最大可能地体现了"攻关二元理论"的思路，目标建设 600×10^4t 年生产能力，从发展的局势看，目标实现的可能性极大。

13．意外收获论

所谓"偶然"就是两个或多个"必然"的相撞。偶然性与必然性是辩证的统一。偶然中孕育着必然。"超前注水"是受"污水回灌"的启示而引出，防止井下水合物堵塞引出"井下节流"现象。由偶然到必然，由现象到现实，由"故事"到技术变革的"神话"，一举解决了低渗透油气田开发两大难题，不能不说是一场技术革命，实际上一个伟大的发明创造往往是在人们的不经意间出现的。

那么"超前注水"技术、"井下节流"技术是如何诞生的呢？

长庆吴起油田（侏罗系）发现于 20 世纪 70 年代初，是长庆油田初期石油大会战在陕北发现的最早的两个油田之一。在开发吴起油田侏罗系油层的同时，钻探一大批属于三叠系的油井，而且在三叠系开辟了先期试采，但由于当时对三叠系油层认识不足，改造手段有限，使许多三叠系的探井、开发试采井，被认为是"干井"而弃置。

20世纪90年代中期，吴起油田侏罗系油层大规模开发，产生大量的油田采出液，经处理后作为污水排放。当时吴起油田唯一的联合处理站叫做刘坪站，油田处理后的污水排放在附近的"宁赛川"河。此河为吴起唯一的饮用水源。排放污水经常与当地老百姓发生矛盾。

为此，长庆石油勘探局决定把污水回灌到附近被弃置的油井，回灌地层是"环河华池组"，结果是弃置油井套管破损，回灌污水顺延注入到三叠系地层，该油层是鄂尔多斯盆地主力含油层系，80多年未能实施有效开发。长时间回灌，使回灌井附近的三叠系被弃置的"干井"，史无前例地喷出了原油。这一"现象"使人们很难理解。调查后才得知，附近的污水回灌井起到了注水井的作用。

但是，还不能完全理解为什么三叠系被弃置"干井"怎么能出油。有位领导敏锐地洞察这一"现象"的重要意义，明确指示详细调查。结论是污水回灌起到了注水的作用，才使三叠系油层出油，而且油层压力极高。在这种情况下萌生了三叠系油层"提前注水"的设想。这就是"污水回灌现象"引出的"超前注水"思路。

后来扩大"超前注水"试验，效果十分明显，接着完善了"超前注水"技术系列，并成为鄂尔多斯盆地低渗透油田开发的核心技术。这一技术从根本上解决了困扰低渗透油田开发一大难题，即油井投产后采液、采油指数下降问题，等于破解了世界低渗透油田开发的一大难题。这一技术的又一个重大意义是类似油田通过"超前注水"都可实施有效开发。

中国工程院邱中健院士在评价这一技术时，称之为"革命性举措"，意义十分巨大。

苏里格气田，苏39-14-2、苏39-14-3井，是2003年完钻的加密试验井（表2-18）。

苏39-14-2井于2003年7月14日完钻，2003年10月8日压裂施工，射开盒8气层井段：3308.2～3314.0m，3317.2～3322.6m，

3332.4～3334.4m，累计厚度13.2m，平均孔隙度8.68%，平均渗透率0.5022mD，平均含气饱和度74.32%；射开山1气层井段：3339.4～3341.5m，3358.3～3359.6m、3364.6～3366.6m，累计厚度5.4m，平均孔隙度10.57%，平均渗透率1.9347mD，平均含气饱和度73.31%（表2-19）。

表2-18 苏39-14-2、苏39-14-3井基本情况表

井 号	完钻时间	投产时间	无阻流量，×10⁴m³/d	投放节流器时间
苏39-14-2	2003年7月14日	2003年10月27日	5.7265	2004年2月20日
苏39-14-3	2003年6月27日	2003年10月1日	5.6858	2004年2月11日

表2-19 苏39-14-2井测井参数统计表

序号	层位	顶部深度 m	底部深度 m	厚度 m	总孔隙度 %	含气饱和度 %	基质渗透率 mD	综合解释结果
1	p1x7	3288	3289.8	1.8	7.77	60.32	0.297	含气层
2	p1x8	3308.2	3314	5.8	8.46	72.64	0.27	气层
3	p1x8	3317.2	3320.2	3	8.85	72.7	0.702	气层
4	p1x8	3320.2	3322.6	2.4	9.44	81.04	0.962	气层
6	p1x8	3325.4	3326.6	1.2	9.11	58.85	0.56	含气层
7	p1x8	3332.4	3334.4	2	8.16	73.2	0.324	气层
8	p1x8	3339.4	3341.5	2.1	13.14	78.42	1.153	气层
9	p1x8	3345.2	3346.7	1.5	6	71.41	0.162	含气层
10	p1s1	3358.3	3359.6	1.3	9.41	64.87	0.379	气层
11	p1s1	3364.6	3366.6	2	8.62	73.44	0.243	气层

苏39-14-3井于2003年6月27日完钻，2003年9月8日压裂施工，射开盒8气层井段：3298.0～3300.8m，3303.0～3307.0m，3329.0～3330.8m，累计厚度8.6m，平均孔隙度9.66%，平均渗透率0.5426mD，平均含气饱和度65.459%（表2-20）。

表2-20 苏39-14-3井测井参数统计表

序号	层位	顶部深度 m	底部深度 m	厚度 m	总孔隙度 %	含气饱和度 %	基质渗透率 mD	综合解释结果
1	p1x8	3283.8	3286.0	2.2	8.75	57.76	0.362	气层
2	p1x8	3298.0	3300.8	2.8	12.10	61.85	0.826	气层
3	p1x8	3303.0	3307.0	4.0	8.45	68.43	0.435	气层
4	p1x8	3329.0	3330.8	1.8	8.54	64.89	0.341	气层

苏39-14-2井于2003年10月27日投产，投产前油压22.5MPa，套压23MPa，2004年4月20日投放井下节流器，节流器投放后，没有发生水合物堵塞现象，确保了冬季生产正常。截至目前，日历生产时间1909天，有效生产时间1787天，累计产气$2983\times10^4m^3$，油压0.8MPa，套压4.1MPa，目前产量$1.0\times10^4m^3/d$，目前套压降速率0.001MPa/d，压力下降缓慢，生产平稳（图2-56）。

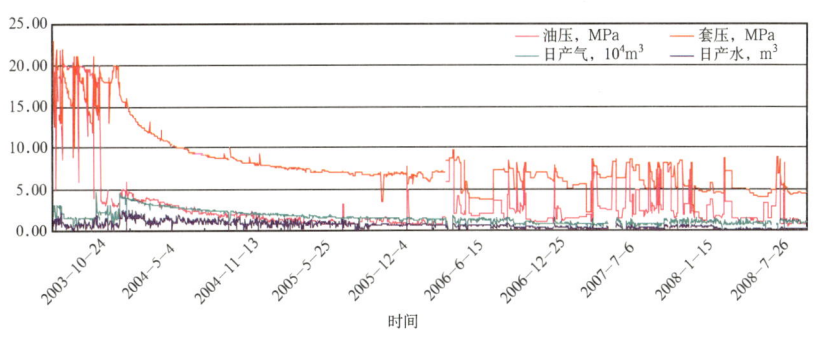

图2-56 苏39-14-2井生产动态曲线

苏39-14-3井于2003年10月1日投产，投产前油压21MPa，套压20.9MPa，2004年4月20日投放井下节流器，节流器投放后，没有发生水合物堵塞现象，确保了冬季生产正常。截至目前，日历生产时间1935d，有效生产时间1759天，累计产气$2337\times10^4m^3$，油压0.9MPa，套压3.3MPa，目前产量$1.0\times10^4m^3/d$，目前套压降速率0.0011MPa/d，压力下降缓慢，生产平稳（图2-57）。

苏39-14-2井、苏39-14-3井，于2004年4月20日投放井下节流器。当时投放井下节流器目的，就是防止井下水合物形成并造成堵塞

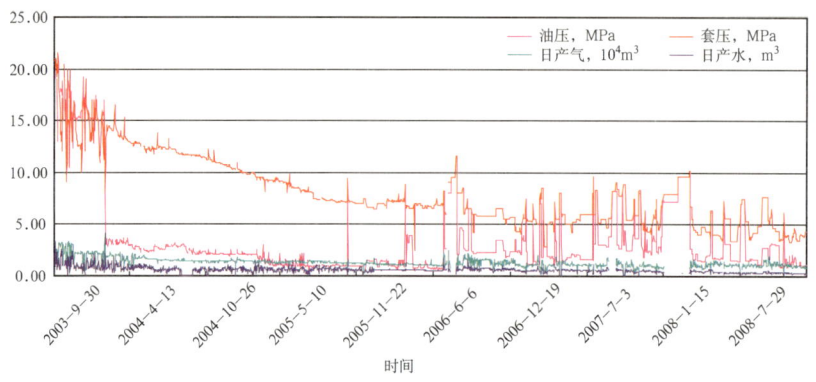

图 2-57 苏 39-14-3 井生产动态曲线

现象，确保冬季安全生产。此举本身带有技术试验的目的。生产一段时间后，意外地发现，不但解决了井下水合物的形成，防止了井下堵塞现象，而且使气井出现了生产压力稳定、压降速率极低，产量稳定，且生产周期长的可喜现象。

这一"意外现象"很快引起了人们的高度注意，有关人员迅速做出扩大试验并加以推广的决定。实际上据李安琪讲，气井投放井下节流器在靖边气田就试验过，但没有引起注意，这可能与靖边气田开发矛盾没有苏里格那样突出而所致。

苏里格的开发矛盾是生产压力下降快，产量稳不住，井下水合物堵塞现象严重，开发投资大，运行成本高。人们急于要找出解决问题的办法，为此，"井下节流"成为当时开发的"救命"符。2006 年迅速推广，更没有意料到的是，"井下节流"现象进而形成了井下节流技术。

井下节流技术集成创新，从根本上解决了苏里格气田的三大问题，一是井下结冰问题；二是稳定了单井产量；三是使高压系统转换为低压系统，使地面工程简化成为可能。这一技术的认识和推广，使苏里格气田开发投资发生了颠覆性的变化，地面投资几乎降低了 50%。

14. 区别对待论

毛泽东在《中国革命战争的战略问题》中论述战争规律，他把"中国革命战争规律",分解为"战争规律"、"革命战争规律"、"中国革命战争规律"。战争有时间、地点、规模;有正义、非正义;进步、反动;人民的、资产阶级的等。"战争规律",是指战争的各种矛盾本质联系和法则的必然趋势,是不分正义和非正义等的笼统定义。"革命战争规律"首先是正义的、进步的。"中国革命战争规律"战争的地点是中国,是有正义的、进步的、人民的,而不是反动的、资产阶级的等。

以此演绎,低渗透油气田勘探开发,要有区域、地质沉积年代、储层性质之分,不能一概而论。鄂尔多斯盆地低渗透与松辽盆地低渗透是不一样的,苏里格气田低渗透与四川川中低渗透是不一样的。就鄂尔多斯盆地而言也是有区别的,安塞油田低渗透与靖安、绥靖油田低渗透也是有区别的,虽然相距很近,储层性质变化不大,但在开发效果上差距较大。安塞、靖安、绥靖油田低渗透与西峰、姬塬油田低渗透区别就更大了。所以低渗透油气田开发一定要区别对待,不照抄照搬,一定要根据特定油田的实际制定开发对策。

(1)典型案例1:长庆、大庆、吉林对比。

长庆、大庆(朝阳沟)、吉林(扶余)油田的储层、原油性质对比见表2-21。

表2-21 长庆安塞、大庆朝阳沟、吉林新民油田储层、原油参数表

油 田	孔隙度	渗透率 mD	平均有效厚度 m	地下原油黏度 mPa·s	原始溶解气油比 m^3/m^3	体积系数	地下原油密度 g/cm^3
长庆安塞	0.14	2.0	12.0	2.4	80.3	1.21	0.75
大庆朝阳沟	0.16	25.9	9.3	10.7	53.0	1.12	0.77
吉林新民	0.15	5.4	13.0	8.7	15.0	1.06	0.82

长庆安塞、大庆朝阳沟、吉林新民三个油田的储层、原油物性除孔隙度差别较小外,其他参数差别较大,个别参数相差达十几倍。虽然三个油田都为低渗透油田,但不同的低渗透特征要求在开发时要"区别对待",不能生搬硬套。

（2）典型案例2：长庆五油田对比。

安塞、靖安、绥靖、西峰、姬塬油田的储层、原油性质对比见表2—22。

表2—22　安塞、靖安、绥靖、西峰、姬塬油田储层、原油参数表

油田	孔隙度	渗透率 mD	平均有效厚度 m	原始含油饱和度	地下原油黏度 mPa·s	原始溶解气油比 m³/m³	体积系数	地下原油密度 g/cm³
安塞	0.14	2.05	12.0	0.55	2.40	80.3	1.21	0.75
靖安	0.13	1.68	9.5	0.51	2.02	71.5	1.22	0.76
绥靖	0.17	19.69	14.4	0.47	4.34	11.9	1.05	0.76
西峰	0.11	1.53	12.1	0.52	1.68	92.0	1.27	0.75
姬塬	0.11	0.81	8.8	0.47	1.38	94.5	1.27	0.75

注：绥靖油田取塞39井区长2的储层及流体物性；靖安油田取五里湾长6油藏数据。

长庆油田上述五大主力油田，虽然都是延长统，但沉积年代、储层性质、条件和物性参数等差别较大，部分参数是微小的变化，部分参数变化甚大，导致开发的效果大不相同。例如安塞油田和靖安油田属于同一储层，地面相距也很近，只有个别参数存在微小差异，但其开发效果也有不小区别，尽管两个油田都是中国石油天然气股份有限公司授予的高效开发油田。这就说明了一个简单的事实，"世界上没有一个油田是相同的"。

中国石油专家评审委员会认为：安塞油田于1983年勘探发现，次年投产。探明地质储量34668×10^4t，动用地质储量25051×10^4t，已累积生产原油1430×10^4t，标定采收率21.9%，年产油100×10^4t以上稳产8年。2004年油田年产油170.1×10^4t，自然递减11.42%，综合递减8.46%，综合含水42.17%（长庆安塞油田经中国石油天然气股份有限公司勘探与生产分公司和中国石油高效开发油田专家评审委员会认证为高效开发油田）。

二、怎样开发低渗透？

中国石油专家评审委员会认为：靖安油田于1985年勘探发现，次年投产。探明地质储量28995×10^4t。1995年投产，动用地质储量24615×10^4t，已累积生产原油1300×10^4t，标定采收率22%，年产油100×10^4t以上稳产6年。2004年油田年产油239.4×10^4t，自然递减8.64%，综合递减6.82%，综合含水36.3%（长庆靖安油田经中国石油天然气股份有限公司勘探与生产分公司和中国石油高效开发油田专家评审委员会认证为高效开发油田）。

从中国石油专家评审委员会公布的"高效油田"审定的开发数据看，几乎是一对"双胞胎"油田，但也可以发现其不同之处，需要仔细看才能发现其微妙的变化。这就是从开发的趋势看靖安油田要比安塞油田好得多。重要的一点是两个油田执行两种不同的开发政策和策略，形成了两个不尽相同的开发模式，即"安塞模式"和"靖安模式"。

看看靖安油田主力区块五里湾开发效果，是我一生见到的为数不多的最好油田开发区块，该区块连续十多年保持近百万吨稳产（包括初期产建），2006年、2007年、2008年数据未收集到，据长庆的同志说仍保持开发的良好势头，特别是综合含水、自然递减、综合递减等开发指标，创造了低渗透油田开发的奇迹（见图2-58，表2-23，表2-24）。

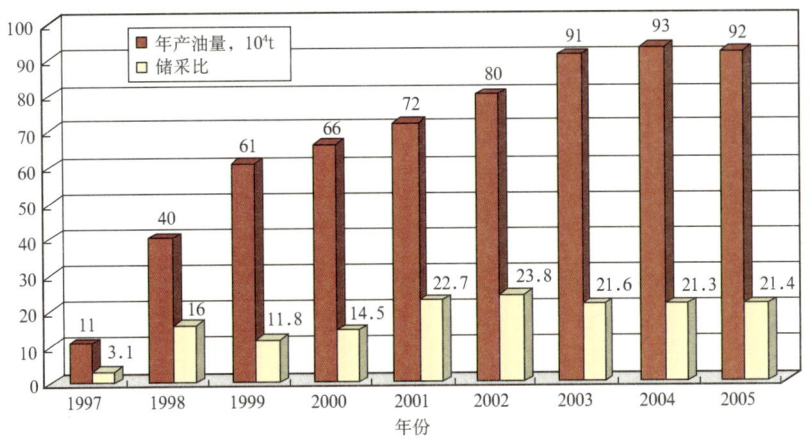

图2-58　五里湾油田历年原油产量与储采比对比变化图

表 2-23 靖安油田五里湾区开发数据表

年 份	1996	1997	1998	1999	2000	2001	2002	2003	2004	2005
单产日产，t	6.4	5.1	5.3	4.7	4.5	4.8	4.8	4.7	4.6	4.4
综合含水，%	8.9	6.2	5.9	4.8	4.1	3.6	4.4	6.1	10.6	15.2
含水上升率，%			2.47	−0.92	−0.43	−0.38	−1	1.5	2.94	4.69
自然递减，%			10.39	3.66	2.88	0.13	0.22	1.01	3.73	4.31
综合递减，%			7.72	1.16	−0.1	−1.72	−0.89	−2.12	2.2	2.96
地层压力 MPa		8.15	9.31	9.58	10.67	10.52	11.23	11.4	11.5	11.61
水驱指数		−0.0127	0.691	0.8166	1.305	1.3977	1.4698	1.5414	1.5969	1.6575
存水率			0.1972	0.909	0.9414	0.9492	0.9483	0.9483	0.9461	0.9392	0.9322
采收率，%					17	17.9	24.2	24.2	24.2	24.2	24.2

表 2-24 靖安油田五里湾区开发技术指标

阶段	地质储量采油速度%	剩余可采储量采油速度%	水驱储量控制程度%	水驱储量动用程度%	能量保持和利用程度	水驱状况	综合递减%	自然递减%	年产油量 10⁴t	平均单井产水平 t	综合含水%	含水上升率%	动态监测完成率%	油藏开发分类水平
一类油藏标准		>5.0	>80	>75	上升		<5.0					>1.5	100	一类
目标	1.1	5.5	92	85	上升	变化	1.5	2.5	88.22	5	5	2	100	一类
应用前	0.88	4.7	90.5	80.5	上升	稳定	−1.2	2.13	70.98	4.2	4.8	2	100	一类
目前	1.12	5.9	95.4	87.5	上升	变好	−2.12	1.01	93.5	4.4	9.8	1.5	100	一类

(3) 靖安油田主要研究成果和认识。

(1) 借鉴安塞油田成功经验，立足油田地质特点，对长 6 油藏，根据河湖三角洲特低渗透岩性油藏模式，从油藏研究入手，进行储集层、储量、产能、经济效益评价，寻找有利方向，筛选有利富集区优先开发，运用新技术、新方法，使油藏开发生产工作建立在较高的起点上。

（2）针对现场实际问题，开展室内专题研究，确保产能建设开发效果。ZJ2 井区开发初期，许多井投产后产液量与产油量偏低，个别井甚至油水不出，形成有效厚度与产量严重不符的被动局面。针对这种情况，从储层评价与影响单井产能的主要工程因素两方面研究，最终得出储层性能好，而造成油井低产、高含水的原因是油层伤害严重，增产措施不合理，抽吸排液强度低、不彻底所致。经调整改造工艺措施、压裂参数、优化压裂液，使单井日产量达到 13.16t，比前期单井产量提高近 5 倍。

（3）运用多种方法在地层构造应力、裂缝特征等方面进行深入研究，在此基础上总结出具有靖安特色的优化布井技术和整体压裂技术。

（4）早期注水、超前注水，确保了靖安油田高效开发，同时创造性引入了储层平面及剖面连通性模型、剖面水驱动用模型、注采关系模型和以注水井为核心的"水动力收效单元"的概念，以水动力为核心的注采调控技术，使五里湾油田注采调控工作的精确性大幅度提高，为油田的稳产奠定了理论基础。

（5）充分利用各阶段所取得的油藏静、动态资料，对油藏构造、储层、流体等开发地质特征做出现阶段的认识和评价，建立精细的三维地质模型，通过油藏数值模拟生产历史拟合即动态资料来验证或修正，最终量化剩余油分布并形成可视化的三维地质模型，为油田下一步开发调整和综合治理提供可靠的地质依据。

15. 经济界限理论

所谓经济界限，就是指油气田开发每一阶段的资金投入，都要以油气田投产后，最大或稳定产出为准绳，依此计算出相应的投资回报、投资利润。投入产出合算，就实施开发，否则，反之亦然。

安塞油田于 20 世纪 90 年代初，由于油价低迷，低渗透、特低渗透油田开发受到极大的影响，为了保证基本的投资回报，采取"倒算投资法"，计算出万吨产能建设最低投资界限，即万吨产能建设投资必须控制在 1000 万元以内，投资回报 12%。安塞油田开发在 1995 年以前基本上按此投资标准建设，投资效果良好。据统计，自 1988 年以来，安塞油田开发建设累计投资 160.77 亿元，累计产油 2337×10^4t，销售收入 545.49 亿元，实现利润 326 亿元，利润占销售收入的 59.76%（此数据由长庆油田分公司采油一厂苏志峰厂长提供）。

苏里格气田于 2005 年恢复建设，开发投资、开发技术指标在论证和"倒算"基础上，设定了基本的参数，单井综合投资不超过 800 万元，单井日产底限 10000m³，单井累计生产 $(2000\sim3000)\times10^4$m³（一次井网之前），一次井网稳产 3 年，万亿立方米投资不超过 2.5 亿元，投资回报不低于 8%。其中单井综合投资控制在了 750 万元以内，效果良好。因为苏里格气田的总投资的大头是钻井，控制住了钻井，就等于控制住了整个投资。而钻井只有通过推进技术进步，提高钻井速度，缩短钻井周期和提高工作效率，才能实现这一技术经济指标。四年来基本上实现了这一目标。

鄂尔多斯盆地低渗透、特低渗透油田开发，随着开发规模的逐年提高，而随之能动用的储量品位也越来越低，为了有效动用这部分储量，保证原油产量的持续增长，根据当时的油价，按照投资回报的标准，设定了万吨产能投资界限，即万吨产能建设投资 3 亿元，以此标准长庆油田建设了近千万吨生产能力。后来随着开发"2 吨产能区"油田，又设定了万吨产能投资 5 亿元的基本投资标准，一期建设规模 600×10^4t，从 2007 年开始设施，目前效果良好。

开发经济界限的设定，首先必须充分认识开发此类油气田的企业效益、社会效益的重大意义；其次必须在论证的前提下设置经济界限最基础的目标参数；第三要充分考虑技术进步的贡献值；第四要看到此类油气田开发对于类似储量的辐射和推动作用。当然，这种做法也是中华民族最传统最古老的投资办法，某种程度上是不得已而为之，是没办法的办法。

在经济界限理论的指导下，长庆油田分公司在保持油气产量和投资快速增长的同时，也取得了良好的经济效益。原油收入、利润均大于产能建设投资，投资回报率一直保持较高水平，投资效益较好。2007 年原油收入是投资的 4.05 倍，利润是投资的 2.76 倍，投资回报率达到 45.3%（图 2-59 和图 2-60）。

二、怎样开发低渗透？

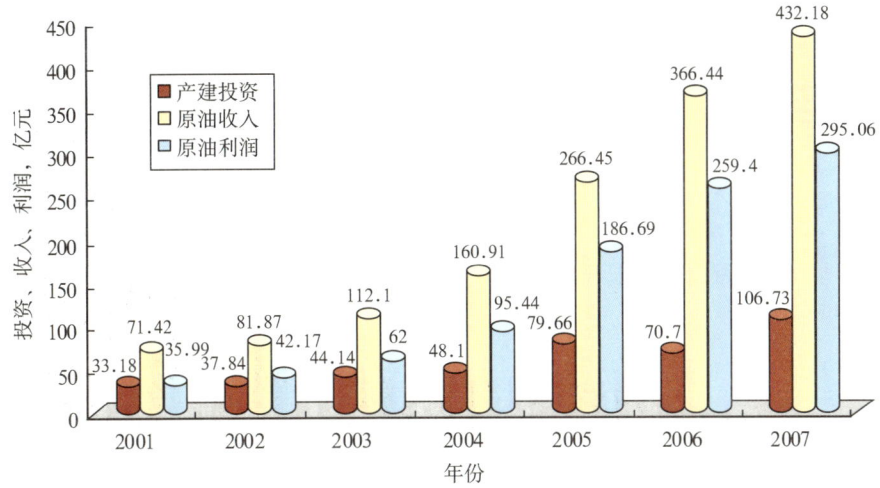

图 2-59　长庆油田原油产能建设投资、收入、利润趋势图

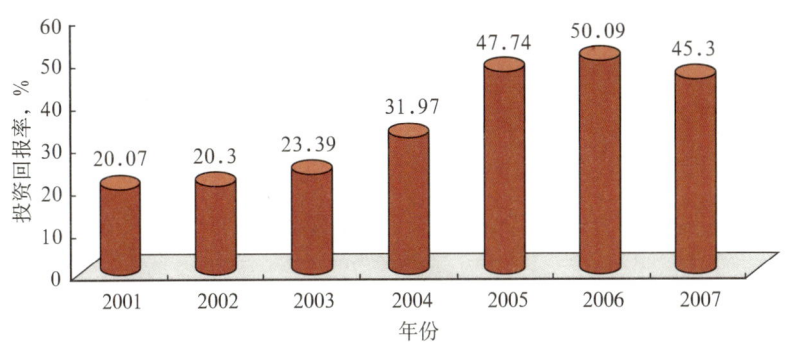

图 2-60　长庆油田投资回报率趋势图

长庆油田，由一个名不见经传的小油田，快速发展成为全国屈指可数的大油气田，是 30 多年厚积薄发的结果。长庆第一个 $1000×10^4t$，用了 33 年，奠定了后续发展的资源、技术、组织基础，几乎所有大油气田的发现均诞生在前 30 年的后十年。第二个 $1000×10^4t$ 只用了 4 年，恰恰印证了前 30 多年的含辛茹苦和无私奉献。2009 年实现年产 $3000×10^4t$ 已胜券在握。这就是说，长庆第三个 $1000×10^4t$，所用的时间仅为 2 年，苏里格气田大开发为第三个 $1000×10^4t$ 起到了中流砥柱的作用。按照长庆 $5000×10^4t$ 发展规划，2008 年起每年以 $500×10^4t$ 左右油气当量的净增长加速发展，相当于每年新增一个中型油田（见图 2-61，图 2-62）。

2001—2008 年，长庆油田分公司主要经营指标，平均年投资

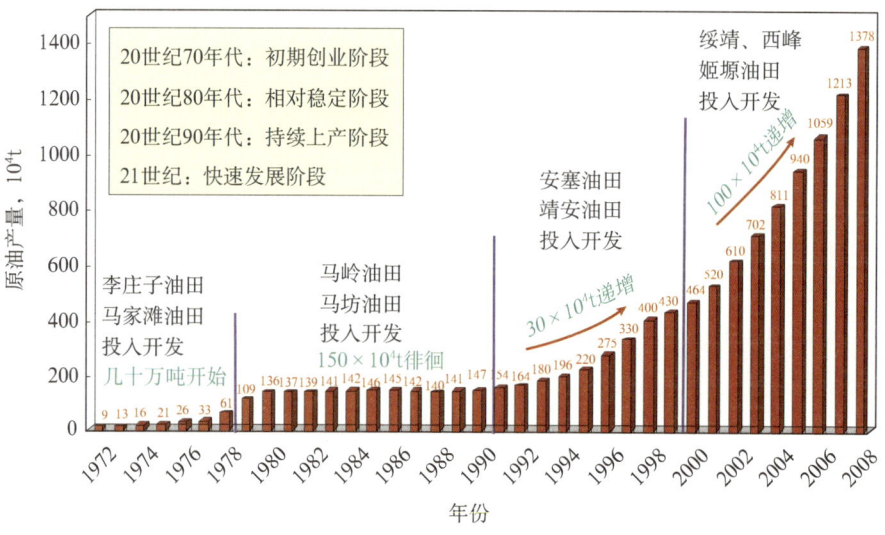

图 2-61　长庆油田历年原油产量柱状图

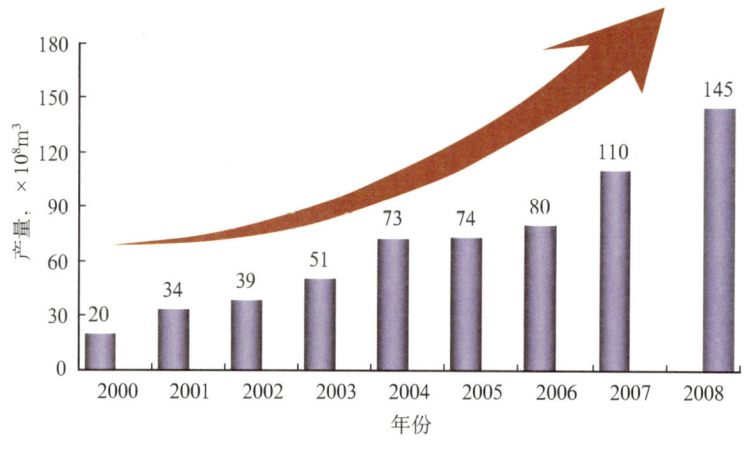

图 2-62　长庆油田历年天然气产量柱状图

141.69 亿元，主营业务收入年平均 312.89 亿元，国际准则利润年平均 189.85 亿元，主营业务收入与投资比年平均 201.36%，国际准则利润与投资比年平均 115.18%。年平均投资回报 35.20%。其中 2008 年长庆油田分公司总投资 299.76 亿元，主营业务收入 686.34 亿元（仅上市业务，下同），国际准则利润 43091 亿元，主营业务收入与投资比 229%，国际准则利润 143.8 亿元，投资回报 42.75%（长庆油田分公司提供，已公开披露）。效果十分明显，效益十分突出，其贡献在中国石油天然气股份有限公司中仅次于大庆油田分公司。

16."三从一新"路线

一般地说,"低渗透"是人们望而生畏的话题。当你了解了低渗透的基本情况后,实践其开发,你更感到它的沉重。

"三从一新",即"从简、从省、从快、适用新技术"。"三从一新"起源于安塞油田开发,核心是"从简从省"和"适用新技术"。这一思路体现了"解放思想,实事求是"开发特低渗透油田的思想认识路线。

"从简",就是一切都要简化。从简是本质的要求,是出发点,也是归宿点,是主题。反之亦然。不要把复杂问题简单化,并做到"简而不陋"。"单、短、减、小、串"地面工艺技术路线,就充分体现了这一思路。

"从省"就是投资、成本都要精打细算,不该花的钱坚决不花,要像过自家日子一样。工程实施都要精耕细作,不该花的钱,绝对不花,工作的出发点和落脚点都要在开发有效的范围内。

"从快"就是建设速度要快,当时环境不容许太慢,另外还有一层意思,就是一个人、一个岗位的任职都是有限的,必须在有限的时间内,干一点事。机不可失,时不再来。人生、任职岗位都是有限的。

"适用新技术",关键是"适用",其次才是"新"。就是一切技术不一定追求最新最好,而是"适用"加"实用"。技术再"新",投资大,成本高,都不划算。不追求花架子、图好看,结实耐用、经济划算即可。一定是低成本的新技术,才符合低渗透开发的实际。

(1)经典案例1:安塞模式精选。

安塞油田,是我国第一个大规模有效开发的特低渗透油田。开发伊始就把"三从一新"作为指导思想,经过长达8年的科研攻关后,形成了八项配套技术(丛式钻井技术、油层压裂改造技术、优化射孔新工艺技术、油田注水开发技术、采油工艺技术、油田动态监测技术、注水油藏研究技术、油气集输工艺技术)和"单、短、简、小、串"地面工艺流程("单"——单管不加热密闭集输工艺和单管小支线活动洗井注水工艺。"短"——"二级布站"短流程去掉计量站和接转站事故罐。"简"——简化工艺,简化设备,简化操作。"小"——采用"小装置、小工艺、小设备、小设施、小仪表"。"串"——多口油水井、多座站共用一条管线完成集供输目的)。这些新技术的推广应用为安塞油田有效开发、快速上产奠定了坚实基础,成为著名的"安塞模式"的重要组成部分之一。

(2) 经典案例2:安塞开发的认识与结论。

①油藏研究是科学开发的基础。只有不断认识开发基本矛盾,辩证地认识储集层及地质特征与合理开发的内在关系,才能从实际出发,因地制宜,制定出适合油田特征的合理开发思路和技术对策。

②开发试验是成功开发的主要依据。安塞油田注水开发,先后开展了不同的注水试验,从滞后注水到同步注水,再到超前注水;在储层条件发生变化的条件下,初期产能全部达标或超过产能建设考核标准;注采井网,从最初的反九点面积注水井网,发展到与储集层裂缝相匹配的矩形井网,都是不断坚持开发试验的结果。

③配套适用的工艺技术是开发的必要手段。安塞油田开发建设,始终以提高经济效益为前提。坚持"系统、适用、量化、效益"四条原则,通过技术攻关,形成了注水稳产、注采结构调整、套损井治理、注采系统节能、延长油井免修期、浅油层开发配套、增产增注、滚动建产等8项新配套技术。

④合理的地面建设模式是有效的保证。地面建设一贯坚持"从简、从省、从快、适用新技术"的路线,形成了具有长庆特色的"单、短、简、小、串"地面工艺技术和模式,大大节约了开发建设成本,保证了特低渗透油田经济有效地开发。

⑤注水稳产技术是油田稳产的关键。在精细油藏描述的基础上,以动态监测和数值模拟为指导进行注水调整,细分注水单元实施精细注水,按照油藏类型优化注水参数,根据开发阶段制定注水政策,实施分层注水,提高水驱动用程度,保证了油田连续12年稳产,开发多年仍处于一类油藏开发水平。

⑥主体增产技术是油田增产的保证。通过实践证实,暂堵复压工艺适合于特低渗透微裂缝油田二次改造增产,适合的酸液体系可以实施弱酸敏地层解堵,这已成为提高单井产量的主体增产技术。

⑦不断创新的工作方法是油田发展的动力。随着油田的快速发展，外部环境日益恶化，外协工作成为制约油田发展的"瓶颈"。面对土地征用困难的现实，创造性地实施"子母井场"建产，这项技术在资源日趋紧张的今天，具有良好的推广前景和巨大的应用价值。

17. 低成本开发思路

苏里格气田开发，2003 年西安太白山会议，就提出"面对现实，依靠科技，创新机制，简化开采、走低成本开发路子"的开发思路。

所谓"面对现实"，就是要正视"低渗、低压、低丰度"的现实，把"烫手的山芋"变成可开发的"山芋"，要用如履薄冰的诚惶诚恐的心态，勇敢地去解决"世界级的开发难题"。

"依靠科技"，就是说开发像苏里格这样大型致密砂岩气田，从一开始就要建立在科技进步的基础之上，技术决定着苏里格气田开发的成败。

"创新机制"，一定要走市场配置资源，运用市场化的"无形之手"，打破中国式的臭名昭著的"关联交易"桎梏的束缚，引进队伍、技术、人才、设备、投资。用众多人的智慧和力量，众志成城地组织苏里格气田大规模开发。

"简化开采"，是苏里格气田开发的出发点，也是落脚点，这是因为苏里格气田地质特征所决定的，是不以人的意志就能改变了的。苏里格最大的现实就是"多井低产"。从严格意义上讲，"多井低产"就是苏里格的标志符号，所以工作的出发点和落脚点，都要以这个"标志符号"为前提。

"走低成本开发路子"，所谓"路子"，意即就是"纲"。苏里格气田开发，一切都要服从"低成本"。低成本管理、技术、设计、施工和低成本服务。最终以"多多益善"取得利润，就是陕北人种庄稼，"广种薄收"，以多胜少。

(1) 经典案例 1：苏里格模式精选。

苏里格气田是目前为止我国发现的最大气田，但它"低渗、低压、低丰度"，被认为是"烫手的山芋"、"世界级的开发难题"，在开发初期遇到了前所未有的困难。在"依靠科技，创新机制，简化开采、走低成本开发路子"的开发思路指导下，经过长达七年的不懈探索和持续攻关，形成了12项主体开发配套技术，并基本实现了工业化应用，其中关键技术5项：井位优选技术、快速钻井技术、分压合采技术、井下节流技术、地面优化简化技术。这些技术的形成和推广应用，加快了苏里格气田的开发节奏、降低了综合成本、保护了生态环境，为苏里格大气田又快又好的开发建设提供了技术保障。

（2）经典案例2：低成本开发。

低渗透砂岩岩性气田，在30～40年以前是被认为没有开采价值的气田，即使开发也只开发其中的"甜点"。但是，随着石油工艺技术的进步，开发了一些气层厚度大的低渗透砂岩岩性气藏，像加拿大的艾尔姆华斯气田、美国的圣胡安气田。但那些气田即使被开发，也还给人们以经济效益差的感觉。一般来说都认为一般的低渗透砂岩岩性气田属于经济"边际"气田。所以降低开发成本，是开发低渗透砂岩岩性气田最主要的关键。这种认识于2002年长庆油田分公司就提出来了，在气田开发过程中，降低开发成本的做法是多方面的，但主要是在井位优选（开发地震）、钻井、投产和地面建设方面。

①选用"性价比"最高的开发地震方法。开发地震的采集、处理、解释方法有多种，其价格相差很大。苏里格气田开发未选择多波地震，而做高精度的、采用数字检波器的二维地震，配合以合适的采集方法、处理解释方法，同样提高了钻井成功率。

②钻井提速，优化井深结构，大幅度地降低开发费用。采用空气钻井、油基钻井液钻井、欠平衡钻井、小井眼、水平井、丛式井和优化井身结构等。但是，周期最短、见效最快的是选择本地区适用的钻头，特别是PDC钻头应是首选的型号，加上个性化设计，大大地提高了钻井速度，降低了钻井成本。

③快速产能评价，减少投产时间，降低投产费用。快速评价分为两步：第一步是在压裂排液基本结束时，在一稳定的井口压力下用先进的井口流量计测量天然气流量；第二步是在综合分析天然气井测井资料、

压裂排液时用压力恢复速度和井口流量来确定气井的类别。根据气井评价得出的类别，即可以作为单井投产方案的依据。这是省时、省财、省力的低渗透砂岩岩性气田实用的产能评价方法。

④简化地面流程，降低开发成本。天然气田开发的传统地面流程是地面加温、高压集输、地面节流、脱水计量、地面注醇等，工艺复杂，建设费用昂贵，这在低渗透砂岩岩性气田开发中是不可取的，必须创新工艺，简化地面流程，降低开发成本。例如井下节流技术，天然气中、低压集输，多井单管串接，增产生产等。

⑤利用现代化的信息技术，远程控制气田井口的生产操作。苏里格开发井数以千计，手工控制，人工采集数据费力费时，加之"间歇开井"，采用信息、遥控技术，使成本大幅度地降低，单井平均费用可控制在几万元之内，使得在大型低渗透砂岩岩性气田的开发中利用现代化的网络技术、进行远程控制变为现实。

⑥"标准化设计、模块化建设"。苏里格气田开发井井数多，地面建设工作量大，建设区域分散，作业距离长。在地面建设中，许多相同的设施、工程，应采用"标准化设计、模块化建设"的气田建设理念，以利于均衡组织施工生产，极大地提高生产效率，提高建设质量，降低安全风险，降低了综合成本，还利于坚持以人为本，改善施工环境，也利于EPC（设计、建设总承包）模式的推广，整体提升气田的建设及管理水平。

如在苏里格气田，有万余个一样的气井井场，有百余座一样的集气站，几千千米的集输管线，几千千米的气田道路。针对如此之大、又类似重复的工作，在气田建设中总结了气田"建设标准化"的新的、革命的思路，采用"标准化设计、模块化建设"，凸显了在大型低渗透砂岩岩性气田开发建设中节省工时、提高质量，降低成本、改善环境的优势。

大型低渗透砂岩岩性气田的开发、建设的主导思想是"低成本"，这"低成本"与采用先进技术、甚至采用尖端技术并不矛盾。"低成本"、节约成本不是一味追求"土法上马、因陋就简"，而是要利用适用、实用的先进技术建设一个数字的、绿色的、现代化的大气田。在苏里格气田的开发、建设中，处处体现了适用、实用的高科技的运用：用大型计算机建立地质模型以指导气富集区块的确定和井位的优选；用数字检波器采集开发地震波；用计算机模拟多套开发方案供开发选择；分层压裂用的封隔器、井下节流器、井口高低压紧急切断阀以及气液同测的智能旋进漩涡流量计等，都是高科技的产品。特别是井口远程控制系统，更是大型低渗透砂岩岩性气田中、后期开发的需要，利用它在基地控制室就能全面控制、不断调整几千口井的工作状态，把气田开发中、后期的气井"间歇开井"管理变得又方便、又安全。

新世纪开发、建设大型低渗透砂岩岩性气田，一定要建设成为"绿色环保"气田。在执行中国石油天然气股份有限公司《天然气开发管理纲要》的"健康、安全、环境"有关条例时，要特别注重其中的环境保护方面的规定。这类气田的开发，要钻成千上万口井，要建上百个站，环境保护是个突出的问题。苏里格气田地貌为沙漠、草原、戈壁，其生态更是脆弱，因此在环境保护中，突出了废弃钻井液的治理、植被的恢复、场（站）的绿化和道路的绿化，努力做到"建设一个气田，留下一片绿色"。

苏里格气田的开发，总结、摸索了开发大型低渗透砂岩岩性气田采用的先进、实用的技术，实践了大型低渗透砂岩岩性气田"低成本"开发的思路，创新了开发大型低渗透砂岩岩性气田管理模式。在气田开发、建设中，"低成本"是它的原则，先进性是它的特色，"绿色"是它创造的"和谐"。苏里格气田的成功开发，标志我国第一个现代化大型低渗透砂岩岩性气田已经初步建成，形成了大型低渗透砂岩岩性气田开发新模式和开发配套技术，对今后类似气田的开发积累了宝贵的经验。

18．斤两不拒

积累，意即（事物）逐渐聚集。"斤两不拒"就是说低渗透开发要一点一滴的积累。积少成多、积土成山、滴水成河、日积月累，都反映了积累的意思。积累既是一个由短到长的时间过程，又是一个由少到多的量变过程。

"斤两不拒"。这是低渗透、特低渗透油气田开发必须要坚持的理念，也就是说开发低渗透、特低渗透油田，一斤一两都不能嫌弃，要像居家过日子一样，"勤俭持家"、"爱惜柴、米、油、盐、酱、醋"及"节简过日子"。低渗透、特低渗透油气田的最大特点是钻井多，单井产量低。忽视这一现实，就是没有真正了解低渗透、特低渗透油气田的开发的实质。实际操作上就是单井产量再低都要珍惜，即使单井含水再高，抽取油帽也要珍惜，包括回收污油，都不能放弃，做到"斤两不拒"。

"积少成多，滴水成河"。就是一点一滴的积累，时间长了，规模大了，就是个了不起的大数。所谓"积少成多，滴水成河"，就是在说明这个道理。南泥湾油田是极致密的延长统油田，井深一二百米，单井产量只有 $0.1 \sim 0.3 t/d$，总产量搞到了 30 多万吨，非常了不起。南泥湾油田是目前国内低渗透、特低渗透油田开发的产量最低的极限油田。

"锲而不舍，水滴石穿"。这是低渗透、特低渗透油气田开发必须要坚持的精神。低渗透、特低渗透油气田开发要有耐心、要有恒心、要有韧性，急功近利不行，好大喜功不行，鸡毛猴性子也不行。没有私利可图，也就是说，不能图谋一己私利，而应大公无私地实干，才可能有收获。

"无私、无怨、无悔"。不论别人如何议论，说三道四，认准了目标就干下去，时间长了，别人是会理解的。时间长了，事实会说话的。个人的结果如何？团体的结果如何？只要有收获，就问心无愧！苏里格从贬损和无端的非议，到成功开发，事实最后做了结论。自然界是平衡的，人类是做不到平衡的，自己高兴即可！

低渗透、特低渗透油气田的勘探开发成果，除了油气产量快速增长外，随之形成的勘探开发的技术，在中国具有绝对的领导者地位，在世界低渗透、特低渗透油气田开发方面处于先进水平，其规模、技术水平和北美低渗透油田开发水平旗鼓相当，也在世界上具有一定的影响力。

低渗透、特低渗透油气田勘探开发，在中国占有特别重要的分量，是低渗透、特低渗透油气田勘探开发的开拓者，是低渗透、特低渗透油气田开发方面无可争辩的开创者，是目前中国低渗透、特低渗透油气田开发的最大的实体，油气当量 $3000 \times 10^4 t$ 左右，其领袖地位显而易见，而且得到多数学者、专家和业内人士的认可。

2001年长庆油田提出3000×10^4t，近期又提出到2015年实现5000×10^4t的宏伟目标，无疑是中国能源领域一件令人激动的大事件，也就是说在中国将有另一个"大庆"将呼之欲出，虽然有一定难度，但从资源、技术角度看条件是基本具备的，从国家能源需求看，将是一剂强心针和及时雨。

在鄂尔多斯盆地经过30多年的低渗透、特低渗透油气田的勘探开发，积累了宝贵、丰富的低渗透、特低渗透油气田勘探开发技术和经验，这是实现新目标的一笔不可忽视的财富。

总结、提高、完善这些无数人用生命和血汗积累的财富，一定是明智之举。不是说一项技术和认识及经验，就能在一夜之间，通过一条思路就能实现。

总结这些技术、认识、经验在新时期是非常重要的，中国工程院院士胡建义教授曾说，总结长庆油田低渗透、特低渗透油气田的勘探开发的技术、认识和经验是十分有意义的。

19. 三大基本条件

三大基本条件，是指体制（机制）、成本（投资）与采收率（产量），如图2-63所示。

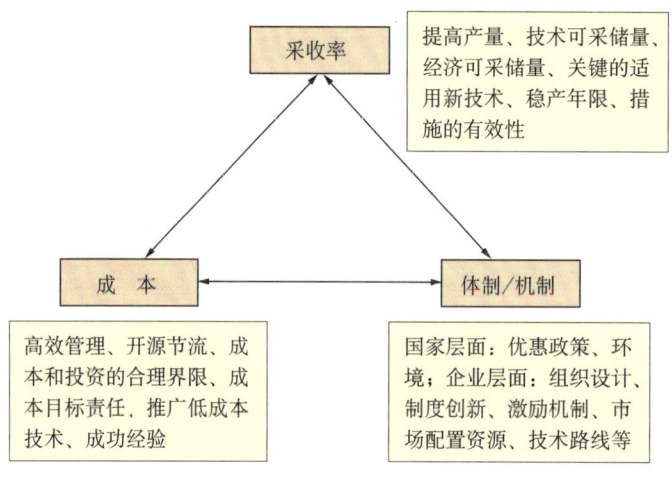

图2-63　三大基本条件

图 2-61 中体制是指低渗透开发的大环境，包括国家的政策，以及油田内部制度和机制等；成本是指在油气开发中总的支出费用；采收率是指最终实际采出油气量与地下可采储量之比。

从体制看，国家的优惠政策，市场配置资源以及油田的组织设计、制度创新、激励机制、技术路线等，都将对油田的开发成本以及采收率产生直接的影响。健全完善的体制，将有助于降低成本，提高油田油气采收率。

成本是制约低渗透油气田开发的瓶颈。通过实施高效管理，开源节流，进一步确定成本和投资的合理界限，结合推行成本目标责任等，实现低成本开发，提高采收率，同时促进体制的不断完善。

采收率是所有油气田开发的最终目标。通过实施新技术、新工艺，增大了技术可采储量和经济可采储量，提高了单井产量和采收率，降低了成本，并推进体制和措施的进一步完善。

可见，三者可以相互作用和影响，良好的体制有助于提高采收率、降低成本。反过来，成本的降低、采收率的提高，保证了低渗透油气田的经济有效开发，从而验证了体制的有效性，进一步推动了体制的完善。

下面用一个公式来简单表述这三个要素的关系：

$$S=(A+B+C)/3$$

式中　S——低渗透油气田开发的成功率，%；

A——体制完善程度，要求大于零；

B——成本降低率；

C——采收率。

公式表明，当提高其中一个或者两个要素，成功率也不一定会很高。

例如，仅健全完善了制度，即 A 由 0.5 提高到 0.8，成本和采收率不变，取 $B=0.5$，$C=0.4$，其成功率 S 为 56.7%。即使同时降低成本，即 $A=0.8$，$B=0.8$，$C=0.4$，其成功率 S 也只有 66.7%。但是，三个要素同时提高，即 $A=0.8$，$B=0.8$，$C=0.8$，其成功率 S

将达到 80%。

可见，体制、成本和采收率是低渗透开发的三个基本条件，缺一不可。只有体制的保证、成本的降低和采收率的提高，才能成功地开发低渗透油田。

20. 八年特低渗透油田开发技术攻关

安塞油田，位于鄂尔多斯盆地中部的陕北黄土高原，行政区域属革命老区陕西延安，在"安塞腰鼓之乡"。自然条件较差，地表为黄土覆盖，沟壑纵横，梁峁交错，海拔 1100～1500m，相对高差 100～300m。

1983 年夏，塞一井长 2 油层获高产油流，日产 64.45t，安塞油田宣告诞生。长庆人乘胜追击，在其后六年，共钻探井 117 口，发现长 2，长 3，长 4+5，长 6 四套油组，探明王窑、侯市、杏河、坪桥、谭家营五个含油区块，含油面积 206km^2，地质储量超 1×10^8t，中国陆上第一个亿吨级的整装特低渗油田诞生了。

安塞油田是典型的特低渗透油田，有效渗透率仅 0.49mD，所呈现的"低渗、低压、低产"特征属世界级难题，号称"磨刀石"，被美国 CER 公司评价为"边际油田"。最先由国家出资，日行贷款，国内调研，国际咨询。制定了"从简、从省、从快、适用新技术"（"三从一新"）的开发路线。

1988 年组织了可歌可泣的技术攻关，先后经历了井组试采、先导性试验、工业化开采三大矿场试验，形成了规模丛式钻井、中等规模压裂改造和超前精细注水三大技术系列，整体配套了油藏描述，油层顶部射孔，压裂投注，"单、短、简、小、串"地面工艺等 8 项关键技术，前后历时八年，攻克了安塞油田特低渗透油田有效开发的世界性难题。1988 年组织了可歌可泣的技术攻关，先后经历了三大矿场试验：

（1）井组试采。开辟了三个试验井组，共 17 口井。采用小规模压裂和较为简易的采油工艺，平均单井日产达到了 2.14t；注水井注水压力 8.0MPa，平均日注 32m^3。

（2）先导性试验。建产能 4×10^4t/a，46 口油井采用小规模压裂

（平均单井加砂 16.3m³），选用羟乙基田腈作为压裂液，同时采用防气、防蜡技术，平均单井日产油提高到 3.29t；试注四个注水井组，注水半年后开始见效。

（3）工业化开发试验。建产能 4×10^4t/a，82 口井平均加砂 17.3m³，油层射开程度由 42.2% 提高到 77.5%，分压井数由 15.6% 提高到 61.9%，平均单井日产达 3.64t；注采同步，粗细过滤，严格控制注入水质，合理选择注水参数，注水开发井组的平均单井日产达到了 4.15t。

通过三大矿场试验，油田单井产能由 2.14t/d 提高到了 3.64t/d，明确了注水补充能量的开发方式，初步探索形成了适合安塞特低渗透油田特点的配套工艺技术。

矿场试验成功后，组织了配套技术攻关，形成了规模丛式钻井、中等规模压裂改造和超前精细注水三大技术系列，整体配套了丛式钻井技术、油层压裂改造技术、优化射孔新工艺技术、油田注水开发技术、采油工艺技术、油田动态监测技术、注水油藏研究技术、油气集输工艺技术等 8 项配套技术，集成创新了"单、短、简、小、串"地面工艺流程：

"单"即单管不加热密闭集输工艺和单管小支线活动洗井注水工艺；

"短"即短流程，取消计量站，实现丛式井口—接转站—集中处理站二级布站；

"简"即简化工艺、简化设备、简化操作；

"小"即采用小装置、小工艺、小设备、小设施、小仪表；

"串"即多口油井、注水井、多座站共用一条管线完成集供输目的。

"单、短、简、小、串"地面工艺流程，使地面工程投资由总投资的 52.5% 降至 35.5%，大大降低了低渗透油田开发成本，为特低渗透油田的成功开发奠定了坚实的基础。

从三大矿场试验，到形成 8 项特低渗透油田开发配套工艺技术和"单、短、简、小、串"特色地面工艺流程，前后历时八年，终于攻克安塞油田特低渗透油田有效开发的世界性难题。1997 年，安塞油田原

油产量实现了 $100×10^4t$，建成中国第一个大型特低渗透油田，创建了著名的"安塞开发模式"。2004 年原油产量达到 $200×10^4$，2008 年突破 $300×10^4$ 大关，目标 $400×10^4$ 指日可待。

　　1995 中国石油大庆科技大会授予安塞油田开发特等奖。2003 年获得国家科技进步二等奖。安塞油田成功开发的意义，是激活整个鄂尔多斯盆地低渗透、特低渗透油田的开发，使盆地原油产量持续 15 年百万吨以上的速度增长（包括地方油田）。这一时期代表性油田有长庆安塞、靖安、绥靖、西峰、姬塬等油田和大庆朝阳沟油田、吉林扶余油田等都是低渗透油田开发最为成功的油田。

21．七年低渗透气田技术攻关

　　1999 年苏 2 井钻探，未果，但提供了认识上古生界的地质依据。2000 年 8 月 26 日，长庆油田苏 6 井钻探成功，试气获 $120.16×10^4m^3$ 高产工业气流，发现了苏里格大气田。2001 年 1 月 20 日，中国石油天然气股份有限公司在北京举行新闻发布会，宣告中国第一大气田苏里格的诞生。

　　2001 年科技部、中央电视台等媒体评选中国十大科技新闻，苏里格气田勘探排名第一。2002 年 5 月 22 日，国家科技部等在北京召开新闻发布会，专题向海内外媒体介绍苏里格大气田勘探获重大突破。2002 年获国家科技进步一等奖。2003 年 1 月 26 日，中国科学院和中国工程院组织 568 名两院院士评选出中国十大科技进展，苏里格气田勘探与水稻基因组精细图，神舟 3、4 号飞船发射成功列前三名。2003 年 2 月 28 日，江泽民、胡锦涛、朱镕基在人民大会堂，接见苏里格气田发现等一批获得国家科技进步一等奖获奖者代表并颁奖。

　　开发初期遇到了前所未有的困难。被认为是"世界级的开发难题"，被看作是"烫手的山芋"。问题的关键难就难在"低渗、低压、低丰度"。一时成为负面议论的话题等。被搁置了三年。而后，针对苏里格气田长达七年的开发技术攻关。确定以市场配置资源，走科技、低成本开发之路。经过几年不懈的努力，确立了"数字化、信息化、标准化、市场化"工作目标，形成了"5+1"、"六统一"、"三共享"管理体系、配套了十二项适用新技术,使苏里格气田开发大见成效。

2008年6月日产量已达 $1500\times10^4m^3$,"十二五"将建成 $200\times10^8m^3$ 年产规模。苏里格气田规模有效开发的配套技术与管理体系,对国内类似油气田开发具有普遍的实际意义。

边栏 1：庆一井铭

鄂尔多斯，石油神话，千年传说，百年勘察，天日昭昭，岁月浑浑，风水流转，慷慨悲歌。

1905 年，大清王朝，初上，绕树三匝，无枝可依；1935 年民国政府，重上，国难民穷，无果而终；1950 年，政务院，再上，东西南北，无功而返；1970 年，又上，庆一井出油，石破天惊，春雷震荡，长庆油田，旭日东升，横空出世。

古人云：山不在高、有仙则名；水不在深，有龙则灵。庆一井之功，使久攻不克、久战不胜的鄂尔多斯盆地石油勘查，破解于古城周祖之地、取胜于庆环古道之旁；庆一井之力，对长庆石油人而言，如成汤遇伊尹之喜、文王识吕尚之兴。雨过天晴，甘露普撒，日月经天，江河行地，史诗般石油话剧拉开序幕。

庚戌年仲秋，国务院、中央军委策划石油会战，兰州军区、石油部组织，四万英豪会盟陇东、九州之师齐聚陕甘宁，以气吞山河之势，拔山举鼎之力，雄鹰出击，猛虎扑搏，波澜壮阔，物竞天择。战马岭，攻宁夏，定华池，取吴起，走渭北，解直罗。六万余众，百万吨石油，西输进兰，旗开得胜，造福万民。

至此，长庆人，马不停蹄，人不卸甲，九伐侏罗系，拔城掠地，盆地生辉；六征延长统，低渗透革命，人定胜天；三战古生界，油气并举，再铸辉煌。低渗透勘探，战则胜，退则败；低渗透开发，几度桑田，几度衰草，几度征战，奠定成长性"三步走"发展目标，前瞻性"三个业务层面"。鄂尔多斯盆地未来，如日中天，前景无限；中国又一能源中心，指日可待，大业必成。实谓民族之福、国家之幸也。

众议，庆一井开采三十二年之际，托栋杰厂长刻石纪念，以示后人。

（胡文瑞，公元二零零二年八月十五日）

边栏 2：没有不能动用的储量

中国石油的油气储量到 2006 年底总探明 $167.43×10^8$t，其中技术可采储量占 30.1%，经济可采储量占 27.4%，动用率为 80%，采收率 33.6%，储采比 12.5 年（均是国家公布的数据）。近年来低渗、特低渗透储量约占 60%，其中岩性类油藏占 50%。

我的观点，任何储量都是宝贵的，所有的储量都是可以动用的，没有不能动用的储量。随着认识的发展、技术的进步、储量标准的市场化，所有储量的动用都已成为可能。

开发的本事，在于对任何储量都有解决的办法，也就是说要千方百计地动用储量。技术的办法能解决的就用技术的办法解决；技术的办法解决不了的就用机制的办法解决；机制的办法解决不了的就用市场的办法解决；市场的办法解决不了的就用政策的办法解决。其中技术的办法尤其重要。例如三塘湖、苏里格、须家河、0.3mD、扶杨油层、深层稠油等储量都有可能全部动用。

不要嫌弃未动用的储量，也不能忽视未动用储量的作用。正是因为有这部分储量，每年的油田产能建设才有挑选的余地。否则就谈不上优化，更谈不上相对挑肥拣瘦。这部分储量是好事，不是问题。

客观认识储量的品质。现在和今后相当长一段时期内，勘探的对象和提交的储量都有可能是低渗透和特低渗透的储量。要承认这个客观现实，要有应对多井低产的办法。

勘探大发现增加新储量，开发重大试验、实施二次开发可大幅度提高采收率。这样中国石油天然气股份有限公司上游业务才有可能实现可持续发展，这也是中国石油天然气股份有限公司的物质基础。特别要认识到"矿权就是土地，储量就是粮食"。我们始终要有一个基本的认识，最大限度地占有资源，是我们一切工作的出发点和落脚点。

边栏3：洞察力

洞察力是一种综合能力，主要是分析和判断能力，是个人对客观世界及规律的深刻认知，是个人对事物及相互关系的透彻分析和准确判断。

管理学家希克曼和施乐尔在《创造卓越》一书中写到，要成为一个改变现状、创造未来，持久的享有竞争优势的管理者必须具备创造性的洞察力、敏感力、想像力、应变力、集中能力、意志力等6种技能，而位居第一位的技能就是洞察力。

通俗地讲，洞察力就是把事情观察得更清楚的能力，是看穿事情真相的能力，是面对复杂情况迅速抓住问题关键并找到出路的能力，是"悟"的学问，是"抓"的本领。其表象是"开心眼、动脑筋、费心思"，其过程是"深入事物或问题"，其实质是"透过现象看本质"，其出发点是"准确地发现问题"，其操作点是"及时抓住机遇"，其归宿点是"正确地解决问题"。

洞察力需要培养，需要锻炼。洞察力还需要借助阅历、经验及知识的积累。培养在于"勤"，锻炼贵在"奋"。勤奋是一个人有创造性地工作的前提，不勤奋的人什么事情也做不好。勤奋必须以能集中注意力为前提。注意力集中的程度决定着思维的深度和广度。思维深度和广度的增加，就能锻造出具有理性创造性功能的见微知著的敏感的洞察力。

敏感的洞察力可以帮助人们抓住隐藏着的瞬间即逝的机会，以较小的成本获得较大的收益，追求成功，追求卓越，超越自我，实现理想。经济学家卡斯纳说："以深刻而敏锐的洞察力去发现时机，这正是企业家精神的本质。"

三、低渗透油田技术创新

1. 主体观点

创新是最有价值的关键词。

创新是不竭的动力。

不妨一试，或多或少都会有收获。

坚持总会柳暗花明。

技术进步改变认识，认识推动技术发展。

今天的投入是明天的技术、后天的效益。

压裂革命与注水革命。

技术进步有阶段之分。

许多难度很大的技术问题往往与成功就只有一张纸那样薄。

要有吸食鸦片的瘾头，技术才能成功。

学费不能白交。

侥幸是不可能成功的。

许多事，是逼上梁山的。

低渗透革命造就全国第一个大型低渗透油田——安塞。

低渗透开发难题每一次的破解，都伴随着技术的重大突破，思想认识的重大飞跃。鄂尔多斯盆地低渗透油田的开发史，其实就是开发低渗透油田的技术进步史和思想认识史。没有低渗透技术的一次次突破，就没有低渗透革命的一场场胜利。

从安塞油田到靖安、绥靖油田，从西峰油田到姬塬、白豹油田；从早期油藏描述到集成创新的规模丛式钻井、中等规模压裂技术，再到原创性的"超前注水"技术和"单、短、简、小、串"地面工艺技术，都是技术进步的一座座历史丰碑。

2. 早期油藏描述

早期油藏描述，是指在勘探评价阶段，提前介入了开发油藏精细描述的研究工作。具体地讲是综合应用地质、地震、测井、测试等相关资料，利用多种数学工具，由多学科团队对油藏的各种特征进行定量地描述、表征及预测，建立三维或四维油藏地质模型。

早期油藏描述，始于油田发现，终于油田整体开发，是油田勘探开发一体化的重要环节，是连接勘探与开发的桥梁，是低渗透油田有效开发的基础。它的最大优势是大大缩短了勘探与开发的距离，加快了勘探的节奏和开发的步伐，通过开发提交石油探明储量。

早期油藏描述所建立的三维地质模型，为精细化注采管理提供了科学依据，同时，结合生产动态所确定的不同类型流动单元注水开发特征及相应的调控对策，为科学化、精细化油田开发提供依据。

早期油藏描述的基本内容包括：

（1）储层综合评价。

①精细地层对比；

②沉积微相与砂体展布研究；

③地应力与裂缝特性研究；

④成岩作用与孔隙结构研究；

⑤储层物性及非均质性评价；

⑥流体性质与渗流特征；

⑦可动流体分析；

⑧储层敏感性分析；

⑨建立三维地质模型。

(2) 储量评价。

①可靠性评价;

②分类评价。

(3) 产能评价。

①试采分析;

②类比分析;

③数模及理论计算;

④注水开发后产能变化。

早期油藏描述核心是储层综合评价技术。它是利用评价井岩心物性分析、试油资料和电测资料,采用数理统计和关键井检验的方法,进行精细的"四性"关系研究,以确定储层岩性、物性、含油性与电性之间的关系。在低渗透油田开发建设过程中,储层综合评价技术起到至关重要的作用。

长庆油田利用丰富的测井资料对储层进行描述,确定了长 6 油层的"四性"关系(表 3-1),并在此基础上对原测井解释模型进行修正,从而正确认识并解释长 6 油层剖面上的油水分布规律,为储层综合评价提供了依据。

表 3-1　五里湾一区长 6 油藏四性关系简表

岩性	物性			含油性	测井解释参数					
	K mD	ϕ %	r_{50} μm		ϕ %	S_w %	S_p 比值	R_t Ω·m	Δt μs/m	R_t/R_o
细砂级以上	≥0.15	≥9	>0.09	油斑级以上	≥10.5	≤48	≥0.4	≥22.5	>235	≥2.8

在充分掌握流动单元与沉积微相间的空间对应关系的基础上,早期油藏描述结合生产动态,确定了流动单元的平面、剖面展布规律(图 3-1),为注采调整、精细化注采管理、确定不同类型流动单元注水开发特征及相应的调控对策提供了有力的依据。

靖安油田开发建设时,系统总结和借鉴了安塞油田开发经验,并结合自身特点,坚持早期介入,开展早期油藏描述,在有利区域预测的基础上部署评价井。根据探井、评价井、开发井等各种信息进行三维精

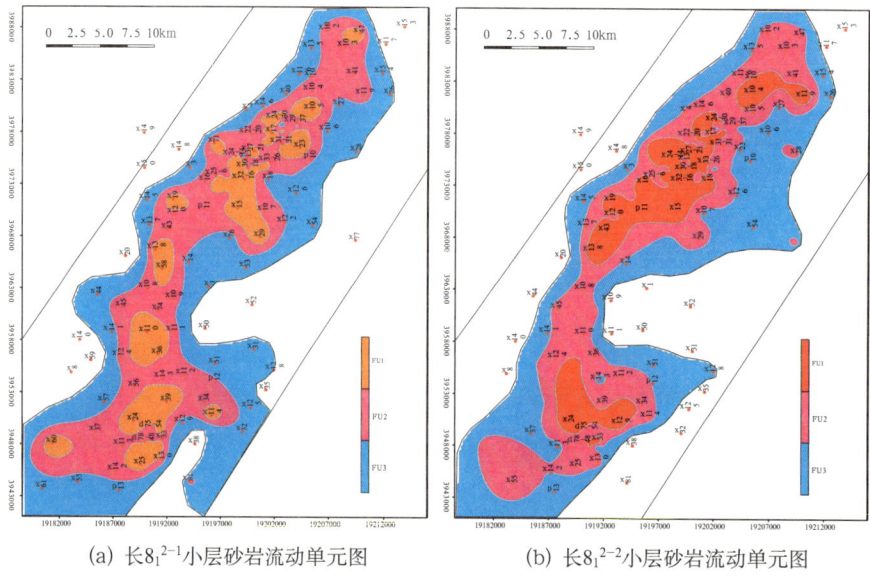

(a) 长8_1^{2-1}小层砂岩流动单元图　　(b) 长8_1^{2-2}小层砂岩流动单元图

图 3-1　西峰油田长 8_1 油层流动单元展布

细描述，遵循"差中找优，低中找高，贫中选富"的原则，实现了边勘探、边建产、边投入、边受益，勘探与开发一体化，使靖安油田快速高效地形成了百万吨原油生产能力（表 3-2）。

表 3-2　安塞、靖安油田开发历程对比表

阶　段		安　塞	靖　安
勘探阶段		1983—1985（2年）	1995—1997（2年）
开发前期准备	单井及井组试采	1985—1988（3年）	1995—1997（2年）
	可行性研究	1985—1989（4年）	1996—1998（2年）
	开发试验	1987—1989（2年）	1996—1999（3年）
探明储量，$\times 10^4 t$		27825	25032
产能建设阶段		1990年至2009年（未完）	1995年至2009年（未完）
至2001年底已建产能，$\times 10^4 t$		269.9	185.1
2001年产量，$\times 10^4 t$		133.2	137.7
年产量上 $100\times 10^4 t$ 建设时间，a		8	4

在早期油藏描述的基础上，制定了"四先四后"的技术路线：先肥后瘦、先易后难、先评价后方案、先试验后开发。以长庆安塞油田为例，说明低渗透油田开发的研究思路与内容。

（1）开发可行性研究。

从低渗透成因、渗流机理、储层结构、增产途径、开发方式、井网

选择、产能预测、采收率分析、室内试验、数值模拟等方面对待开发区块进行研究，确定开发的可行性。

（2）先期开发试验。

根据开发可行性研究结果，针对油田低渗、低压、低产的特点，逐步扩大试验。先后进行了井组开发、先导性开发、工业化开发三项先期开发试验。通过试验，钻井、完井、射孔、压裂、注水、采油、动态监测和地面集输等技术得到完善，比如安塞油田，其平均单井产能由1.65t/d逐步提高到3.29t/d和3.64t/d，注水开发井组的平均单井产能为4.15t/d，见效井日产油达到5.30t。

（3）综合评价。

综合室内、矿场试验研究，从区域构造和沉积类型、成岩作用与孔隙结构特征、油藏类型与物性特征、敏感矿物与油层伤害、岩石和流体性质与渗流特征、地层裂缝等六个方面的油藏精细描述深化对特低渗透油藏地质特征的认识。通过对储层、储量、产能、产量、注水、经济技术等六个方面的评价，揭示其地质特征对开发的影响与合理开发的内在关系。综合研究认为，安塞油田王窑区具备注水开发的地质条件，采用压裂改造、早期注水补充能量，单井产能可达3～4t/d，注水采收率为20%，比自然能量开发提高了2.5倍。

（4）油藏工程研究。

在上述油藏研究的基础上，采用矿场统计对比分析、数值模拟和经济技术综合评价以及价值工程与优化决策方法，对开发方式、井网密度、压力系统、采油速度、采收率和经济效益等进行了深入系统的研究。对不同开发方式、不同注水时机、不同井网、不同工作制度的多个组合方案的未来生产动态进行了预测、经济技术综合评价和可行性论证，从中筛选出适合特定油田地质特点的可行性开发方案。

开发方式：根据储层注水评价和矿场注水试验结果，安塞油田王窑区具备注水开发的地质条件。室内试验水驱油效率为44.7%，理论计算和矿场试验预测水驱采收率为20%，比自然能量开发提高2.5倍。因此，采用了注水补充能量、反九点面积注水开发方式。

井网密度：运用注采压力剖面资料，根据合理压力系统计算、优化压裂与试井分析、注水开发油田采收率与井网密度的统计关系、投入和产出关系，通过数值模拟，安塞油田开发采用了250～300m井距、反九点面积井网。

压力系统：建立有效驱替压力系统，首先搞好注采压力的匹配，保证足够的生产压差。注水井最大流动压力为18MPa；采油井极限流动压力为饱和压力的70%，平均为4.2MPa。

采油速度：综合先期试验、储层评价、油藏工程及数值模拟的结果，平均单井日产油4.2t，井距250～300m时，采油速度可达1.5%以上。

3. 注采井网优化

注采井网优化是指根据油田储层特性、开发等要求，将油、水井按一定组合进行排列分布。目的是使地层能量、注水效果达到最佳匹配，从而提高油田采收率和经济效益。

采用与储层相适应的注采井网，是获得良好开发效果的基础。井网形式、井网方位、井网密度、井排距是注采井网的重要因素。

（1）井网形式。

特低渗岩性油藏均不同程度发育天然裂缝。长庆油田为建立有效的压力驱替系统，根据储层物性、裂缝发育程度，通过研究、试验，形成了与之相适应的正方形反九点、菱形反九点、矩形三种开发井网形式，实现了裂缝系统与井网的优化配置，为提高单井产量及最终采收率奠定了基础。

①正方形反九点井网。

适用条件：对于天然微裂缝不发育、平面渗透率各向异性不明显的储层，采用正方形反九点面积注水井网。该井网正方形对角线与最大地应力方向平行（图3-2）。

井网优点：延长了人工裂缝方向油井见水时间。

主要应用区块：靖安油田的五里湾一区、侯市区。

②菱形反九点井网。

适用条件：对于裂缝较发育的低渗透储层，采用菱形反九点井网。

该井网注水井和角井连线平行裂缝走向，放大裂缝方向的井距（图3-3）。

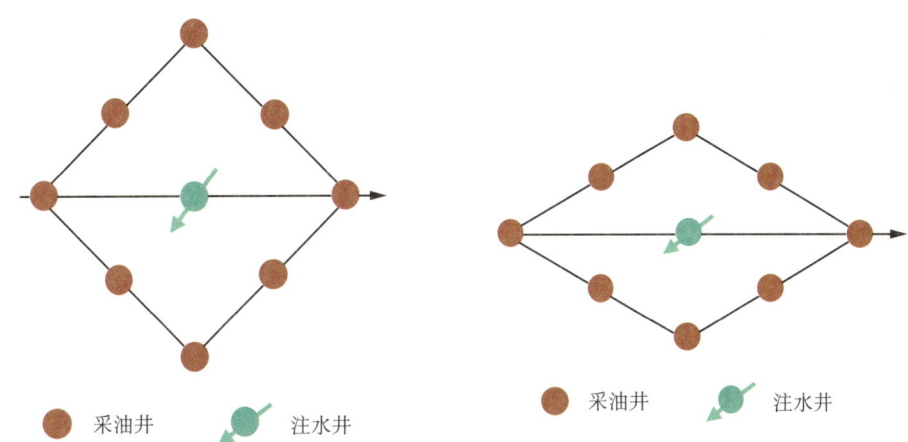

图 3-2　正方形反九点井网示意图　　图 3-3　菱形反九点井网示意图

井网优点：有利于加大压裂规模、提高导流能力；加大了裂缝方向上角井与注水井井距，减缓角井见水速度；缩小了排距，提高了侧向油井受效程度。

主要应用区块：白马区、盘古梁、白于山、大路沟。

③矩形井网。

适用条件：对于物性差、裂缝发育的储层，采用矩形井网。该井网井排与裂缝平行（图3-4）。

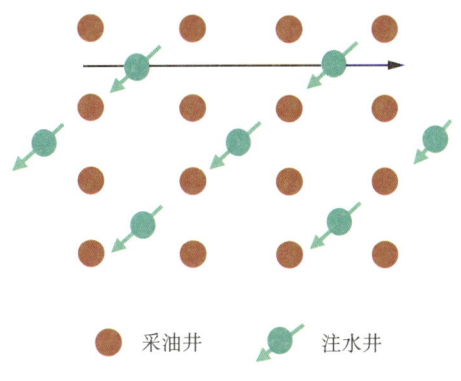

图 3-4　矩形井网示意图

井网优点：注采井数比高，可实施大强度注水；可加大压裂规模，增加人工裂缝长度；抽空了注水井排裂缝线上的油井，避免了早期水淹报废。

主要应用区块：五里湾一区、王窑东、董志。

(2) 井网方位。

长庆油田对正方形井网井排与裂缝夹角为0°、45°两种方案，进行了模拟对比（表3-3）。结果表明，在相同的含水阶段，井排与裂缝夹角成45°比夹角为0°时，采出程度提高2.5个百分点左右。另外，45°夹角初始采油速度也较高。因此，采用井排方向与裂缝夹角成45°的方位较好。

表3-3　靖安油田长6油层不同井网方位综合指标对比

井排与裂缝夹角	不同含水阶段采出程度，%				初始采油速度 %	开发年限 a
	50%	90%	95%	98%		
0°	8.38	15.09	16.75	17.2	2.27	41
45°	11.29	17.6	19	20	2.59	45.5

(3) 井网密度。

井网密度的大小不但影响采油速度、注采压差、采收率，而且还直接影响油田开发投入的大小。一般来说，井网密度越大越有利于采收率的提高，特低渗透油田原油采收率对井网密度的依赖性远大于中高渗透油田。由于低渗透油田单井产能低，过高的井网密度会因投入过大而使经济效益变差。为了取得较好的经济效益，一般低渗透油田合理井网密度应在经济极限井网密度和经济最佳井网密度之间。对于经济风险较大的油田，可以考虑选用靠近经济最佳的井网密度。

(4) 合理井排距。

物理模拟和数值模拟（图3-5）表明，储层渗透率与合理排距、井距值关系密切。对于渗透率较大（大于8mD）的油藏，合理排距／井距值约为1:2；渗透率越低，合理排距／井距值越小；对特低渗透油藏，菱形反九点井网合理排距／井距值约为1:2～1:8。

靖安油田盘古梁区根据合理的井网密度，在保证井网面积不变的条件下，建立了相应的地质模型。通过改变井距和排距，对含人工裂缝的注采井网进行了模拟。其中，裂缝穿透率（缝长与井距的比值）为0.5，井距和排距取值见表3-4。

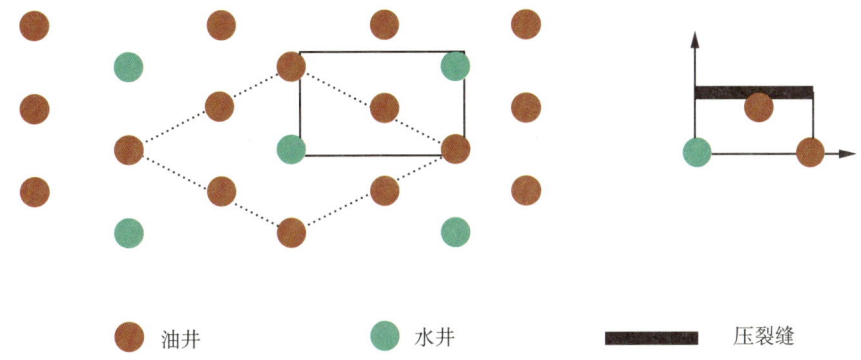

● 油井　　● 水井　　▬ 压裂缝

图 3-5　菱形反九点井网及模拟单元示意图

表 3-4　井距与排距取值表

注采井距，m	400	450	500	550	600
对应排距，m	225	200	180	164	150

结果表明，开发前期沿裂缝方向油水井距大一点比较好，而后期侧向油井距离稍远一点较好。综合考虑，井距500m、排距180m的井网开发效果较好。

4. 规模丛式钻井

丛式钻井是指在一个井场或平台上有若干口油水井，各井的井口相距数米，各井的井底则伸向不同方位的一种钻井方式。

规模丛式钻井则指低渗透油田开发大规模推广应用丛式钻井，进而达到低渗透油田开发丛式钻井全覆盖，整体提升低渗透油田开发建设的经济效益、环境效益和社会效益的一种钻井方式。

丛式井最大的优势在于可以大大减少征用的土地，降低钻前工程量，简化地面输油流程，节约后期油井管理成本，降低产能建设投入，保护环境，进而提高低渗透油田开发经济效益。

鄂尔多斯盆地中南部是黄土高原，沟壑纵横、梁峁交错，地形十分破碎复杂（图3-6）。针对这种情况，长庆油田开始了丛式钻井攻关。

在20世纪90年代以前，丛式井还是一个相对陌生的技术。90年代，安塞油田开始试验，在经历了直井、直井加小位移井、小丛式井组、大丛式井组（图3-7）之后，丛式钻井以其特有的优势、良好的应用效果得到大规模推广。经过不断的攻关和完善，逐渐形成了适合长庆低渗透油田的丛式井钻采配套工艺技术系列，使丛式钻井成为长庆油田开发的主体技术。

图 3-6　长庆油田黄土高原地貌

图 3-7　长庆油田丛式井组

丛式井钻采配套工艺技术系列主要包括：
（1）定向井钻、完井技术。
①丛式井优化布井技术；
②井身结构优化技术；
③防碰绕障技术；

④井眼轨迹控制技术；

⑤斜井固井技术；

⑥油层保护技术；

⑦井控安全技术。

（2）定向井有杆泵采油配套技术。

①抽油系统优化设计和诊断技术；

②杆柱扶正防磨工艺；

③清防蜡工艺；

④清防垢工艺；

⑤防气工艺；

⑥防断脱工艺；

⑦低产低效井提高抽油效率技术。

通常，一个丛式井场布井 6～8 口，最多可达 16 口，井口间距 4m，减少了井场、站点数量，便于地面系统优化；同时，丛式井能够节约土地，百万吨产能建设能降低投资 3200 万元。现场实施中根据地形，优化井场组合，推行阶梯或子母井场，既能减少钻井、试油、投产相互干扰，避免交叉作业的安全风险，又能加快新井投产。

丛式井钻采配套工艺技术的综合应用，使油井免修期由 1998 年的 253 天延长到 2008 年的 410 天，全部采用丛式井组开发的靖安油田油井免修期已超过 600 天，安塞油田油井免修期达到 450 天以上。

目前，长庆油田的丛式井规模居全国各油田之首。从 1990 年起，长庆油田有丛式井组 4410 个，包括 20250 口井（表 3-5），其中油井 14891 口井，注水井 5191 口井，气井 168 口井。

表 3-5　长庆油田历年所钻丛式井统计

年　份	1999年以前	1999	2000	2001	2002	2003	2004	2005	2006	2007	2008
丛式井组数	753	113	105	212	233	287	338	459	328	549	978
丛式井总数	2681	530	503	1104	1208	1411	1508	2203	1648	2665	4621

规模丛式井钻井企业效益、社会效益和环境效益十分巨大。1990 年以来，长庆油田钻各类丛式井 4410 井组，井数 20250 口井，其中安

塞地区 1452 个井组，6696 口井；陇东地区 953 个井组，4394 口井；姬塬地区 1700 个井组，7839 口井；苏里格 55 个井组，168 口井；其他地区 250 个井组，1153 口井。

2008 年，为了进一步降低成本费用，长庆油田在全面推广大井组、群式井组开发模式的同时，全面推行标准化设计和数字化管理模式。油田产能建设共组合井场 619 个，每个井场平均钻井数 8.1 口，获得了很好的经济与社会效益。

到 2008 年底为止，全油田 4410 个丛式井组，如果与过去全部钻直井相比，少钻 15840 口井，每口井节省占用井场、道路土地最少 7 亩，等于实际节省土地 80880 亩，投资、环境效益十分巨大。

5．油层顶部射孔

油层顶部射孔是指为了避免或延缓侏罗系边底水油藏水的"锥进"，扩展三叠系油层压裂裂缝在储层内有效延伸，提高采收率而采取的在油层顶部或上部的射孔方式。

该技术是长庆油田侏罗系边底水油藏和三叠系低渗透储层开发的关键技术之一，最大的好处是延长了侏罗系油藏无水采油期，提高了三叠系储层的压裂效果，最终提高了油田采收率。

对于边底水油藏，并不是射孔越多越好。边底水油藏的临界产量随着射孔程度的增大而增大，达到某一极大值后，就随着射孔程度的增加而减小（主要是因为沟通了底水，油井含水上升速度加快）。

鄂尔多斯盆地的侏罗系和三叠系油层平均有效厚度相对较大，摸索到顶部射孔最先始于侏罗系油层，起初也有失败的教训，三叠系延长统也走了一段弯路。在安塞开发过程中摸索出顶部射孔，其效果比大段射孔好得多。

一般情况下，油井射孔位置选在油层中上部或顶部。根据理论计算和矿场实际，边底水油藏从油层顶部射孔开发效果比较好。低渗透油藏不同类型油井合理射开程度见表 3-6。

长庆元城油田、华池油田就是最典型的例子。油井射孔位置选在油层中上部或顶部，射开程度 25%～30%；注水井射孔位置在油层上部，射孔完善程度在 45% ~ 65%。开发近 30 多年，到 2008 年还保持着较好的开发水平，这与射孔有很大的关系，当然，控制生产压差也是一个极其重要的因素。

表 3-6　边底水油藏不同类型油井合理射开程度表

类别 项目	油水接触关系	射开方式	射开程度 %	生产压差 MPa
Ⅰ类	油层与水层直接接触	从油层顶部开始射孔，深穿透负压射孔	< 20	0.7 ~ 1.8
Ⅱ类	油层与底水之间为薄泥质隔层或致密砂岩		< 30	1.0 ~ 1.7
Ⅲ类	油层与底水之间有较好的隔层（> 2m 的泥岩）		< 40	1.5 ~ 2.2

边底水油田射孔决定着油田的生命周期。同样，对于油水同层、油水层兼互的油田射孔投产，和边底水油藏一样，就像足球射门，是临门一脚的功夫，这决定着油田开发的成败，所以不能小视射孔这一关键环节。

6．中等规模压裂

压裂是通过向目的地层注入一定量的流体，使地层破裂产生裂缝或使原来的微小缝隙张开，并向地层深部扩展，然后再向地层注入支撑剂以支撑裂缝防止其重新闭合，从而形成油气渗流有效通道。

中等规模压裂是指低渗透油田储层压裂改造根据低渗透油藏储层的物性特征，在长期低渗透油田开发实践中摸索出来的适合鄂尔多斯盆地低渗透储层特点的压裂改造的方式。

就低渗透油田压裂规模而言，可分为大规模压裂（砂量在 50m³ 以上）、中等规模压裂（砂量在 20 ~ 50m³）和小规模压裂（砂量在 20m³ 以下）。实践证明，低渗透储层压裂改造规模加砂量 25 ~ 30m³ 为最佳。

低渗透特致密砂岩油田开发一般无自然产能，必须经过压裂改造之后才有产量。就是说低渗透、特低渗透油田开发，口口井都需要经过压裂改造。但是低渗透油层压裂改造规模越大越好吗？实际并非如此。

安塞油田开发初期，一般认为只要压开"磨刀石"，油井产量想要多高就能达到多高,即20世纪70年代初提出的"压裂革命"。直接的作法就是,只要装备手段具备,压裂规模越大越好,最大规模的有加100多立方米石英砂,结果是其效果并不理想。100m³、50m³压裂规模与25~30m³压裂规模效果不相上下。最后,得到一个惊人的结论:压裂规模越大,压裂效果反而不好。

压裂规模越大,按一般解释形成的人工裂缝就越长,压裂效果会更好。但是,为什么压裂规模越大,反而效果不理想呢?通过室内试验和现场实践,归纳一点,就是过大的压裂规模,会无情的挤压孔隙渗流的有效空间,影响单井产量的大幅度提升,另一点是过长的人工裂缝由于施工规模大导致施工成本的大幅增加,同时会缩短油井低含水采油期,甚至会导致油井过早水淹(图3-8)。

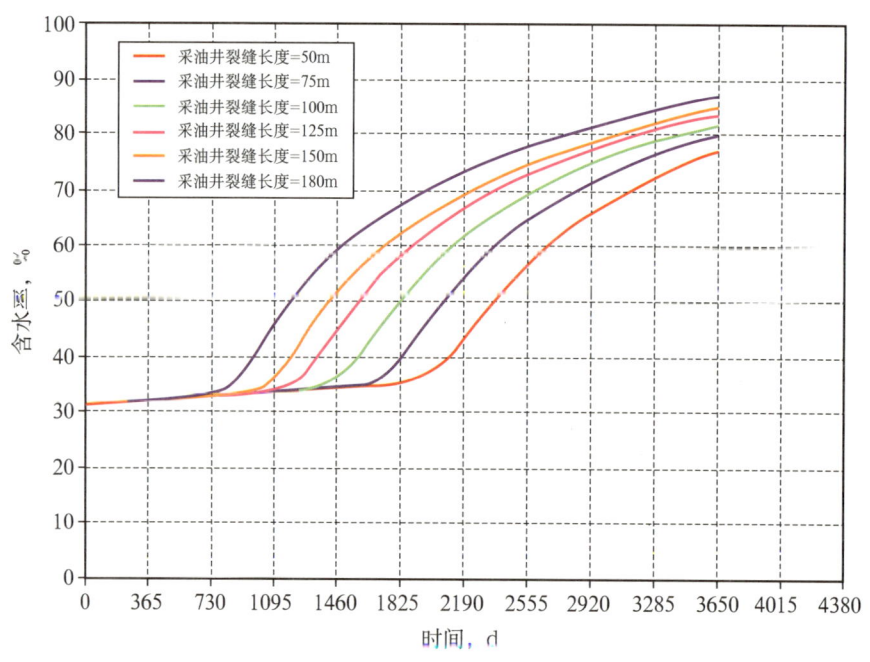

图3-8 采油井不同裂缝长度对油井含水的影响

在图3-8中,纵坐标代表的是含水率,横坐标代表的是时间,井网为500m×400m。图3-8中曲线表明,随着时间延长,见水突破前,含水率基本保持不变;见水突破后,含水率快速上升。对于不同长度的裂缝,裂缝越长,见水突破时间越早。对于长度在50~180m的裂缝,油井见水时间2~5年。

鄂尔多斯盆地的压裂改造先后经历了小规模、大规模到中等规模压裂，最后形成长庆油田低渗透经典规模压裂改造模式。这一模式和认识是从漫长而痛苦的实践中得到的。

1999年笔者在美国考察，发现美国在致密砂岩油气田压裂改造研究方面也是推荐适度中等规模压裂，美国在实验室中得出的数据和结论与安塞、苏里格等油气田实践得出的认识和结论高度一致。与美国人的不同之处在于，美国人是在实验室得出的认识和结论，而长庆油田是在开发实践中得出的认识和结论，虽然路径不同，但结果一致。但是，我们的代价太大。美国人为什么能得出和我们同样的结论，他们的研究机理到现在也不得而知。

影响压裂效果的因素很多，但其中有三个要点决定着压裂的成败：

（1）整体开发压裂：人工水力裂缝方位、缝长与开发井网优化匹配，穿透比为50%～70%，以获得最佳的油田开发效果。

（2）适度导流能力：以特低渗透储层孔隙渗流能力与裂缝导流能力基本一致为原则，控制适度的导流能力，尽可能造长缝，以满足扩大泄油面积、与井网相适配的要求。

（3）低伤害压裂液体系：采用双稳定剂（有机、无机）、双破胶剂，大幅度降低瓜尔胶浓度，形成低伤害、易返排的高性能压裂液体系。

随着中等规模压裂技术的发展，压裂技术思路要实现四个转变：

（1）设计思路由单井优化设计向与井网适配的开发压裂体系转变。

（2）主体技术由单项工艺向多项集成优化发展。

（3）工艺控制由只注重压裂工艺本身向压前分析、过程控制、压后评估延伸。

（4）压裂目的由只注重单井增产向提高油藏整体开发效果转变。

在实践积累和总结提高的基础上，选择适度中等规模压裂较符合低渗透、特低渗透油气田改造的实际。

1996年，在安塞油田全面推广，并逐渐形成经典压裂参数模式（表3-7）。

2001—2002年，苏里格气田进行大规模压裂试验，结果表明大规模压裂并没有明显提高单井产量，而且在经济方面存在制约。而后调整思路改为中等适度规模压裂（表3-8），效果较好，达到了气层改造目的。

表3-7 鄂尔多斯盆地油藏压裂经典参数表

压裂对象	施工排量 m³/min	砂量 m³	砂比 %
侏罗系中低渗油层	1	2~5	<30
安塞长6油层	2	20~30	25~30
靖安长6油层	2.5	40	30
西峰油田油层	2.5~3	40~60	30~40
三叠系长2油层	0.8~1	2~7	20

表3-8 苏里格气田储层改造经验参数表

类型	压裂方式	砂量 m³	排量 m³/min	砂比 %
I	单层压裂，油套环空压裂（$2^3/_8$in）	35~50	3.0~4.0	≥30
II	分层压裂，油管注入（$2^7/_8$in）	单层20~30	2.2~2.8	28
II	合层压裂，油套环空压裂（$2^3/_8$in）	30~40	3.5~4.5	28
III	分层压裂，油管注入（$2^7/_8$in）	单层15~25	2.2~2.8	25
III	合层压裂，油套环空压裂（$2^3/_8$in）	30~40	4.5~5.5	25

压裂完成后，采用微地震测试技术对压裂裂缝进行监测和评价。图3-9是典型压裂过程中微地震测试曲线。其中，王25—02井是压裂井，王25—2井是微地震监测井。

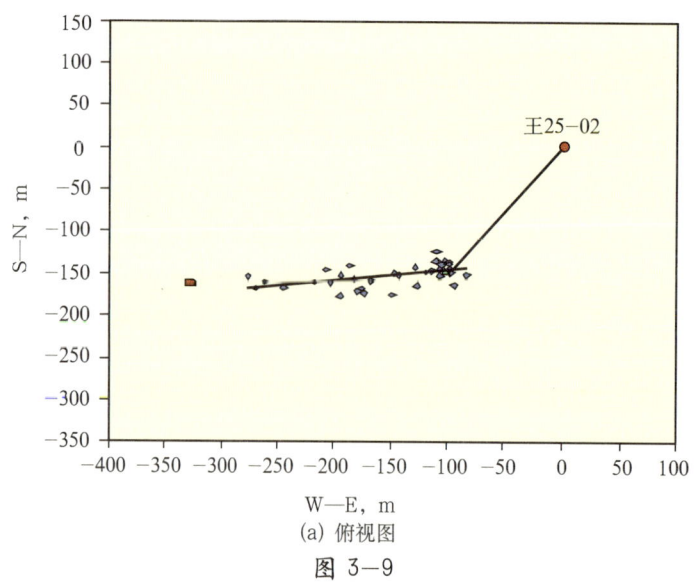

(a) 俯视图

图3-9

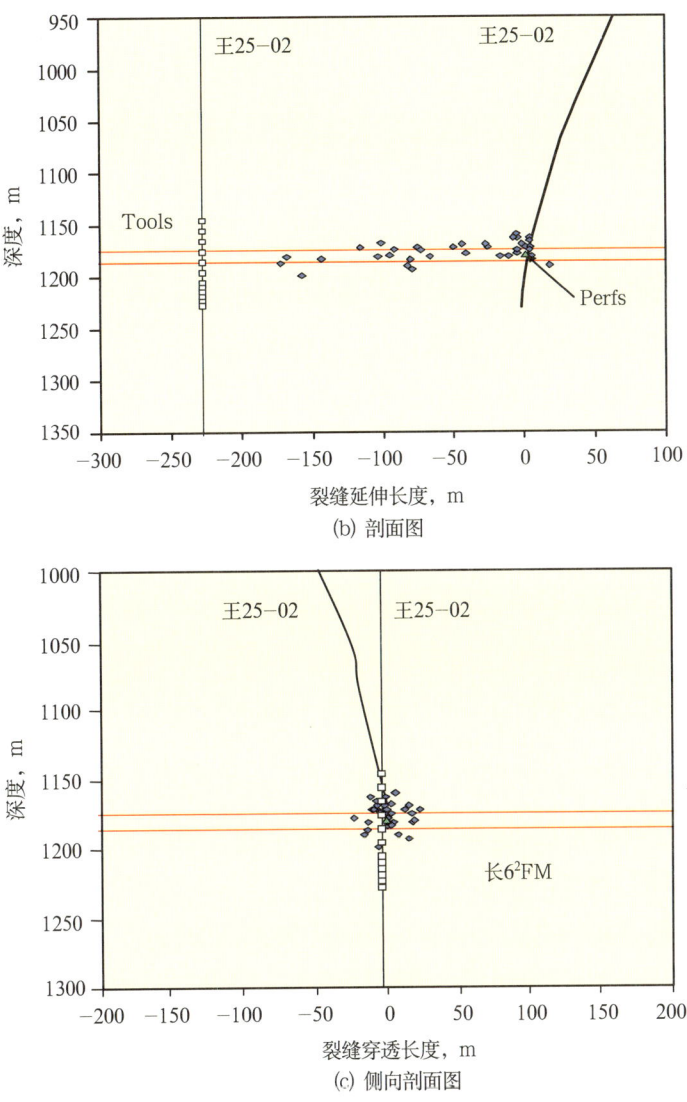

图 3-9 安塞油田王窑区微地震测试成果图

图 3-9（a）是俯视图，纵、横坐标分别代表南北和东西方向。由图可知，安塞油田王窑区王 25-02 井压裂后，通过微地震测试监测，压裂裂缝方位为北东向 80°左右。

图 3-9（b）是剖面图，横坐标表示裂缝延伸长度，纵坐标表示井深。由图可知，安塞油田王窑区王 25-02 井压裂后，通过微地震测试监测，压裂裂缝缝长为 170m 左右。

图 3-9（c）是侧向剖面图，横坐标表示裂缝穿透长度，纵坐标表示井深。由图可知，安塞油田王窑区王 25-02 井压裂后，通过微地震

测试监测，压裂裂缝在长 6^2 储层延伸的高度为 12.5m 左右。

7．不压裂投注

不压裂投注是指低渗透油田注水井采取不压裂而挤活性水投注的一种方式。一般泛指低渗透油田注水井投注。

与水力压裂相比，不压裂投注的优点是：

（1）可满足地质配注要求，注水压力相近；

（2）有效吸水厚度增加，不易形成尖峰状吸水，吸水均匀（表3-9），提高了水驱效率；

（3）可以避免注入水颗粒、运移黏土颗粒等沿裂缝进入油层深部形成堵塞；

（4）可以节约水力压裂费用5万~6万元／井。从吸水剖面资料对比看，不压裂投注井比压裂投注井吸水均匀，且施工费用低。

安塞油田早期采用水力压裂投注，在此基础上，从1990年开始试验并推广了以不压裂投注为主的投注方式，主要有：

（1）小型水力压裂抽汲排液投注；

（2）高能气体压裂挤活性水投注；

（3）高能弹射孔高能气体压裂挤活性水投注；

（4）高能弹射孔挤活性水投注。

通过大量试验得出，高能弹射孔挤活性水和高能气体压裂挤活性水投注最适宜安塞油田，其不压裂投注储层有效吸水更均匀（表3-9）。

表3-9 安塞油田不同投注方式下油层吸水状况表

投注方式	统计井数口	平均吸水厚度 m	射孔段			平均有效厚度			吸水均匀井所占比例 %
			吸水厚度 m	总厚度 m	所占比例 %	吸水厚度 m	总厚度 m	所占比例 %	
不压裂	114	17.9	11.1	13.5	82	12	16	75.2	71.4
压裂	70	14	7.96	11.88	68.1	9.2	15	61.5	34.3

安塞油田坪桥区坪03-03井是不压裂投注储层有效吸水均匀的典型案例。从03-03井吸水指示曲线（图3-10）和吸水剖面测井图（图

3-11)可以看出,该井附近天然裂缝不发育,油层吸水剖面均匀,水驱动用程度较高。

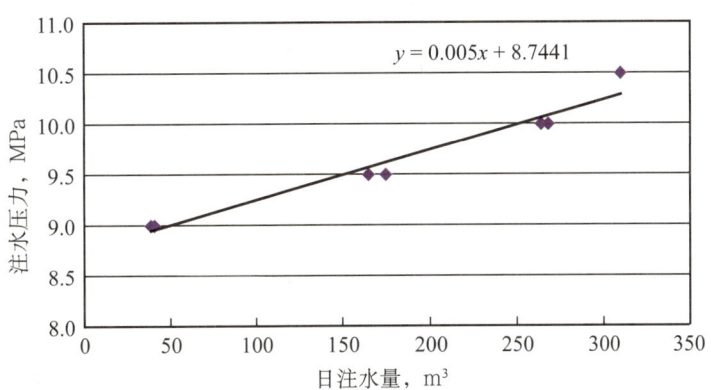

图3-10 安塞油田坪桥区坪03-03井吸水指示曲线

8. 超前精细注水

超前(精细)注水,是指注水井在采油井投产前3个月或半年而提前投注,使原始地层压力保持在110%~120%之间,称之为超前注水。

具体技术要求:油井投产时其泄油面积内含油饱和度不低于原始含油饱和度,地层压力高于原始地层压力并建立起有效驱替系统的注采方式。

针对储层压力系数低、地饱压差小、启动压差大等特点,长庆油田低渗透开发,通过长期的实践,受"污水回灌现象"的启示,首次创新性地提出了"超前注水"理论与技术。"超前注水"技术是低渗透油田最具影响力的核心技术。

其重大意义在于:

(1)解决了低渗透储层低压问题(世界性难题);

(2)解决了低渗透油田投产后采油、采液指数下降快的难题(世界性难题);

(3)重要的是低渗透油田从投产之时就保持原始地层压力的平衡;

(4)建立有效的压力驱替系统,提高单井产量;

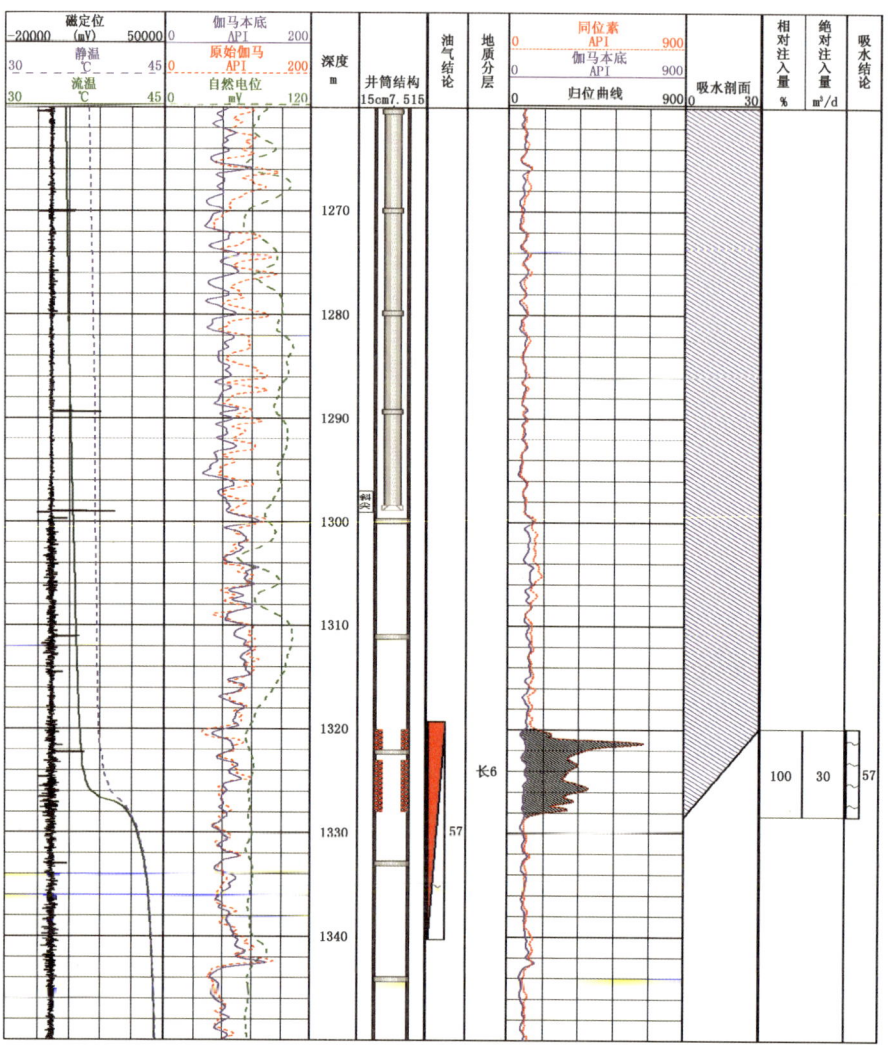

图 3-11 安塞油田坪桥区坪 03-03 井吸水剖面测井图

（5）避免因地层压力下降造成储层物性变差；

（6）使油藏具有较高的驱替压力，有利于提高最终采收率。

超前精细注水数学模型：

$$\frac{1}{r}\frac{\partial}{\partial r}\left(r\frac{\partial p}{\partial r}\right) = \frac{Q}{\pi R_e^2 Kh} \tag{3-1}$$

边界条件：

$$\begin{cases} p(R_w, t) = p_w(t) \\ \dfrac{\partial p}{\partial r}(R_e, t) = \gamma \end{cases} \tag{3-2}$$

由式（3-1）和式（3-2），求得超前精细注水压力分布公式[①]：

$$p(r,t) = p_w(t) + \frac{Q}{2\pi Kh}\left(\ln\frac{r}{R_w} - \frac{1}{2}\frac{r^2}{R_e^2}\right) - \gamma(r - R_w) \quad (3-3)$$

(3-1)~(3-3)式中　p——地层压力，MPa；

　　r——注水波及半径，m；

　　Q——油井产量，m³；

　　R_e——供给半径，m；

　　K——油层渗透率，mD；

　　h——油层厚度，m；

　　R_w——井底半径，m；

　　p_w——井底压力，m；

　　γ——系数。

按式（3-3）可绘制出注水井定注入量超前注水时，地层压力变化图（图3-12），由图可以看出，超前精细注水时间越长，地层压力上升越高。

根据图3-12可以绘制出超前注水压力梯度剖面图，如图3-13所示，由压力梯度剖面可以看出，当超前精细注水达到一定的时间后，可以提高油水井之间的驱替压力梯度，可使油水井之间驱替压力梯度均大于启动压力梯度，从而在油水井之间建立起有效的压力驱替系统，进而提高单井产量。

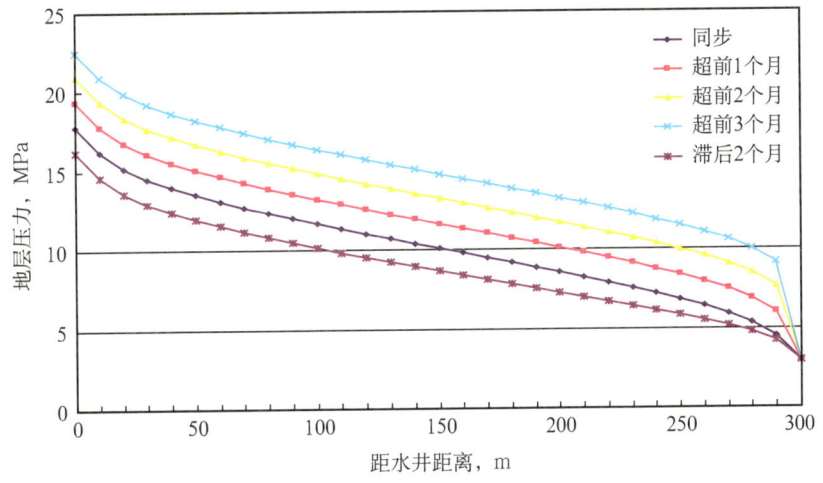

图3-12　地层压力与注水时间、井距的关系曲线

---

① 本公式推导引用了长庆油田张明禄总地质师提供的资料。

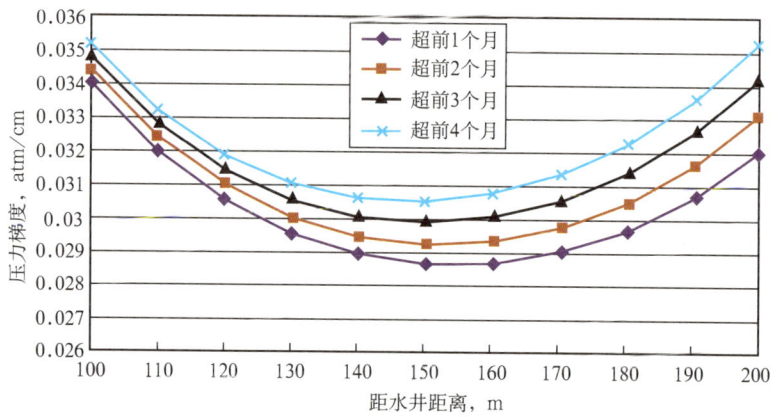

图 3-13 超前注水压力剖面图
注：1atm=101325Pa。

超前精细注水实践表明，当超前精细注水开始于油井投产前 3～6 个月，地层压力保持为原始地层压力的 110%～120%，注水强度约为 1.5～3.0m³/（d·m），平均单井日注水量 20m³ 左右，注水量为 0.05～0.1PV 时，效果最好。

靖安油田五里湾一区实施超前精细注水后，单井产量提高，效果好于同步注水和滞后注水，平均单井产能提高 15%～20%（图 3-14），并在大庆、吉林、吐哈等低渗透油田推广应用，效果良好。

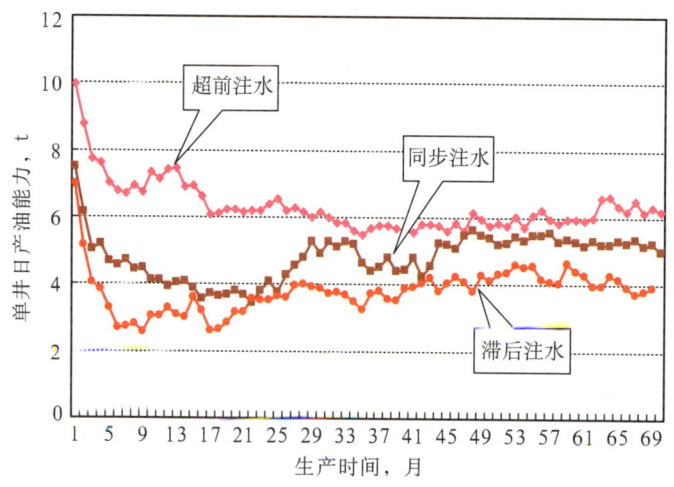

图 3-14 五里湾一区超前注水与滞后、同步注水效果对比图

长庆油田分公司从 2001 年开始，在西峰、靖安、绥靖、南梁、姬塬等油田实施超前注水，累计建产能 462×10⁴t，平均单井产能提高了 15%～20%（图 3-15、图 3-16 和图 3-17）。

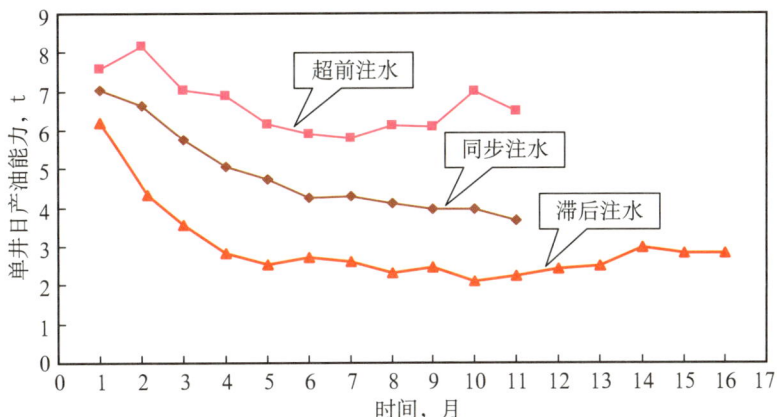

图 3—15　靖安油田大路沟二区超前、同步、滞后注水对比效果对比图

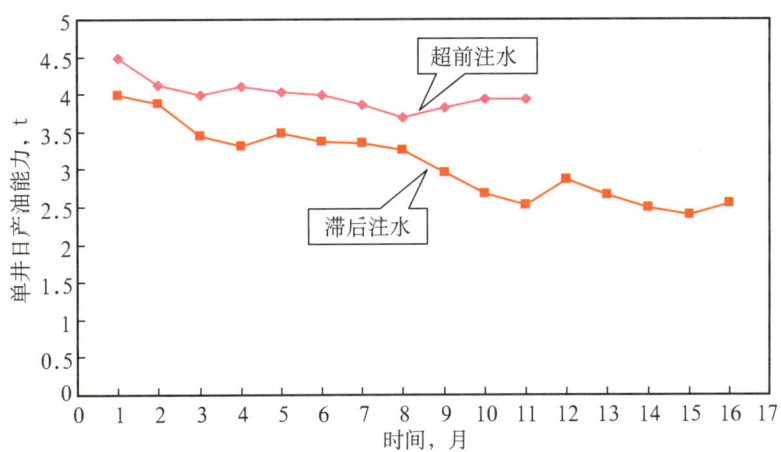

图 3—16　西峰油田董志区超前与滞后注水效果对比图

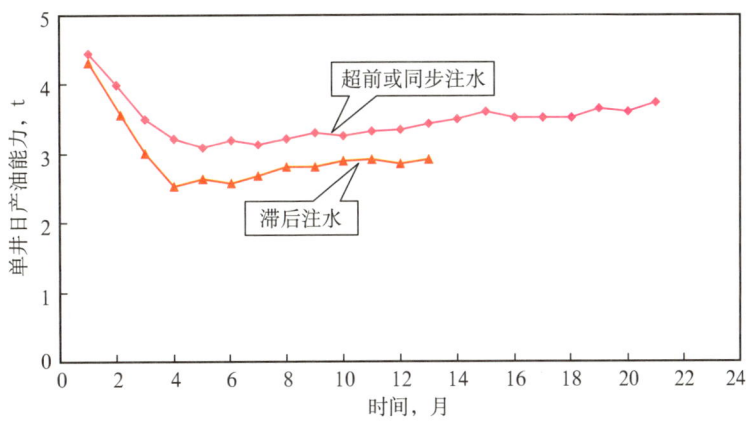

图 3—17　南梁西区超前与滞后注水效果对比图

9. 适度温和注水

温和注水是指在油层中建立起了有效的注水驱替系统之后，适度降低注水强度继续注水，防止快速水淹，以保持较长时间稳产、高产的一种注水方式。

温和注水的理论基础是低渗透油藏建立有效驱替需要较高的注水压力，而维持有效驱替需要的注水压力相对较低。

在低渗透、特低渗透油田开发中，注水开发是最关键的一个环节，注水技术是最关键的核心技术之一。

在人们对油田开发没有认识之前，经历了一般注水开发、大强度注水开发、精细注水开发、适度温和注水开发和周期注水、不稳定注水开发等，最后选择适度温和注水开发。

1998年11月，在靖安油田五里湾一区，由于油水井间没有建立起有效的驱替系统而实施强化注水，将注采比从0.98上调至1.22，3个月后呈现油水井大面积见效趋势，见效油井很快由91口增加到203口，平均地层压力也由7.89MPa上升到10.26MPa，油井产量逐渐上升。但个别井产量及动液面大幅度上升，含水上升较快，继续保持高强度注水不利于高效开发。因此，在1999年4月及时将注采比调整到1.0～1.1之间，实施温和注水，开发水平明显提高，实现了高产、稳产。

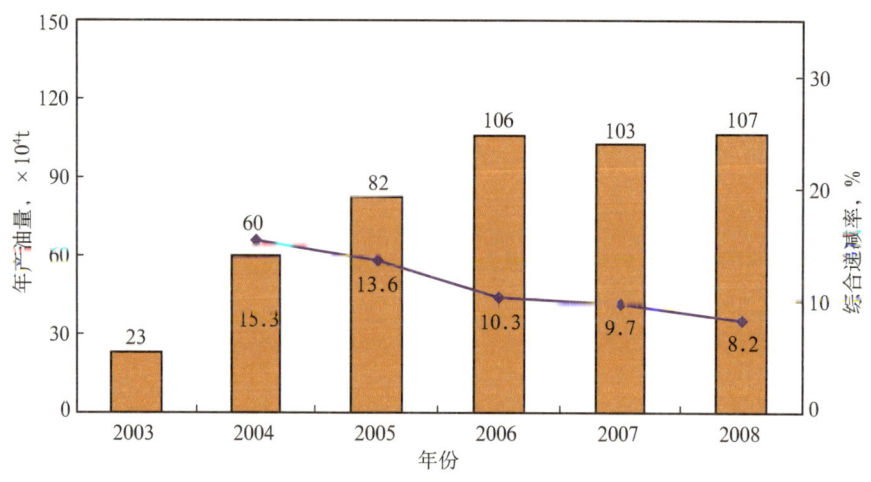

图3—18　西峰油田产油量与递减变化图

2003年以来，对新开发且物性较差的西峰、姬塬、白豹等三叠系油田推行整体温和注水技术政策，在保持产油量总体不断增长的同时，控制含水上升率，降低综合递减，使油田保持较高的开发水平。图3-18为西峰油田温和注水后年产油量与递减率变化情况。

10. 精细注采调控

精细注采调控是指根据不同开发单元的地质和开发特征，通过多种措施，调整、优化注采系统的注采参数。

通过精细注采调控，既能建立起有效的压力驱替系统、提高单井产量，同时又可以控制含水上升过快、维持油田较长时间的稳产。

长庆油田针对已开发油藏类型多、开采层位多、储层渗透率低、含水上升快、水驱状况复杂的特点，开展了以"控制合理压差"和"三分注水"为主要内容的精细注采调控，以延长无水采油期、提高油田采收率。

（1）控制合理的驱替压差，确保油田实现高效开发。

长庆油田储层渗透率低、水相渗透率上升快。如果驱替压差小，则无法形成有效驱替，油井产量低；如果驱替压差太大，则含水上升快、容易形成"水窜"。因此，合理的驱替压差是实现油藏高效开发、长期稳产的前提。

①通过超前注水或同步注水，将油藏压力水平提高到原始地层压力的110%左右，使储层骨架结构、物性特征、渗流形式等得到有效保持。

②开发过程中保持温和注水，避免注水单方向"指进"，扩大水驱波及体积。

③优化生产参数，保持合理的生产压差。以西峰油田为例，采取严格控制泵挂深度（1450m）、小泵径（$\phi 32 \sim 38$mm）、长冲程（2.4m）、低冲次（3~6次/min）、油井控制套压等方式生产，使流动压力、生产压差保持在合理范围内（表3-10）。

④逐步建立裂缝性油藏主侧向合理流压，改变以井组为单元的水驱方向，提高侧向油井见效程度，减缓主向油井含水上升速度。西峰油田裂缝发育，按照菱形反九点法井网建产，主向和侧向表现出不同的渗流特征：主向以裂缝性渗流特征为主，渗流阻力较小；侧向以基

质渗流为主,渗流阻力较大。同时在生产过程中表现出主向压力高,侧向压力相对低,动态表现出侧向油井见效低,主向油井见水快。针对这一问题,分析井组渗流特征,改变主侧向油井生产流压减缓平面矛盾。截至2007年12月,共进行流压调整360口井,其中主向调整173口井,侧向调整187口井。调整后,200口井生产平稳,130口井见效,日增油112t。

表3-10 西峰油田理论压差与实际压差

区块	理论		实际	
	合理流动压差 MPa	最大生产压差 MPa	流动压差 MPa	生产压差 MPa
白马区	6~8	10~12	6.8	10.8
董志区	4~5	10~11	5.4	10.1

(2)创新"三分注水"技术,实现油田高效开发。

长庆油田已开发油藏类型多、开采层位多、平面上水驱状况复杂,在"三分"认识储层的基础上,制定了不同类型油藏注采调控对策,实施平面和剖面注采调控,提高油田采收率。图3-19是"三分"原则示意图。

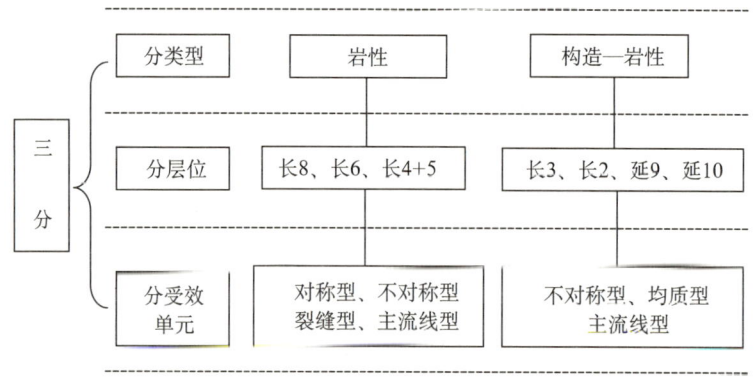

图3-19 "三分"原则示意图

①平面注采调控。

针对不同油藏类型、不同开发层位、不同受效单元(图3-20),采取相应的注采调控对策(表3-11)。

重点采取措施：平衡注水（注采比为1～1.2）、加强注水（注采比为1.2以上或注水强度2.0m³/（d·m）以上）、控制注水（注采比为1.0以下）。

②剖面注采调控。

针对剖面上吸水差异大、部分井段出现尖缝状吸水的特点，采取油水井双向调控对策。

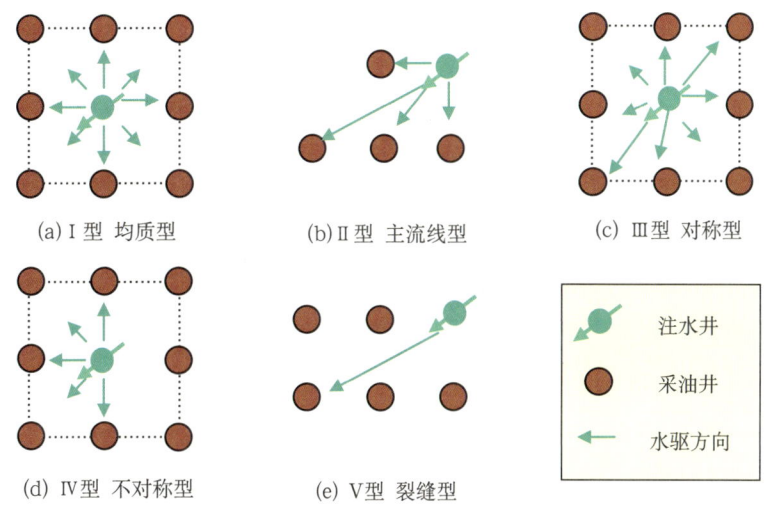

(a) Ⅰ型 均质型　　(b) Ⅱ型 主流线型　　(c) Ⅲ型 对称型

(d) Ⅳ型 不对称型　　(e) Ⅴ型 裂缝型

图3-20　不同类型受效单元示意图

表3-11　平面注采调控对策

分类型	分层位	代表区块	开采特征	调控对策
岩性油藏	长8 长6	王窑中西部	高压、高采出程度、高含水	控制注水
		王窑东部、杏河东、坪桥	裂缝发育、见效缓慢、产能低	沿裂缝强化注水
		五里湾、西峰	油井见效程度较高	平衡注水
	长4+5	南梁、白于山	新开发区块，油井见效程度低	加强注水
	长3	华152	裂缝发育、见效缓慢、产能低	沿裂缝加强注水
岩性—构造油藏	长2	张渠、油房庄、吴旗、大路沟一区、塞152	地层压力较高，含水上升较快	控制注水
		塞5、塞431、	注水不正常，地层压力低	加强注水
	延9 延8	侏罗系	物性好、见效程度高、见效均匀	平衡注水

对注水井调整吸水剖面：一是实施增注、堵裂缝、化学调剖等综合措施；二是实施小水量分层注水技术。

对采油井实施酸化、重复压裂、综合解堵等有效增产措施。

安塞油田王窑区、靖安油田五里湾区和坪北油田通过实施精细注采调控，取得了显著成效，油田开发形势稳定，采收率提高。

安塞油田长6油藏采收率由"八五"期间的18%上升至目前的22%，预计最终可达到25%以上。安塞油田王窑区剖面注采调配实施76口井，调整前后单井日产油由1.31t上升到2.61t，含水由66.8%下降到44.5%。

靖安油田五里湾一区已实现了第八个低含水稳产年，目前含水9.5%，采出程度为5.89%（图3-21）。

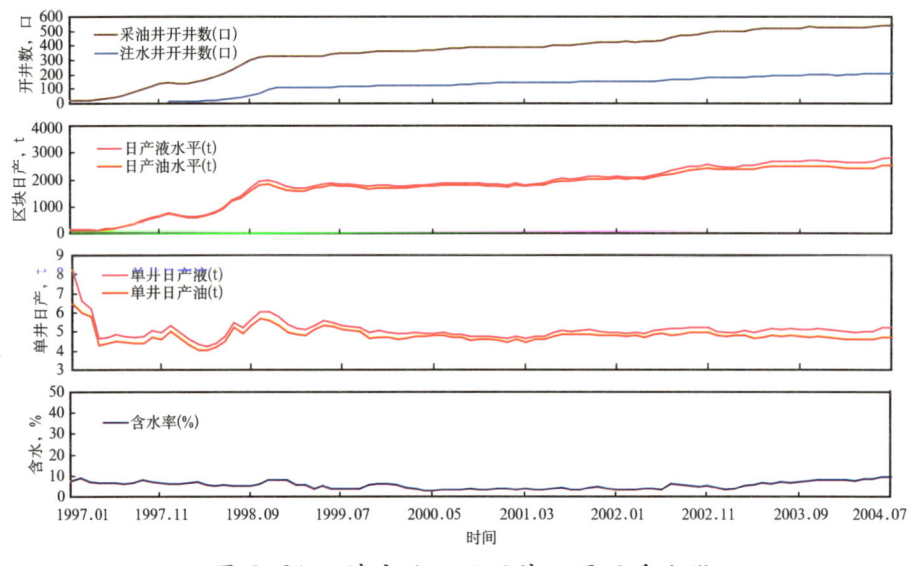

图3-21 靖安油田五里湾一区开采曲线

坪北油田为一低渗、低压、低产的裂缝性岩性油藏，平均孔隙度为11.5%，平均渗透率为1.3mD。为了实现稳产，坪北油田通过精细"水线"管理，实现了注水对裂缝的"垂向"驱油，有效减缓了老井产量递减，水驱效率高于油田平均水平；通过多种形式的不稳定精细注水，使一批井产量得到恢复、一批井含水得到控制；充分考虑静态地质特征和加强动态监测资料的录取，实施精细注水并及时调整，使含水上升率控制在3%以内；引进井下智能开关分层找堵水技术，了解油层状况后精细调整；引进多功能配水器，实现注水井精细平稳注水。

坪北油田以"五合理"（注水时机掌握合理，注水压力控制合理，注水总量把握合理，注水方式选择合理，整体平面协调合理）为指导，坚持精细注采调控。精细注采调控实施以来，油田主要开发指标良好（表3-12），产量连续八年实现了年产油在 17.0×10^4 t 以上运行目标；水驱状况得到改善，增加采收率 3.58%。

表3-12 坪北油田主要开发指标

指标 \\ 年份	2001	2002	2003	2004	2005	2006	2007	2008
年产油，10^4t	18.01	18.24	17.58	17.80	17.50	17.30	17.03	17.30
自然递减率，%	6.53	0.27	11.78	6.52	5.99	8.2	8.47	9.8
综合递减率，%	5.97	-1.35	11.68	6.39	4.66	6.75	7.01	8.3
综合含水，%	39.16	39.83	42.94	41.96	40.2	49.73	50.69	52
含水上升率，%	10.3	1.3	6.1	-1.9	-3.5	19.0	2.0	2.7
地层压力，MPa	5.4	2.5	3.6	4.7	5.6	5.5	6.4	8.2
平均泵效，%	33.4	31.1	34.3	31.8	31.8	30.8	30.3	31.1
平均检泵周期，d	377	488	654	755	813	869	857	907
平均免修期，d	276	371	483	529	562	462	498	562

11．"单、短、简、小、串"地面工艺

"单、短、简、小、串"地面工艺流程是指在低渗透油田地面开发建设中采取的一整套最简化最适用的地面工艺流程的方式。严格地说是被"逼上梁山"之作，是单井产量低、投资效益差的现实所致。为此，说是"逼出来"的，一点也不过分。

"单、短、简、小、串"地面工艺流程思想认识基础是"三从一新"：从简——因地制宜，一切做到从简，但简而不陋，不降低技术水平；从省——尽量减少设计和施工投入，能省就省，但不降低技术标准；从快——尽最大可能缩短建设周期，尽快见到投资效益，快而不

违背开发程序，不降低质量标准；适用新技术——研制推广新工艺、新技术、新设备，并以推广为主，形成适合特低渗透油田开发的适用配套技术。

"单、短、简、小、串"地面工艺流程遵循的建设原则是合理、适用、高效，即合理利用油气资源，适用配套技术，提高单井产量，提高采油速度和采收率，提高整体效益；整体设计、系统优化，降低投入、保证质量，技术配套、适用先进，高速高产、突出效益。

美国人的做法给笔者以深刻的启示。1990年，笔者在美国考察，对美国人的致密油田开发做法很受启示，"露天设施"、"简易井口"、"场地自然，不人为雕刻"、"计量数字化"、"设备实用而陈旧"等，甚至抽油机支架都是木质品。

"单、短、简、小、串"地面工艺流程主要包括如下内容：

"单"——单井单管（丛式井阀组双管）不加热密闭集输工艺单干管、小支线、井口阀组串管注水、活动洗井工艺等。

"短"——短流程、去掉计量站、接转站事故罐，二级布站或一级半布站。实现丛式井口—接转站—集中处理站二级布站或井口阀组间到集中处理站一级半布站等。

"简"——简化工艺、简化设备、简化操作，"露天设施"、"简易井口"、"阀组间"以及"简化计量"、"简化数据录取"、"不搞备用"等。

"小"——小装置、小工艺、小设备、小设施、小仪表，即小型橇装注水装置、小型橇装污水处理装置、小型橇装反冲洗装置、小型橇装大罐抽气装置、小型橇装轻烃回收装置、小型PCE精细过滤装置、三小配水间、小型高效加热炉、小体积换热器、小型热水炉、小井场、小井眼等。

"串"——多口油水井、多座站共用一条管线完成集供输目的，即油井串油井、注水井串注水井、阀组串阀组、接转站串接转站等。

"单、短、简、小、串"地面工艺流程在安塞油田全面推广应用后，不仅优化了工艺流程，简化了操作，还大大降低了地面建设投资。地面工程投资占总投资的比例由1988年的52.5%下降至1993年的36%，1995年下降至31.6%，保障了安塞特低渗透油田的规模有效开发。

"单、短、简、小、串"地面工艺流程在长庆其他油田（如靖安、西峰、姬塬等）开发建设中迅速推广应用并不断发展创新，也为我国其他低渗透油气田地面建设提供了示范和借鉴。

边栏 1:"好汉坡"精神

"不到长城非好汉",是毛泽东主席的著名诗句。自信的中国人民把崇尚"好汉",作为民族复兴的时尚。

"好汉坡"名字的由来,有它特有的历史背景。"好汉"一词,蕴含着英雄的气概。长庆油田就有个著名的"好汉坡",它坐落于黄土高原之上,屹立于布满数万口油井的千沟万壑之间。

那么,"好汉坡"的由来又是怎样的呢?1990 年,长庆安塞油田王三计量站建成初期,采油工巡井无路,每日须徒步攀爬海拔 1300m、坡度 70°的陡坡,日久天长,便踏出一条蜿蜒崎岖且狭窄陡峭的巡井小道。员工感慨满怀:能爬此坡者,好汉也!遂名为"好汉坡"。在长庆油田有很多这样的"好汉坡"。大山就是长庆石油人生息的地方,小站就是家,一条羊肠小道就是员工的巡井小路。井打到哪里,采油采气人跟随到哪里。

这种"精神"造就了人。能奉献、能攻坚、能吃苦,是长庆人的特有品质,历经磨难、无畏艰难和热爱石油、无私奉献是长庆油田的创业精神。正是这种"好汉坡"精神,才是一种积极向上的奋斗精神的体现,才是一种顽强拼搏、不屈不挠的民族精神体现。

安塞油田开发了世界罕见的"低渗、低压、低产"油田,创建了享誉全国的"安塞模式",为全国低渗透油田开发提供了重要的指导意义。"好汉坡"精神不仅给油田发展注入生机和活力,而且也是培育企业文化精神的灵魂。

"好汉坡"精神印证了中国石油工业不断发展壮大的昨天、今天和明天。而长庆人就是活在明天!这也是企业要生存、要发展的制胜法宝,也是企业能更上一层楼、永葆青春的动力源泉。

"好汉坡"精神,创造的就是长庆人的品牌。"好汉坡"精神不仅是安塞油田开发建设的缩影,也是长庆石油人艰苦创业精神的再现,更是长庆石油人无私奉献精神的写照。这就是他们创造的品牌文化!

所以说,我们要不断地丰富和升华"好汉坡"精神,赋予它新的时代内涵,形成以"好汉坡"为代表的、具有企业特色的品牌文化,还要促进企业不断创新,增强竞争力,拓展更广阔的发展空间。

边栏 2:胜利者

祝贺中国第一个特低渗透安塞油田建成年产 300×10^4t 原油生产能力!
11 月 25 日接到长庆油田第一采油厂厂长苏志峰、党委书记许兆超的

《喜报》，"安塞油田已建成年生产能力 $300×10^4t$" 的油田，也就是说日产水平已经上升到了 8000t，令人非常兴奋。它的战略意义远远大于其经济和技术意义，这无疑是中国石油值得庆幸的一件大事，也是中国能源开采史上的一件大事，真乃是国家幸甚，企业幸甚，百姓幸甚！

安塞油田年产 $300×10^4t$ 原油生产能力，标志着中国特低渗透油田开发进入了一个新的时期，也标志着中国在全球特低渗透油田开发领域有了更大的话语权。说明长庆油田继续巩固了特低渗透油田开发的领袖地位，也说明中国第一个安塞特低渗透油田继续保持了原点的光辉。

安塞油田年产 $300×10^4t$ 原油生产能力，肯定是长庆油田第一个整装的 300 万吨级的特低渗透大油田，其意义是不言而喻的。这对于长庆油田 2009 年实现 $3000×10^4t$ 油气当量目标，而后奋斗 $5000×10^4t$ 目标，奠定了坚实的基础，起到了成功的示范作用。

如果说我国注水开发的原点油田是松辽盆地的大庆油田，那么特低渗透油田开发的原点就是鄂尔多斯盆地的安塞油田。原点代表着历史，原点代表着立场，原点代表着新生，原点也预示着未来。安塞油田作为中国特低渗透开发的原点油田，是长庆油田近 40 年来特低渗透油田开发最有价值的回报。这一殊荣，安塞油田是当之无愧的。

安塞油田开发初期，持续了 8 年攻关，先后经历了井组、先导性、工业化三大矿场开发试验，形成了油藏研究、整体压裂改造和温和注水开发、地面工艺流程革新三大技术系列，配套创新了 8 项技术，实践了"从简、从省、从快、适用新技术"的开发路线，最终创造了中国石油著名的"安塞开发模式"。1997 年建成了中国第一个百万吨级的特低渗透油田，开创了中国特低渗透油田开发的历史性先河。

进入新世纪，安塞油田开发又有了全新的发展，继续创新发展了"安塞开发模式"，提升了安塞特低渗透油田开发的技术和管理水平，2004 年跨越 $200×10^4t$，今年又达到了 $300×10^4t$，特别是对新储层的认识和开发，在鄂尔多斯盆地具有重大的实践意义。

中国石油目前石油探明储量近 70% 属于低渗透，天然气探明储量 90% 以上属于低渗透，其开发必然是"多井低产"。如何有效开发？安塞特低渗透油田开发的实践，提供了示范，做出了表率，值得人们认真地学习。

开发特低渗透油田并不是一件轻松的事，其中的辉煌、悲壮及酸甜苦辣，只有亲身参与了开发建设和热爱特低渗透事业的人，才有深切的体会。

安塞油田开发这一无与伦比的丰碑，凝聚着长庆油田第一采油厂几代人的心血和辛勤汗水，镌刻着长庆油田第一采油厂全体员工的历史贡献，记载着安塞石油人许许多多的动人故事。

边栏3：塞一井赋

东汉班固，北宋沈括，均言曰：高奴廊延有石油。近代，大清王朝，民国政府，石油勘查，几经辄试，如云若雾。新中国立，三十春秋，东西普查，南北钻探，迷茫漫长，未成大势。

癸亥年秋，中生界三叠系延长统塞一井出油，日产64.45t，至此，陕北勘探，石破天惊，解长庆倒悬之急，挽长庆徘徊之势，有拨云见日之功，指点山河之力，开低渗油田之先河。举目远眺，油浪汹涌，西风长啸，山谷震荡。

尔后，长庆倾力，国家出资，日行贷款，国内调研，国际咨询，先导型试验，工业化开采，配套技术攻关，决策整体开发。从简、从省、从快，适用新技术，单、短、简、小、串工艺流程。长庆人，历经十年，卧薪尝胆，风雨磨难，忍辱负重，志存高远，终成正果，创低渗油田开发之模式。

如今，安塞油田，规模剧增，管理创新，技术进步，日臻成熟。数千油井，朵朵争艳吐蕊，百里油田，滴滴润泽九州。如昆仑之玉，隋和之宝，明月之珠，太阿之剑，镶嵌于黄土高原、延河之滨。鄂尔多斯，石油前景，如同日月，江河长流。

吾辈当以天下苍生为念，不忘边穷之民，不忘报效民族，不忘报效国家。低渗开发，前程似锦。玉可碎而不可改其白，竹可焚而不可毁其节。坚韧不拔，水滴石穿，斤两不拒，柔可克刚，涓涓油流，汇成大海。

哲人曰："天地转，光阴迫，一万年太久，只争朝夕。"

胡文瑞
辛巳年三月二十五日

四、低渗透气田技术创新

1. 主体观点

天然气业务是中国石油最具成长性的核心业务。

四川就是气田建设最好的老师。

空白纸好画最美的图画。

技术成就了苏里格气田开发。

市场机制在苏里格气田演了一场大戏。

低成本是苏里格致密砂岩气田开发的必然选择。

大规模标准化建设走出了一条新生之路。

逆境是前进和成功的最佳助推器。

高层决断在任何时候都是不可缺的动力。

享受成功、享受中国第一的喜悦,是最大的奖赏。

苏里格无可争辩地戴上中国第一个特大型气田的王冠。

苏里格气田无疑是长庆油田分公司冲刺 $5000 \times 10^4 t$ 的中流砥柱。

面对现实,依靠科技,创新机制,简化开采,走低成本开发路子。

无数事实说明,大凡要干成一件事,并不易。一是关键要有明白人,会干事,能干成事。关键的关键是组织者必须是明白人,而且是积极热情的创造者。二是市场配置资源,按经济规律运作,不逆规律而为，一切事都会顺理成章。三是组织重点技术攻关，提高单井产量，推广适用新技术、新工艺、新材料、新装置。四是全过程低成本开发，不动摇、不气馁、不后退。

这就是低渗透气田开发的成功之道。

2．气藏评价

"气藏评价"具体可分为两个阶段，即早期评价阶段和开发评价阶段。早期评价阶段的主要是充分利用勘探成果，通过部署必要的开发评价井，开展试气、试井、试采和资料录取工作，认识气藏地质特征，初步评价产能，配合勘探提交探明储量，开展健康安全环境预评估，完成开发概念设计。

开发评价主要是通过部署开发评价井和开发地震，开展试采，开辟开发先导试验区，评价产能与开发可动用储量，开展健康安全环境评估，完成气田开发方案的编制。

气藏评价主要内容包括地质特征评价、储量评价、产能评价、主体开发技术优选、开发方式和开发指标研究以及健康安全环境评估等。

气藏评价主要任务是以实现气田科学开发为目标，深化气藏地质认识，评价储量，落实产能，通过先导性试验优选气田开发主体工艺技术，完成开发概念设计或开发方案编制，最终为规模储量转化成规模产能创造条件。

气藏评价是衔接勘探、开发的桥梁，是勘探的重要组成部分，也是开发的必经阶段。气藏评价工作做好了，基础工作扎实了，勘探大场面就能转变成规模的产能建设，油气投入产出才能步入良性循环，勘探大场面就可以长时间延续和发展下去，做好气藏评价就是发展大场面，因此必须搞好气藏评价。

气藏评价要以气藏地质研究为基础，气藏工程理论为指导，坚持勘探开发紧密结合，充分发挥各专业协同作业优势，突出重点，大力推广应用新工艺、新技术，加快资源向效益转化，降低投资风险。

气藏评价要坚持整体评价的原则，可以将整体勘探、整体开发有机地衔接起来，通过优选重点工作目标和加快评价节奏，实现总体目标的最优，创造规模效益，避免评价目标的破损和零散，解决我们以往评价工作中将面条揪成面片，面片搓成面疙瘩的问题，整体评价是今后气藏评价工作的发展方向。

（1）在地质研究和认识上要有整体性。同一地质背景下的油气区，构造、沉积、油气源等成藏过程的各种因素必然有成因关系，要善于从复杂的油气藏评价对象中寻找内在联系，确定整体评价目标。要用勘探家的视角审视评价对象，用开发家的视角考虑如何开发，做到成竹在胸。

（2）要统筹谋划，整体部署。气藏评价通常有两种基本工作方法：一是从已知逐步外扩；二是将已知作为前提，将地质背景作为依据，立足整体，统一评价。前者简单，但成效低下；后者则要求评价者在预探成果的基础上，利用仅有的少量资料，通过扎实的地质综合研究，形成基本的整体概念，预测潜在的资源方向，并做出整体的工作部署。需要强调的是整体评价不是将过去多个油气藏评价项目简单地合并或者"打包"，而是认识上和部署上的统一。

（3）积极开展先导试验，分步实施，及时调整，避免失误。评价阶段毕竟是有风险的。在部署论证中，要做"沙盘推演"，要确保每一项措施具有针对性，并为部署调整留有余地。在试验中要根据动态结果及时调整部署。尤其是6类特殊类型气藏（异常高压超深气藏、高酸性气藏、低渗低丰度低产气藏、凝析气藏、火山岩气藏、煤层气藏）更应突出试验的作用；在实施过程中，重视试验区各项监测资料的录取工作；应用数值模拟或其他常规气藏工程方法进行跟踪分析，及时指导试验进展；大力采用新工艺、新技术，针对气藏特点开展技术攻关，形成配套技术。

（4）强化项目管理，纳入公司年度计划，突出专款专用。一是要做好年度气藏评价项目的立项；二是要根据区块的重要程度、储量落实程度和经济有效性等因素对评价项目进行审查，统一排序优选；三是要编制气藏评价部署方案。

（1）典型案例1：靖边气田。

靖边气田自1989年发现后，由于下古储层侵蚀沟槽的复杂，一度使开发止步。为此从1991年开始开展气藏评价和开辟陕81先导试验区，开展实用的开采配套技术研究,包括马五储层横向预测、储层综合评价、气井产能评价、气藏工程技术、采气工艺试验和地面集输技术等。通过5年的评价研究,1996年编制完成了气田开发方案。通过认识的加深,对侵蚀沟槽变化更为清楚(见图4—1)。为了进一步落实气井稳产水平和能力,了解气井的动态特征,1997年在靖边气田利用探井进行了探井试采,又通过近两年的试采进一步认识到:气藏裂缝发育程度是气井高产的关键,储层有效连通范围是气井稳产的基础,气井初期有短期放大生产的能力。

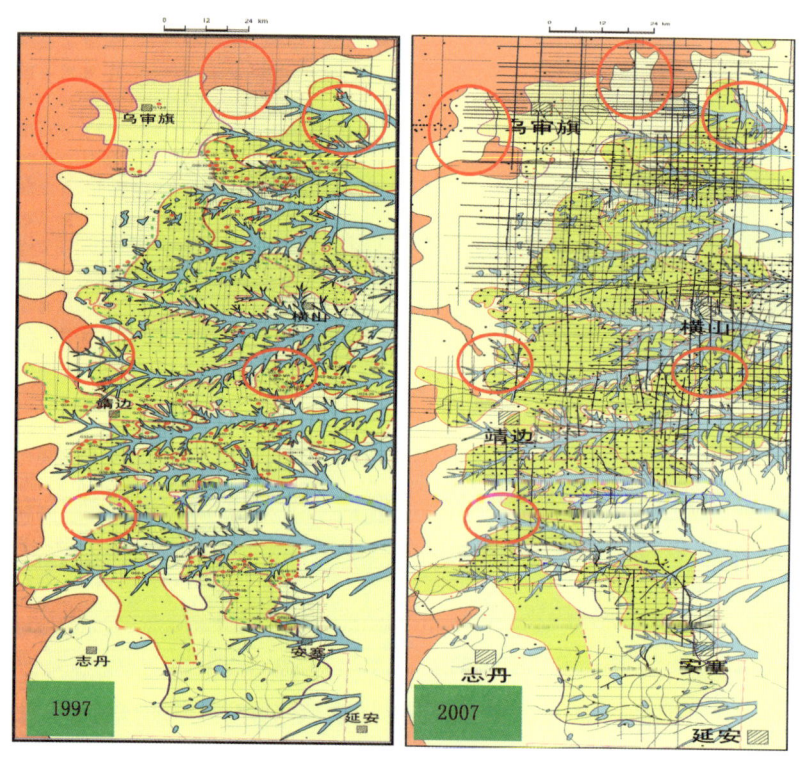

图4—1 靖边气田古潜台侵蚀潜沟演变展布图

在5年前期评价及先导性试验和2年探井试采基础上,坚持科技创新,发展形成实用有效的碳酸盐岩气藏开发6项适用配套技术。即"碳酸盐岩非均质储层评价技术"、"低渗透碳酸盐岩气藏产能评价技术"、"高产富集规律及开发井位优选技术"、"下古气藏开发方案优化设计技术"、"低渗透碳酸盐岩储层气井增产工艺技术"、"靖边气田地面集输工艺技术"。

经过5年产能建设,钻井成功率大于80%,形成年产$55 \times 10^8 m^3$天然气生产规模,截至2007年底累计生产天然气$358 \times 10^8 m^3$,已稳产7年。新技术的推广应用,使靖边气田的年生产能力从1997年的4.3×

10^8m^3 发展到 2007 年的 $55×10^8m^3$,天然气年处理能力从 1999 年的 $24×10^8m^3$ 上升到 2007 年的 $71×10^8m^3$,年外供气量从 1997 年的 $0.93×10^8m^3$ 到 2007 年突破 $50×10^8m^3$ 大关,管理范围从当初的几口探井扩展到现在两个大气田的 600 多口气井,建成集配气站 87 座、天然气净化厂 3 座,采集输管线总长达 3500 多千米。

(2) 典型案例 2:苏里格气田的早期评价。

苏里格气田发现后,通过对探井短期试采,认识到苏里格气田是一个"一大三低"气田。即大面积($4×10^4km^2$)、低渗(渗透率平均 0.85mD)、低压(压力系数 0.87)、低丰度(平均丰度 $1.4×10^8m^3/km^2$)气田。

图 4—2(a)、4—2(b)、4—2(c)分别是苏里格气田Ⅰ、Ⅱ、Ⅲ类井的典型生产动态曲线,曲线表明单井产能低、压力下降快、恢复速度慢、地层能量供给不足。

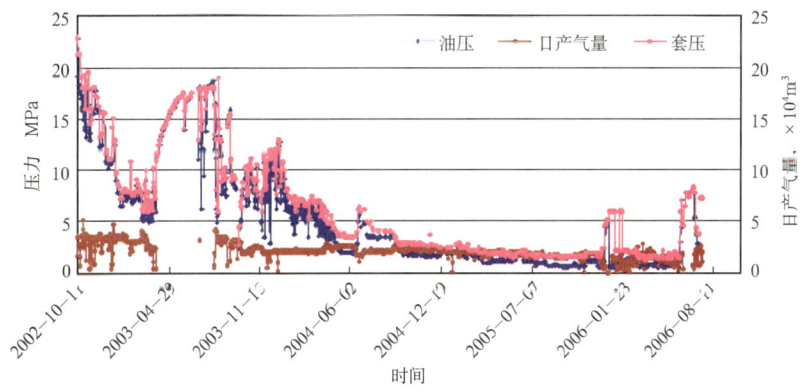

图 4—2(a) 苏里格气田典型Ⅰ类井生产动态曲线(苏 40—16 井)

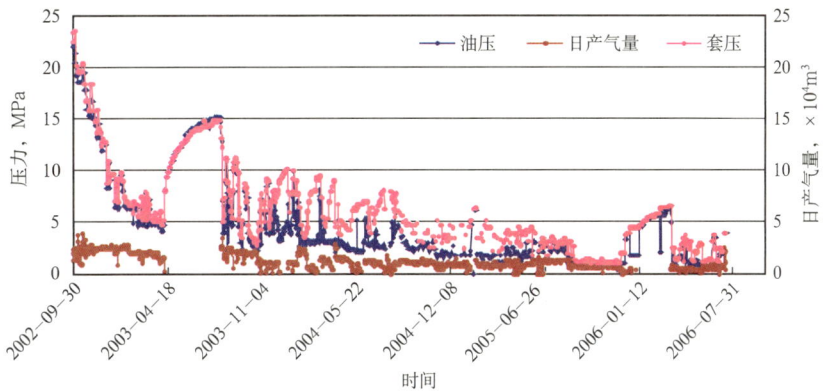

图 4—2(b) 苏里格气田典型Ⅱ类井生产动态曲线(苏 37—15 井)

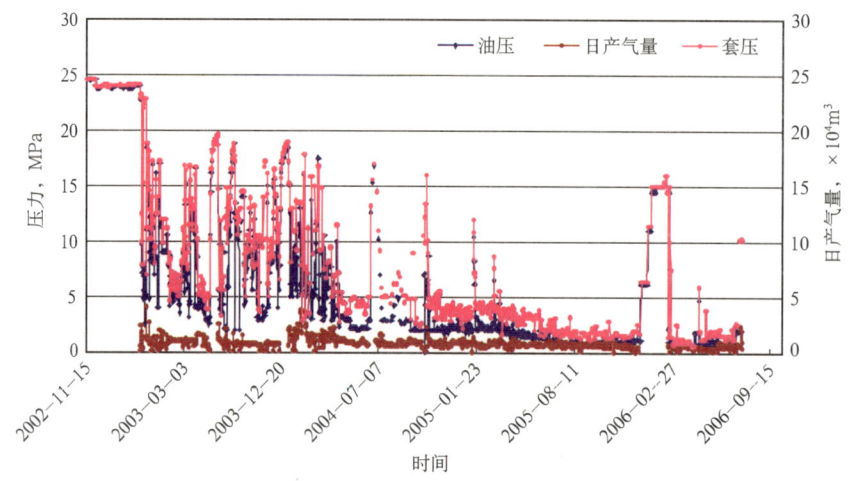

图 4-2（c） 苏里格气田典型Ⅲ类井生产动态曲线（苏 38-14 井）

面对这样的现实，中国石油天然气股份有限公司成立苏里格气田开发攻关领导小组，组织国内外天然气开发的技术力量，安排专项资金，开辟苏 6 井区为先导性开发试验区，围绕相对富集区筛选、储层空间分布规律、提高单井产量和气井开发指标等方面开展全方位的联合攻关试验和气藏评价。

①围绕相对富集区筛选。从 2002 年开始，先后在试验区部署常规二维地震、三维地震、二维多波地震、二维三分量地震以及三分量 VSP 测井，开展储层横向预测技术攻关。通过大量的地震采集、处理和解释方法的试验，形成了以叠前含气性预测为主要内容的地震预测技术。

②围绕储层空间分布规律和储集砂体规模研究。2003 年在苏 6 试验区内，开展了小井距（井距 800m）的加密解剖试验，结果表明储集砂体规模纵向分散，横向规模较小，是气井生产过程中压力下降快、单井控制储量小的主要原因。宜采用小井距、密井网开发，提高储量动用程度。

③围绕提高单井产量，主要实施了水平井和大规模压裂试验。但是效果并不明显。初步确认了分层适度规模压裂、合层开采，是提高单井产量的主体技术。

④围绕气井稳产能力和开发指标论证，在对探井短期试采的基础上，在试验区内开展了 28 口井长期生产试验，试生产结果表明：储层非均质性强、气层连通性差，单井控制储量小，气井初期压力下降快；中后期气井表现出一定的稳产能力。这一认识，为编制苏里格气田开发

方案奠定了基础。

这一阶段,通过开展大量评价工作和先导性试验,认识到苏里格气田是大面积"低渗、低压、低丰度"的"三低"气田,解决了苏里格气田的认识问题。特别是2003—2004年引进国外公司进行背靠背的评价研究,进一步增添了开发动用的信心。

法国Total公司2003—2004年对苏里格(图4-3)的认识和建议:

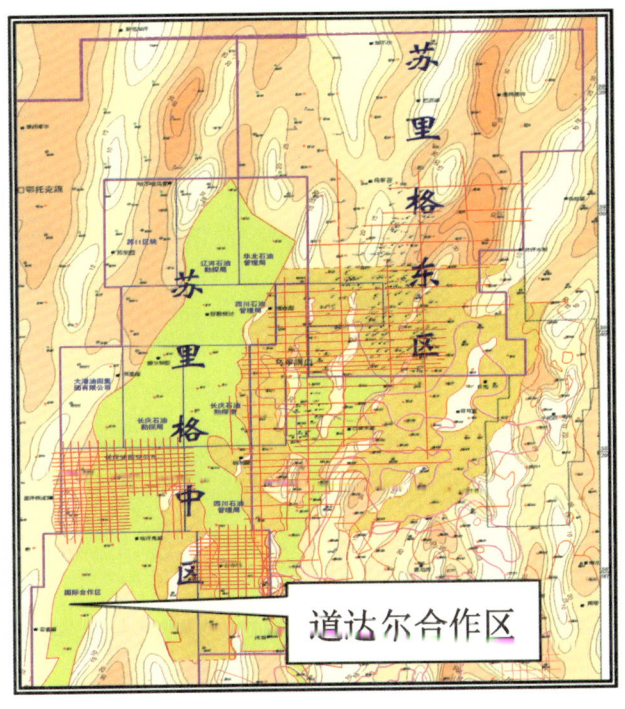

图4-3 苏里格气田的道达尔(Total)合作区

a)盒8主砂体有三种沉积类型:即辫状河复合体(长:500~1000m,宽5m~5km)、孤立辫状河道(长:100~500m,宽3m~15km)和孤立曲流河道(长:100~500m,宽3m~10km),

b)区块面积2392km^2,储量中值3403×10^8m^3[(1510~5970)×10^8m^3],比长庆自己提交的储量(1025.85×10^8m^3)更为乐观(见图4-4);

c)多层压裂合层开采是提高单井采气量的可行性增产措施;

d)三维地震是储层预测的最好手段,进入开发期后进行新的三维地震采集。

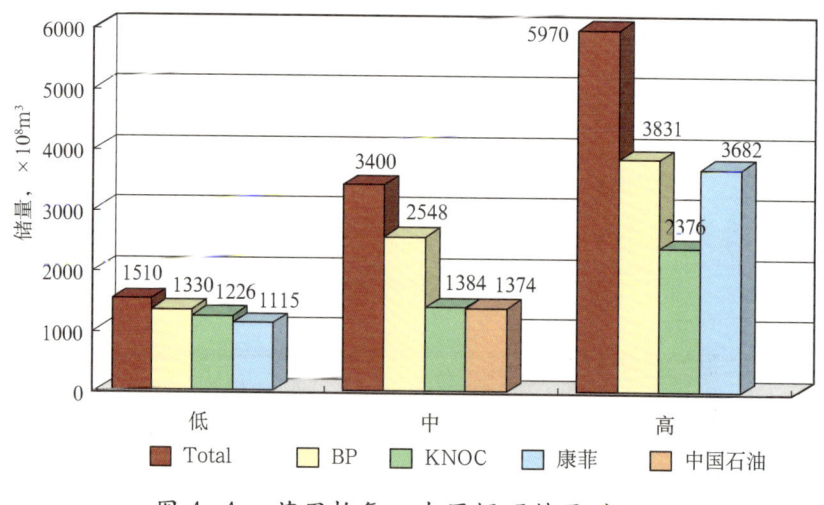

图 4—4 苏里格气田南区探明储量对比图

截至 2008 年底,苏里格气田已经形成年产 $80 \times 10^8 m^3$ 的生产能力,跨入了大气田的行列,开发效果十分显著。

(3) 典型案例3:壳牌榆林长北气田的早期评价好。

长北气田属于低孔、低渗、低压的岩性气藏。沉积特征为三角洲平原辫状河下切河谷沉积,天然气探明地质储量 $996.8 \times 10^8 m^3$,作业者是壳牌公司。长北项目是中国石油天然气股份有限公司目前最大的对外合作项目,也是中国陆上最大的对外合作天然气开发项目(见图4—5),

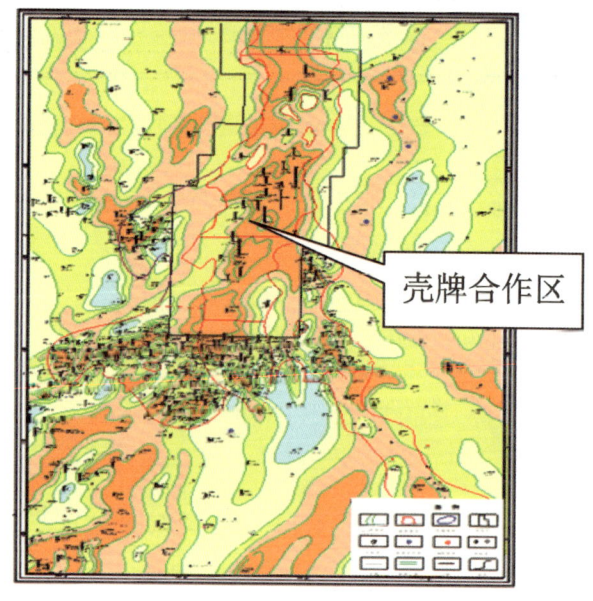

图 4—5 苏里格气田的道达尔合作区示意图

四、低渗透气田技术创新

于 1999 年 9 月签订合同，2005 年 8 月 3 日进入商业开发阶段。前期评价工作充分细致，主要做法有：

① 针对储层非均质性强的特点，重视储层分布的不确定性分析，并制订相应的不确定性分析管理计划，以减少不确定性带来的风险；

② 通过试井分析引入阻流带概念，建立各种静态模型，量化地层阻流带，并给以较合理的解释结果；储层低渗透率导致阻流带的存在，常规的垂直井因产能过低而明显不适用于长北气田开发。水平井、双分支井可以有效降低垂向阻流带对气体流动的阻碍，且水平井与压裂后直井的产量对比，初期产量为 3～4 倍，最终采收率约为 3 倍，而投资不到 2 倍。因此，水平井／双分支井（图 4-6）成了长北气田开发的主体技术，实现了该气田的有效开发。

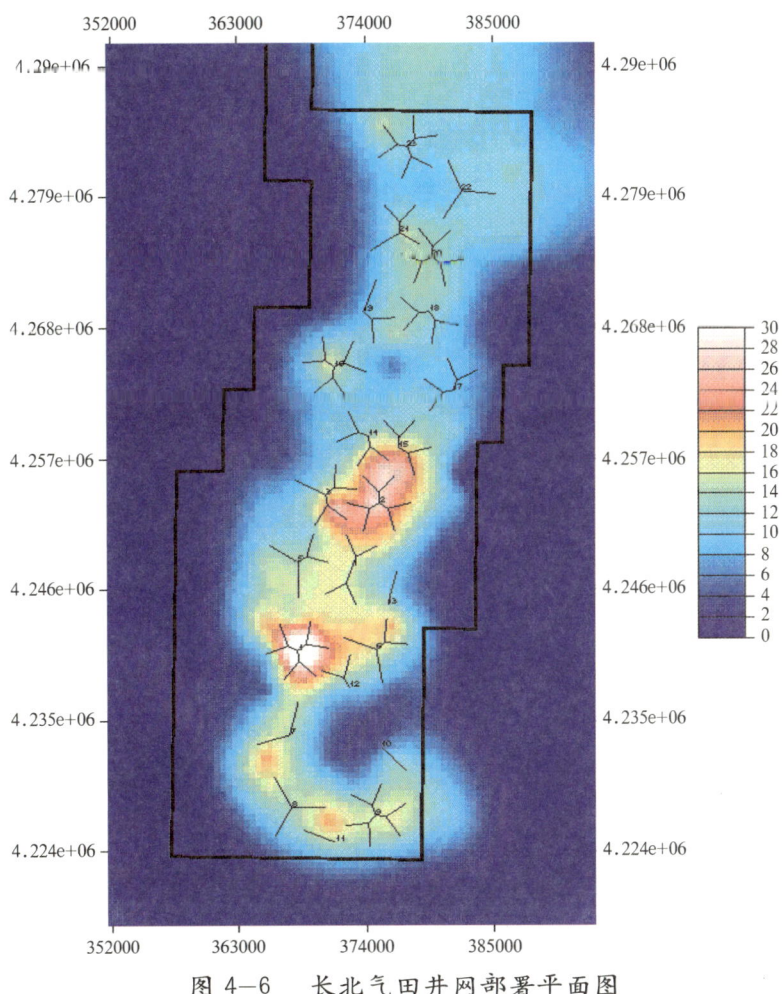

图 4-6　长北气田井网部署平面图

图4-6是长北气田开发井网部署平面图。最佳优化井数为54口，其中35口双分支井，19口水平井。

③用概率给出储量的可能程度；重视动态资料的录取与应用，及时将最新的动态资料引入模型，调整、优化模型；方案从地下、井筒、地面整体模拟。

通过6年前期评价，搞清了储层地质特征，编制了科学的开发方案。开发方案采用了水平井/双分支井的开发工艺，钻探多口长达2000m的单/双分支裸眼水平井丛式井组。水平井尽可能多地钻穿孤立砂体/阻流带，钻遇更多物性较好的储层，是气井高产的主要因素。

2008年底长北已建成年产$30 \times 10^8 m^3$天然气生产能力，实现了高效开发。

3. 富集区筛选

富集区筛选是指在常规地震的基础上，将二维和三维地震结合起来，准确预测砂体总体厚度，并在此基础上建立沉积和成岩的相关关系，评价河道带的有效性，从而筛选出富集区块的技术。

苏里格气田含气层砂岩发育，大面积连片，但有效储层是孤立、分散的，厚薄不一、叠合程度不一，因而储层有"富"有"贫"，存在相对富集区。

在相对富集区内进行井位部署可以提高钻井成功率，降低钻井风险。因此相对富集区（带）的筛选十分重要。

技术思路：岩性气藏含气富集区的核心是储层，包括储层分布及储层质量。根据苏里格气田储层的实际情况，确定了"地质地震紧密结合，地震处理解释以叠后方法为主，叠前为辅"的技术思路（如图4-7）。

该技术思路强调应用河道带的预测来间接预测储层的分布，有效回避了地震资料对单砂体预测的局限性；在此基础上，通过溶蚀成岩相的研究，进一步评价河道带的有效性，达到筛选富集区带的目的。

富集区筛选技术的主要内容：

(1) 常规地震资料"三高"处理。

四、低渗透气田技术创新

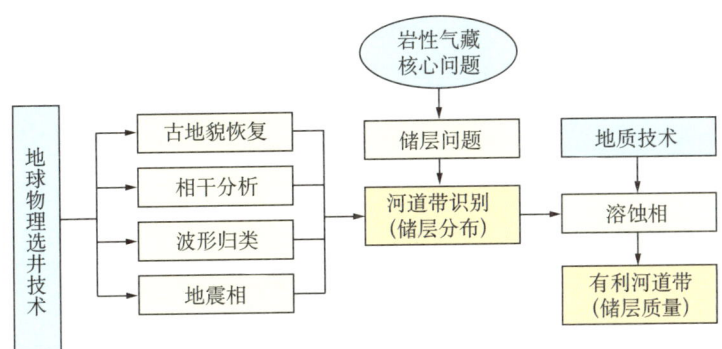

图 4-7 苏里格气田富集区带优选技术思路

所谓"三高"是指高保真、高分辨率、高信噪比。

苏里格气田地震资料采集年度跨度较大，不同年度资料处理流程和参数各不相同，所以，资料的信噪比与分辨率存在一定的差异。因此，对区内现存的常规二维和三维资料采用统一的流程和方法进行以保幅为核心的常规地震资料"三高"重新处理，主要进行了对静校正、振幅补偿、叠前去噪、反褶积、精细速度分析与高保真叠加、叠后去噪与增频处理等研究。

通过以上地震处理技术的综合应用，形成了适合苏里格气田的，以"三高"为核心的高分辨率处理流程。该处理流程的推广应用，使苏里格气田的大部分剖面目的层段内幕反射清楚，反射波组关系、振幅变化合理，主频达 40~45Hz，频宽大于 2.5 个倍频程。

(2) 地震主河道预测技术。

对工区内所有测线进行振幅调整，使之处于同一振幅水平。利用波形分析技术进行河道带的识别，经完钻井与过井剖面的对比、分析和归纳，该区存在三大类较为典型的反射模式。Ⅰ类盒 8 砂岩厚度一般大于 30m，Ⅱ类一般 15~30m，Ⅲ类小于 15m。对于整个苏里格地区而言，Ⅰ类波形区较为局限，一般分布于主砂体带的中心部位，Ⅱ类波形分布面积最广，Ⅲ类波形分布最少，这表明该区盒 8 段地层砂岩大面积发育的特征。

此外充分应用古地貌恢复技术、高频拓展技术、属性分析技术、相干体分析技术进行河道带预测。

(3) 河道带有效性评价技术。

通过对河流沉积体系不同亚相的岩心取样分析，可以认识到溶蚀相只在河道带上发育（如图4-8）。这一认识为溶蚀相的平面预测提供重要途径。

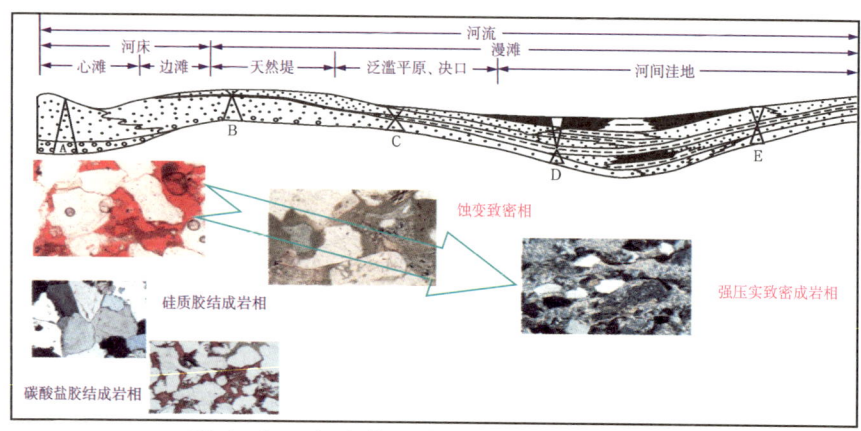

图4-8 成岩作用与沉积体系的关系图

加强地质沉积-成岩作用研究，引入溶蚀强度指数的概念表征储层的溶蚀强度。在单井溶蚀强度指数评价的基础上，以预测的河道带为主要背景，勾绘溶蚀强度等值线，就可以表征溶蚀相带的分布情况。

综合利用上述技术，在重新处理后的高信噪比二维剖面和三维数据体上，结合地质分析，在苏里格气田探明储量面积内更详细地描述盒8期上河道带的展布。2006—2007年的开发建产，进一步证明这套技术流程能够比较准确地筛选出开发富集区。

4．井位优选（地震）

井位优选技术是指在筛选出的富集区域内，充分利用高精度数字二维地震纵波的叠前信息并结合常规地震的叠后含气性检测信息，预测有效储层，确定井位的技术。

苏里格气田非均质性极强，沿用常规二维地震采集和解释方法预测可以找到砂体，但并不能预测有效储层。因此，提高地震预测含气性准确度是井位优选技术的关键。

经过优化地震采集的系统参数，现场反复试验，摸索出了以数字检波器接收、小道距、大偏移距、高覆盖次数、潜水面以下激发为核心的高精度二维地震采集技术。

采用该技术，可以获得高品质资料，满足用叠前地震资料直接预测气层的条件（AVO），大大提高了地震预测含气性的准确度。同时，坚持"河道带和含气性预测相结合、叠前和叠后相结合"的技术路线，紧紧围绕河道带部署井位。

所建立的一套完整的地震、地质相结合井位优选流程（见图4-9），使Ⅰ+Ⅱ类井比例由评价初期的50%提高到2008年的80%（见图4-10）。

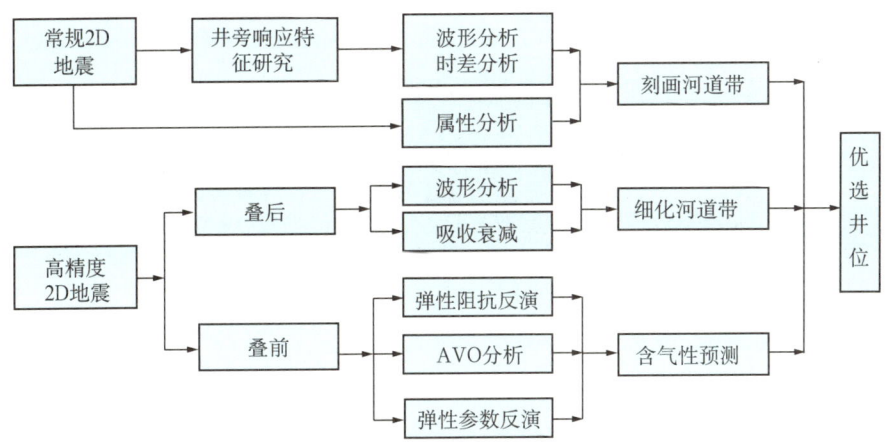

图4-9 苏里格气田井位优选技术流程

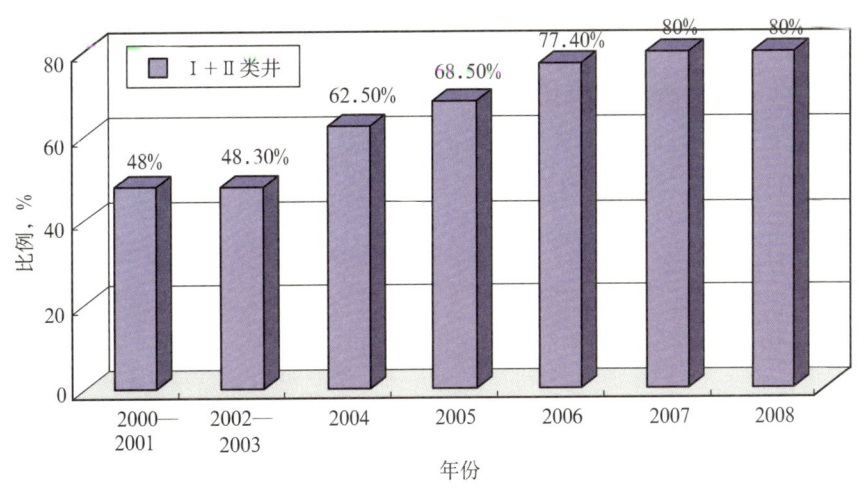

图4-10 苏里格气田历年完钻Ⅰ+Ⅱ类井比例

图4-11是某井利用高精度二维资料进行井位预测的一个典型实例。图中，井点处道集上看到了明显的振幅随偏移距增强的AVO现象，通过叠前反演，在弹性阻抗的交会剖面上井点处具有较厚的气层。

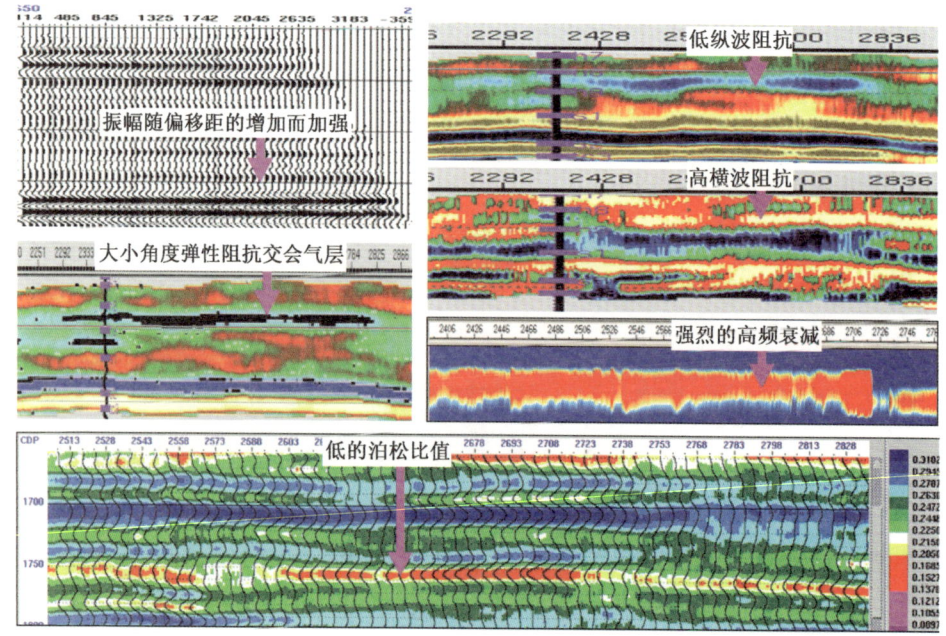

图 4—11 苏 14 井区某井地震钻前综合预测

弹性参数上，横波表现为连续的高阻抗，说明岩性的相对均一，砂岩较厚，而纵波则为明显的低阻抗，泊松比的低值也表明了含气的有利部位。吸收剖面上，也表现为明显高于周围的衰减异常。因此，综合预测该井为Ⅰ类井。实钻结果，该井在盒 8 钻遇砂层厚度 31m，测井解释气层厚度达 15.9m。

2006 年在苏 14 区应用该技术见到了非常显著的效果，完钻井 30 口，Ⅰ+Ⅱ类井 25 口，比例达到 83.3%，大大提高了气田开发的经济效益。

同时，在五个合作区大力推广高精度数字地震，开展叠前有效储层预测。从 2006 年底"5+1"区块 305 口完钻井测井解释的统计结果中，可以看出，Ⅰ+Ⅱ类井比例达到了 77.4%。2007 年上半年产能建设中Ⅰ+Ⅱ类井比例也超过 80%，这说明该技术在气田的井位优选过程中发挥了极其重要的作用。

5. 快速钻井

快速钻井是指集成了 PDC 钻头复合钻井提高钻速技术、井身结构优化技术、国产油套管应用技术、钻井液体系优化技术等而形成的配套钻井工艺技术。

苏里格气田属于非均质性极强的致密岩性气田,开发难度大,开发费用中钻井及井下作业费用占了85%以上。如何降低钻井投入,是苏里格地区能否实现低成本开发的关键,而提高钻井速度是降低钻井成本的最有效手段。

通过PDC钻头个性化设计、井身结构优化、改进钻井液体系等,形成了苏里格地区特色的快速钻井技术,钻速大幅提高,加快了苏里格大气田的开发建设。

快速钻井技术的主要内容有:

(1) PDC钻头个性化设计与机械参数优选。

针对苏里格气田地层的岩性、钻头的力学特点及使用情况,从钻头轮廓、布齿、复合保径、水力平衡设计、扭矩等方面进行了优化设计,形成了非对称刀翼、保径、低扭矩和有利于清洗冷却等特点的PDC个性化钻头(见图4-12),进一步提高了PDC钻头的适应性,提高了机械钻速。

图4-12 渐开式布齿、非对称刀翼PDC钻头

根据PDC钻头厂家推荐的参数范围,通过大量的现场试验,综合考虑PDC钻头切削齿的面、体积磨损以及数学模型的优化,优选出了适应PDC钻头的机械参数(见表4-1)。

表4-1 PDC钻头的推荐参数

钻头	参数	钻压,kN	转速,r/min	排量,L/s
φ241mm	井底造型	10~20	45~90	34~50
	正常钻进	80~140		
	最高钻压	160		
φ215mm	井底造型	10~20	45~85	28~34
	正常钻进	60~120		
	最高钻压	140		

(2) 井身结构优化。

经过反复实践,选择了 $\phi 244.5mm \times \phi 139.7mm$ 二层套管井身结构,同时水泥浆返到最上一个气层以上 300m。既简化了固井工艺,又降低了固井费用。

(3) 复合钻井技术。

现场的施工表明,PDC 钻头不适应延长组底部、纸坊组上部的含砾石层,须用牙轮钻头过渡,形成了三趟钻方案,即 PDC 钻头+牙轮钻头+PDC 钻头方案。为进一步提高钻井速度,采用螺杆钻具+转盘的复合钻井方式,使钻具承受较低的转速,而钻头获得较高的转速,提高了钻头破岩效率。

(4) 钻井液体系优选技术。

根据苏里格气田上古低渗砂岩气层水敏、速敏性强,孔喉细微,黏土含量高,毛细管压力高等特点,优选出了适应苏里格气田储层的有机阳离子聚合物钻井液体系,得到了广泛的应用,取得了较好的保护效果。

快速钻井技术在苏里格气田推广后,机械钻速不断提高,钻井周期不断缩短。2008 年的平均机械钻速达到 22.92m/h,比 2004 年提高 84%(见图 4-13)。钻井周期由开发初期的平均 45 天左右缩短到 2007 年底的 13 天左右(见图 4-14),缩短了三分之二,钻井成本大大降低,取得了显著的效果。2007 年苏 25-36-8 井施工创造出了钻井周期 7 天 1 小时的最新纪录。

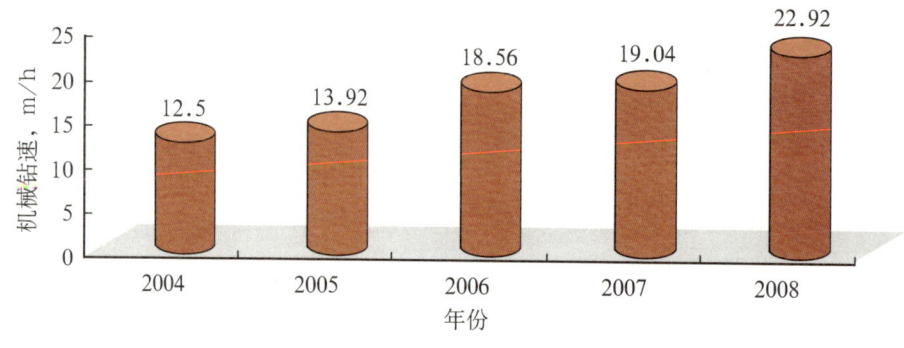

图 4-13 苏里格气田机械钻速

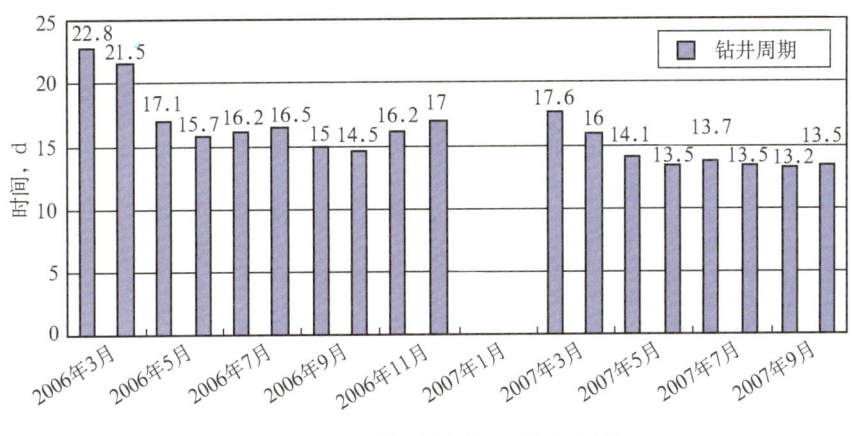

图 4—14 苏里格气田钻井周期

6. 分压合采

分压合采技术是指使用机械封隔器，不动管柱，连续对多个小层进行适度规模压裂、统一排液开采的技术。该技术是致密气田开发的关键技术之一，可以有效提高单井产量。

适度规模压裂是指加砂 $30\sim50m^3$、造缝半长 $100\sim150m$ 的压裂，这是致密气田开发的经典模式。

苏里格地区地质条件复杂，储层物性差，表现出低压低产的特征，生产井投产前必须经过压裂改造。在苏里格气田先后开展了 CO_2 泡沫压裂、大规模压裂、适度规模压裂等一系列技术研究与试验，最终形成了以分压合采技术为主体的压裂改造工艺。

根据 2001—2002 年大规模压裂试验效果分析，大规模压裂并没有明显提高单井产量（见表 4—2），在经济性方面也存在制约。而后调整思路改为适度规模压裂，取得较好的效果。苏里格气田经验参数见表 4—3。

表 4—2 苏里格气田大规模压裂试验数据

井号	储层物性			施工数据			压后无阻流量 $10^4m^3/d$
	有效厚度 m	渗透率 mD	KH $mD\cdot m$	支撑剂量 m^3	砂比 %	排量 m^3/min	
苏 16 井	13.5	0.62	8.39	79.1	30.06	4.587	15.6
苏 16 井	19.5	0.25	4.9	67.3	29.5	5.02	0.89
苏 16 井	11.5	0.64	7.35	84	30.2	4.55	7
苏 16 井	8	0.7*	5.6	97.4	27.7	5.05	3.6
苏 16 井	4.7	0.42*	1.97	72	29.5	5	0.02

注：*为测井渗透率；其余为岩心空气渗透率。

由表 4-2 可以看出，在苏里格气田大规模压裂试验中，增产量与加砂规模无明显的相关性，大规模压裂的效果不一定好。因此，利用大规模压裂沟通多个砂体的预期目标未能实现。

表 4-3 苏里格气田储层改造经验参数

类型	压裂方式	砂量，m^3	排量 m^3/min	砂比 %
I	单层压裂，油套环空压裂（$2^3/_8$in）	35～50	3.0～4.0	≥30
II	分层压裂，油管注入（$2^7/_8$in）	单层 20～30	2.2～2.8	28
	合层压裂，油套环空压裂（$2^3/_8$in）	30—40	3.5～4.5	28
III	分层压裂，油管注入（$2^7/_8$in）	单层 15-25	2.2～2.8	25
	合层压裂，油套环空压裂（$2^3/_8$in）	30～40	4.5～5.5	25

苏里格气田一井多层的现象较为普遍，一般有 2～4 层。从前期苏里格 8 口井 10 井次的产气剖面测试表明，各气层段只要得到充分改造，都会对产量有贡献，次产层贡献率平均为 20.1%（见图 4-15）。从提高单井产量的思路出发，必须提高储层纵向上的动用程度，一次改造多个层系。

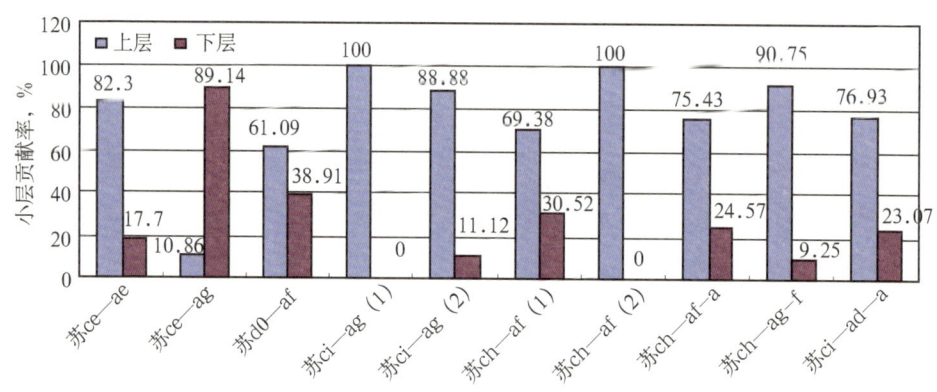

图 4-15 苏里格气田产气剖面测试结果

长庆油田分公司自主研制的可反洗井的 Y241 机械封隔器、分层压裂合层一体化管柱（见图 4-16，图 4-17），成功实现了一次分四层压裂合采。该技术节约了施工时间，减小了对储层的伤害，适应苏里格气田地质特征。

2003—2005 年使用 Y241—115 封隔器开展了 7 口井分层压裂合采试验，取得了较好的压裂效果，平均试气无阻流量 $15.49 \times 10^4 m^3/d$，明显好于前期区块试气结果。其中，苏 d0-a0 井试气无阻流量达 53.33×

$10^4m^3/d$，取得了近几年来最好的增产效果。

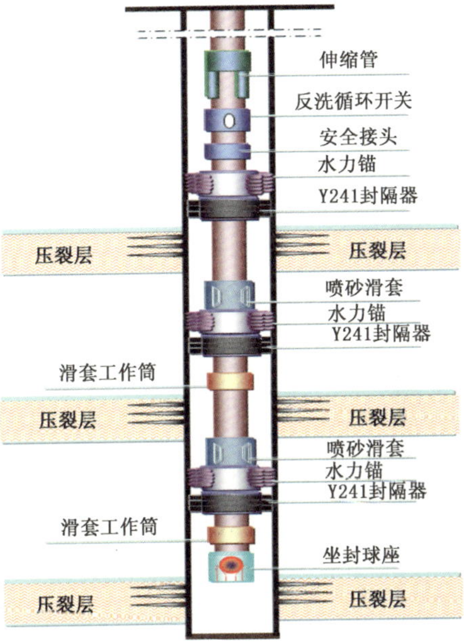

图 4-16　Y241 三封隔器分压合采管柱 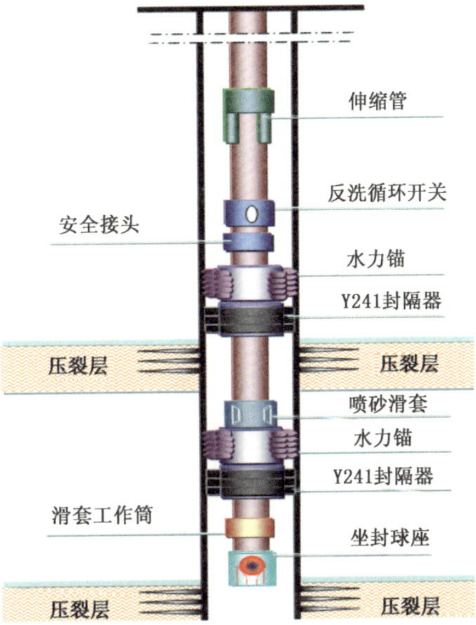　　图 4-17　Y241 双封隔器分压合采管柱

2006 年加大了分压合采技术的推广应用，在苏 ad 井区实施分层压裂井 22 口。其中，分层压裂三层井 12 口，绝大多数井试气产量达到了 Ⅱ类和 Ⅰ类井水平，平均无阻流量在 $10.0 \times 10^4 m^3/d$ 左右，总体试气效果好于预期和前期试气结果。

7. 井下节流

井下节流是指在气井井筒中下入节流器实现井筒节流降压的技术。目的是防止水合物的形成而造成井筒和地面管线的堵塞。该技术是简化优化地面流程的关键技术，是实现中低压集气新模式的技术保障。

苏里格气田因天然气组分、压力等因素，在气井开井初期，井筒及地面管线易形成水合物，加上冬季气温低且持续时间长，气井生产时如果不采用有效措施，水合物堵塞将影响气井安全平稳生产。

井下节流工艺是使用井下节流器（见图 4-18），利用地温加热，使得节流后井口气流温度基本恢复到节流前温度，并大大降低了井筒及集气管线压力（见图 4-19），从而改变了水合物形成条件，达到防止水合物形成的目的，从而有利于解决气井生产过程中井筒和地面诸多技术难题。

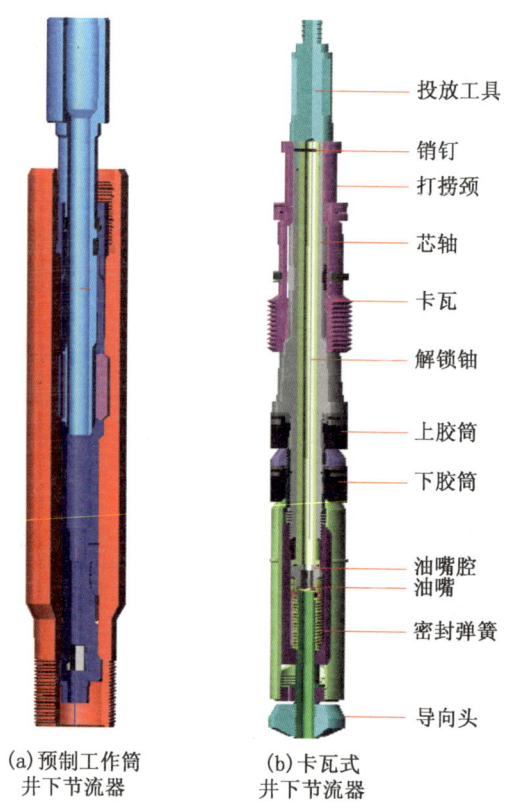

(a) 预制工作筒井下节流器　　(b) 卡瓦式井下节流器

图 4-18　两种井下节流器示意图

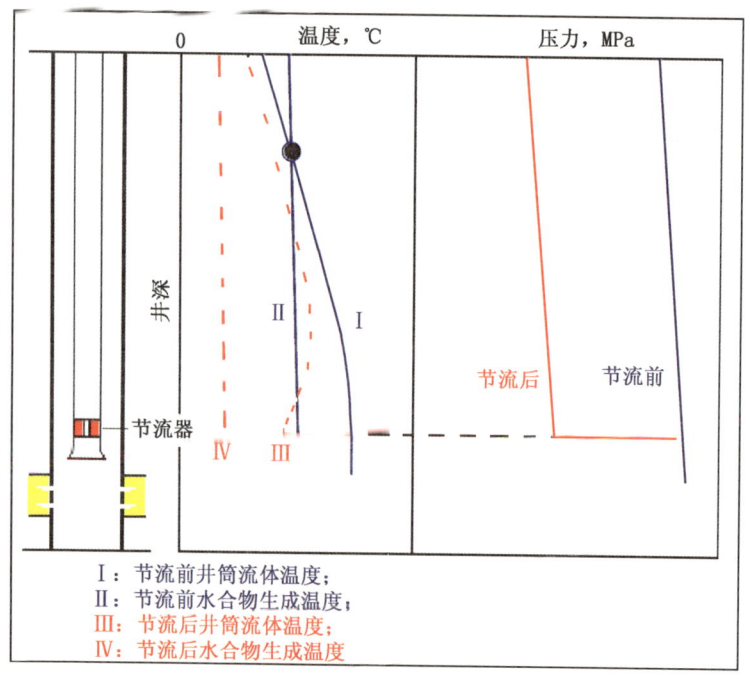

Ⅰ：节流前井筒流体温度；
Ⅱ：节流前水合物生成温度；
Ⅲ：节流后井筒流体温度；
Ⅳ：节流后水合物生成温度

图 4-19　井下节流前后井筒温度、压力剖面

其优点：

(1) 防止水合物形成，提高开井时率。

井下节流技术能提高气井携液生产能力，有效地防止了水合物的形成，气井开井和生产无须井口加热炉，开井时率由以前的67%提高到97.2%。

(2) 实现了控压稳产。

有效防止地层激动和井间干扰，延缓了套压下降，在较大范围内实现了地面压力系统自动调配，提高了开井时率，保护了气层，稳定了生产。

(3) 有利于实现中低压集气。

苏里格气田单井产量低，初期压降速度快，高压生产期短。利用井下节流降压，降低了井口地面集输系统压力，使地面管线运行压力大幅度降低，有利于实现低压安全平稳集气。并且，井下节流器的工作寿命能满足气井的高压生产。

(4) 简化优化了地面流程，降低了成本。

井下节流技术有效防止了井筒水合物的形成，实现了井口不加热、不注醇，集气管线不保温，简化了井间串接等地面流程，同时，中低压集气模式的实现，降低了地面建设运行投资，可使投资降低50%，从而降低了开发成本。

2006年冬，在苏里格气田应用井下节流，成功实现了有效降压、稳定生产的目的。节流后平均油压约3.88MPa，为节流前平均油压19.91MPa的19.51%；开井时率由以前的67%提高到97.2%。

截至2007年底，苏里格气田已投放井下节流器近600口井，95%以上的气井使用了井下节流器。井下节流技术已经成为苏里格气田开发的核心技术。

8. 快速投产

快速投产技术是指完钻井在压裂后，快速排液、快速试气，从而达到快速投产的配套技术，是苏里格气田提高单井产量重要技术之一。

(1) 快速排液。

快速排液是指压裂后尽快地将压裂液返排至地面,以降低对储层的伤害。其主要参数是返排率,是压后排出地面的液体占总进入地层液体的比值。

苏里格气田具有明显的低压特性,储层压力梯度仅为0.87MPa/100m,储层低压给压裂改造带来了诸多问题,突出的一点是地层压力不足导致排液困难,对储层造成伤害。从国外其他气田的开发实践看,排出程度低造成地层伤害是导致压后产量不如人意的一个重要因素。

从2000年开始,针对气层低压、强水锁的特征,围绕降低伤害,开展了有助压裂后排液的一系列试验,探索出了压后快速排液、降低伤害、提高产量的新途径。其主要技术:

①层内助排技术。

根据储层岩性对入井液的润湿吸附特性,在满足与长庆气田现有的压裂液体系相配伍的基础上,测试了多种助排剂在不同温度、不同浓度水溶液及吸附前后的表面张力;评价了不同起泡剂在高温、高矿化度条件下的泡沫体积、半衰期。最终确定了苏里格气田的压裂助排剂、起泡剂。

②液氮助排工艺。

压裂施工时将液氮混合在压裂液中以提高进入地层的液体返排率,是一项有效降低伤害的措施,但须确定这项助排工艺所需要的最合理的伴注参数、最经济的液氮总量。通过对液氮伴注参数和工艺进行优化,形成了苏里格气田前置液液氮伴注工艺:加大前置液液氮伴注比例,比例提高到4.4%~6.3%,加砂过程不伴注液氮,减少液氮总量。

③压后定量控制放喷技术。

压后裂缝内残存压力是保证压裂液诱喷及排液过程的直接动力,为避免出砂和支撑剂回流,压后充分利用井筒周围局部高压反弹力,借助液氮增能辅助作用,及时放喷排液实现诱喷排液。排液初期,采用油嘴控制放喷;排液后期,根据地层压力变化,可采用关井—放喷间歇控制排液。

通过该技术的推广应用,现场试验取得了可喜的效果,压后返排率由原来的30%~40%,提高到85%~90%,有效地降低了压裂液对储层的伤害，满足了储层特征对压裂液"快尽快出"的要求。

（2）快速试气。

快速试气是指压裂后压裂液返排阶段，通过智能旋进漩涡流量计进行产量测试，并结合测井参数、压力恢复速率，从而定性确定气井类别、直接投产的方式。

苏里格气田单井控制的有效储层面积远比一般常规气田的单井小得多，无阻流量随着生产的进行递减较快。因此采用较长时间的一点法测试求得精细的无阻流量意义不大，且由于进行一点法测试时需要在井口安装加热炉和分离器等大型吊装设备，在大量开发井需要测试的时候，给生产组织带来极大的不便。再则苏里格气田以小井距开发，要钻数以千计的开发井，不可能口口井进行常规试气。

基于上述原因，在保证气井合理配产测试精度前提下，开发了简化试气解释图版，提出了简化试气方法，并根据气井测试分类快速投产。

该技术效果显著，主要体现在：

◆ 不用安装加热炉和分离器等设备，减少了生产组织工作量；

◆ 试气时间缩短了三分之一以上；

◆ 减少了放空气量，节约了资源，降低了环境污染。

① 简化试气技术。

简化试气是针对一点法测试求产存在的不足，根据一点法测试求产的模式对它进行优化改进，通过引入智能旋进漩涡流量计进行产量测试。特点是：

◆ 智能旋进漩涡流量计是一种可以集流量、温度、压力检测功能于一体，并能进行温度、压力、压缩因子检测及自动补偿的新一代智能存储流量计，它可以根据不同气流压力下的流量按照公式自动换算成标准状况下的流量，并且，总流量可自动累积；

◆ 流量、压力、温度等参数数字方式显示，使用方便，且读数准确可靠；

◆ 实现了气体带液计量，为测试带来了很大的方便。

在气井压裂之后的放喷排液过程中，只要入井总液量的返排率达到90%以上时，气体中就只含少量的雾化水。此时，可以使用智能旋近漩涡流量计进行井口简易快速求产。

测试时并不需要很多其他的设备和流程，只需在原来的放喷管线上增加一条测试管线，把智能旋进漩涡流量计连接在孔板（或挡板）之前即可。测试流程如图4-20所示。

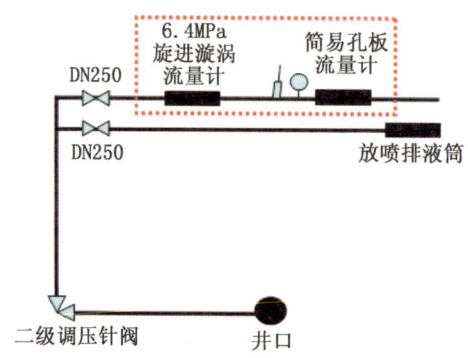

图4-20　排液求产流程图

②根据气井测试分类快速投产。

关放排液油套压变化对气井产能具有较好的指示性。无阻流量的三个产量段（小于$4×10^4m^3/d$，$4×10^4 \sim 10×10^4m^3/d$，大于$10×10^4m^3/d$）与压力恢复速度（$<1.0MPa/h$，$1.0 \sim 2.4MPa/h$，$>2.4MPa/h$）具有较好的一致性，这表明通过压后排液过程中的压力恢复速率判别气井类别是可行的。

综合测井参数、压裂排液后压力恢复速率以及简化试气结果，制订了苏里格气井的综合分类标准（表4-4）。

表4-4　苏里格气田气井分类标准

气井类别	单气层最大厚度 m	累计气层厚度 m	压力恢复速率 MPa/h	无阻流量 10^4m^3
Ⅰ	>5	>8	>2.4	>10
Ⅱ	3～5	>8	1.0～2.4	4～10
Ⅲ	<3	<5	<1.0	<4

利用该分类标准，气井在压裂作业后，无须关井等待井口压力恢复平稳，不再采用一点法求产，而是根据气井静态参数和简化试气结果确定气井类别，并安排管线连接进站直接生产，单井地面采气管线的管径也相应有几个等级：φ48mm、φ60mm、φ76mm、φ89mm，按照产能大小不同采用管径规格相符的管线连接进入干管生产，该技术创建了适合苏里格气田的快

速投产方法。

2006—2007年大部分气井投产前均未采用单点法求产,而是通过快速产能评价技术直接进站生产。从现场实际生产情况来看,按照气井分类进行初期配产,新井投产后生产较为平稳,两者吻合率达到90%以上。

快速产能评价技术既简化了测试过程,也节约了宝贵的资源,若按照平均单井放空（8～10）×10^4m^3天然气计算,500口已投产新井节约气量超过4000×10^4m^3,真正实现了经济有效开发。快速求产流程与原流程对比图见图4-21。

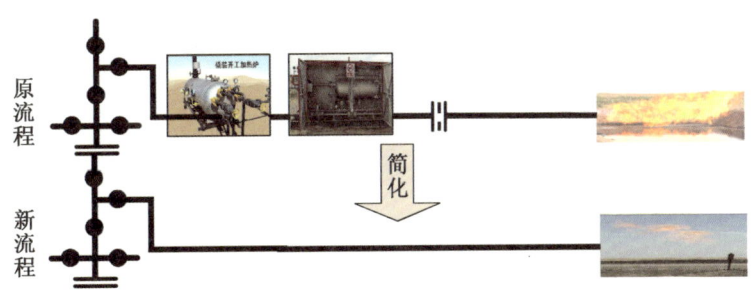

图4-21 快速求产流程与原流程对比图

9. 地面工艺

地面工艺是指从井口到处理厂间的地面集输工艺技术。

苏里格气田地面工艺技术,通过大量试验和不断的改进完善,从"保证安全、降低投资、提高效益"的目标出发,形成了"井下节流,井口不加热、不注醇,中低压集气,带液计量,井间串接,常温分离,二级增压,集中处理"的"三低"气田地面集输总流程,是继四川气田（单井中压集气工艺）、长庆靖边气田（多井高压集气工艺）之后的第三种气田地面工艺模式。其主要技术:

（1）中低压集气工艺技术。

即为"井下节流,井口不加热、不注醇,中低压集气,带液计量,井间串接,常温分离,二级增压,集中处理"的工艺技术。

集输系统从井口到集气站得到了彻底简化,优化了集气工艺,简化了集气流程。井口既没有加热炉,也没有注醇系统,井口及采气管道均不需要保温。图4-22是苏里格气田集气工艺模式图。

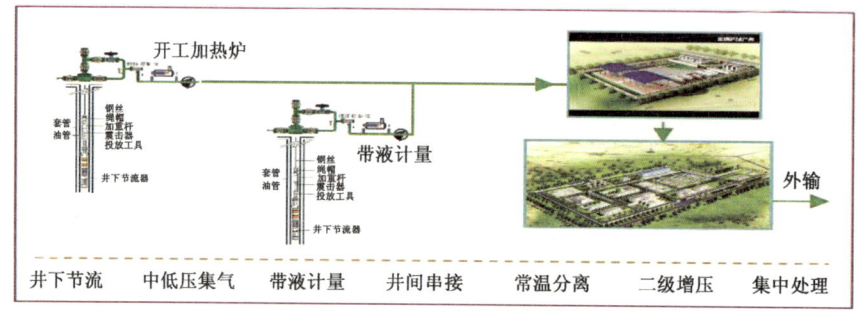

图 4-22　苏里格气田中低压集气工艺模式图

（2）多井单管串接集气工艺技术。

就近插入放射状采气管网，指的是单井到采气干线管道采用就近插入方式接入采气干线管道，采气干线管道呈放射状进入集气站（见图 4-23）。

井间串接放射状采气管网，指的是采气干线管道呈放射状进入集气站，单井先与临井串接，再接入采气干线管道（见图 4-24）。

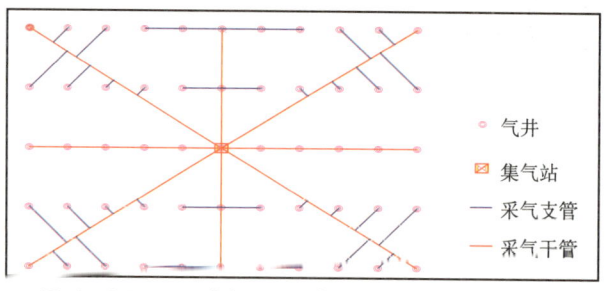

图 4-23　就近插入放射状采气管网示意图

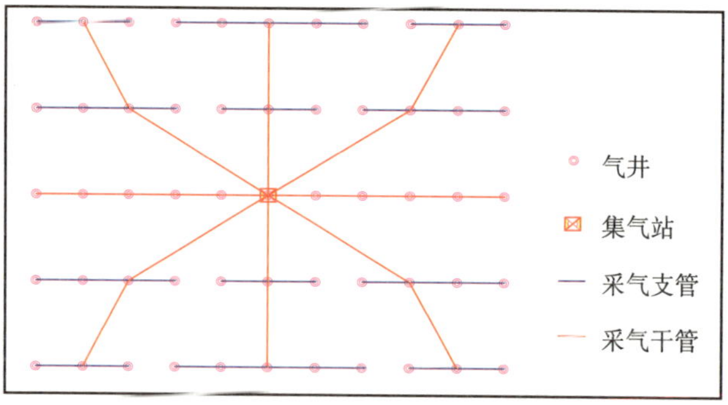

图 4-24　井间串接放射状采气管网

通过对采气管网串接形式的就近插入放射状采气管网和井间串接放射状采气管网比较，后者采气干管上开口少，且串接全在井场完成，接入新井不会影响采气干管正常运行，适应苏里格气田滚动开发。所以一般采用井间串接放射状管网。

四、低渗透气田技术创新

苏里格气田井数多、井距小,通过采用多井单管串接集气工艺,简化了井口到集气站的集气系统,节省了采气管线。一般串接气井数为 8~10 口,集气站辖井数量一般为 50 口左右,大大减少了采气管线总长度,增加了单座集气站的辖井数量,降低了管网投资,提高了采气管网对气田滚动开发的适应性。

苏 14 井区使用井间串接工艺后,与 2003 年 10 口加密井相比较,平均单井管线长度减少 36%,平均单井管线投资节约了 32%。图 4-25 是苏 14-1 站单井管网图。

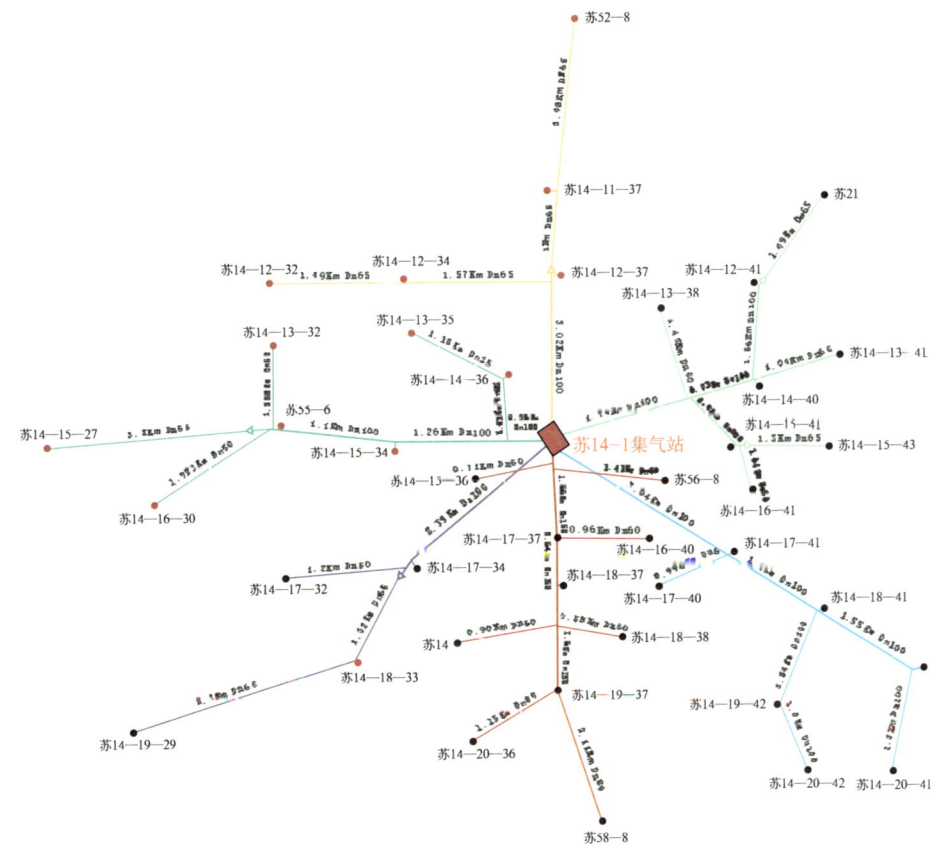

图 4-25 苏 14-1 站单井管网

2006 年,该工艺技术在苏里格气田产能建设工程中得以成功应用,已建成天然气年生产能力 $10 \times 10^8 m^3$,平均单井地面建设投资与同类型气田相比下降了 50%,生产气井平稳过冬,单井集气部分投资成功控制在 200 万元左右。

苏里格气田"中压集气、井间串接、集中增压"的集气模式能耗为

$0.21t$ 标煤 $/10^4m^3$，低于临区靖边气田采用的"高压集气、多井加热、小站脱水、集中净化"模式 $0.23t$ 标煤 $/10^4m^3$ 的能耗水平。

10. 定压生产

定压生产指在较长时间内、保持相对稳定的较低生产压差的产气方式。是苏里格气田保持高产稳产的有效技术之一。

一般气田的稳产是靠控制单井产量、保持单井稳产，从而由单井的稳产来实现区块的稳产和全气田的稳产。而苏里格气田砂岩发育，但有效砂岩非均质性强，横向变化大，厚度较薄，在垂向上分布也比较分散，试气、试采过程中气井产量低、地层压力下降快，关井后压力恢复慢，投产后只能在低压条件下生产，无法实现单井稳产。

苏里格气田各区块井口压力下降较快，部分Ⅰ、Ⅱ类气井平均井口压力降至 $10\sim12MPa$，后期稳产形势严峻；Ⅲ类井普遍存在井口压力低、气井产量低、产水、开井时率低等问题。

为了确保区块稳产，提高气田采收率，必须坚持"控制压差，适度稳产"的生产制度，即"定压生产"。要对气井分类管理，严格控制气井初期配产。在苏里格气田，单井产量保持 $2\times10^4m^3/d$ 以上，单井压降速率在 $0.02MPa/d$ 以下，套压 $15MPa$ 左右，长期稳产的井才可以称为相对高产井，才能适度提高产量生产。除此之外，按照井的分类配产确定井下节流器截流嘴大小，一般Ⅰ类井 $2.8\sim3.5mm$，Ⅱ类井 $2.5\sim3.0mm$，Ⅲ类井 $1.8\sim2.5mm$。对Ⅲ类井可以夏季生产冬季关井，部分Ⅰ类井夏季关井，冬季生产调峰，确保稳定生产。

定压生产是苏里格气田保持高产稳产的有效技术之一。

11. 标准化建设

标准化建设是指对井站流程、建设内容、建设规模、建设标准等进行归纳总结的基础上，通过统一工艺流程、关键设备定型、装置模块划分、工厂适度预制、现场快速组装等手段，形成标准化、规范化、系列化的设计和施工方法。主要包括标准化设计、模块化建设、标准化预算、规模化采购。

苏里格气田气井单井产量低、井数多，气田建成后，将有10000余口井和百余座集气站。这样大的规模，这样复杂气田的地面建设，在国内外没有可以借鉴的成功先例。

为了最大限度节省设计时间、方便材料和施工组织，提高建设效率、质量，在苏里格气田的开发中创立了"标准化建设"大型气田的模式。

（1）标准化设计。

是指根据井站的功能和流程，设计一套通用的、标准的、相对稳定的、适用于地面建设的指导性和操作性文件。其主要内容：

①统一工艺流程；

②统一井、站布局；

③装置模块划分；

④工艺设备定型；

⑤统一安装尺寸；

⑥统一安全环保措施；

⑦统一道路建设标准；

⑧统一井站标识。

通过标准化设计工作，图纸复用率达到95%以上，以深度简化优化为设计重点，形成了《苏里格气田地面标准化设计规定》，实现了设计水平、建设水平、管理水平的全面提升。目前已在苏里格气田全面推广应用（图4-26、图4-27）。

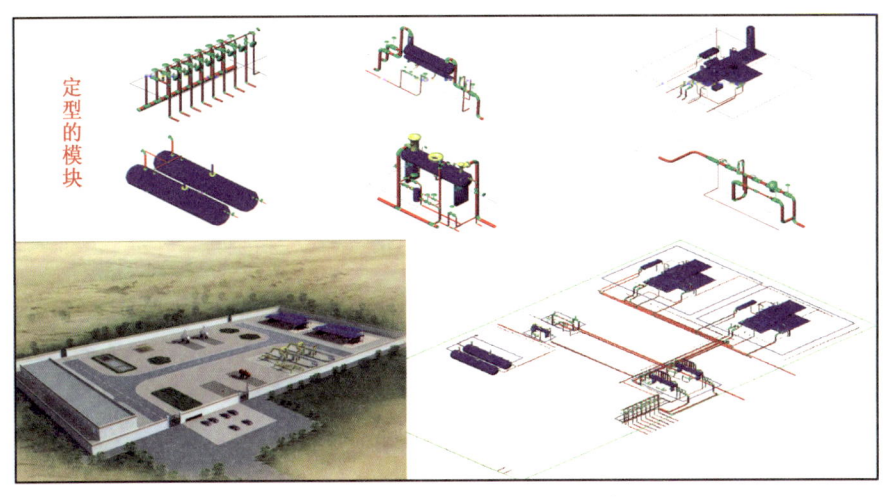

图4-26　标准集气站设计示意图

图 4-27　标准化井场

在 2008 年 10 月召开的 "中国石油油气田地面工程标准化设计" 现场会上，长庆油田的标准化设计工作作为示范性工程，受到充分肯定。

（2）模块化建设。

是指通过对油气站场各个工艺环节的划分，对不同的单体设备、不同规模的处理模块进行定型设计，通过分项预制、组件成模和现场拼装等方法进行施工（见图 4-28）。主要包括：

①组件预制工厂化：建立模块化预制工厂，按照标准设计划分预制模块，改善作业条件，实现自动化和机械化工厂作业。

②工序作业流水化：按照施工工艺合理组配流水工序，形成工序衔接，流向顺畅，使操作简捷、高效、可靠。

③过程控制程序化：编辑程序化过程控制文件，健全组织机构，职责明晰、流程顺畅、规范操作、统一标准、统一标识。

④模块出厂成品化：组件装配成便于运输的最大模块出厂，转运方便，产品系列化，互换性强。

⑤现场安装插件：模块在现场以插件形式安装，现场作业量小，适应快速建站需要，便于维护抢修。

⑥施工管理数字化：统一数据模型，整合项目管理系统，满足施工

过程数据的可追溯性及标准规范要求。

图4—28 模块化设计与模块化组件

模块化建设的优势在于：

①保证质量：工厂预制组件、模块，作业环境好、检测手段完备，质量可靠；

②提高速度：流水线作业，现场安装工作量少，加快建设进度；

③降低成本：规模采购、批量预制，确保成本有效控制。

通过模块化建设，实现了全天候施工作业，使集气站工艺安装时间大大减少，现场作业时间由40多天缩短到20天以内，工期减少50%，站内作业天数可减少60%，建站周期由原来的三个月缩短到现在的50天。

(3) 标准化预算。

核心是以单井为基础的造价体系，形成站外管线、井口等268项综合预算指标和各类站场标准模块预算指标，构建计价体系数据库，调用数据库中不同的模块化预算进行组合就形成一个站场的投资。标准化预算突破了"按图算量、按量套价"，简化了编审程序，提高了效率。通过实施标准化造价，使标准化造价指标涵盖了气田地面建设工程60%以上的投资，同口径测算比实施前降低成本4%～5%。

(4) 规模化采购。

指在设备选型定型、开发部署、投资运行计划的过程中，实行规模化系列化采购，以简化流程、缩短周期、降低投资。通过规模化采购，在市场价格变化幅度较大的情况下,共节约采购资金 1.87 亿元,同比缩短供货周期 15～25 天。

标准化建设,在管理层面上优化了业务流程、明晰了工作界面、明确了权责关系,使管理工作实现了沟通及时、运行通畅、便捷高效;在操作层面上规范了操作顺序、规定了控制要点、明确了操作参数、指明了注意事项,使运行操作更加规范、安全、环保。

标准化建设实现了设计、建设、管理水平的全面突破,达到了:

①两适应:适应了大规模建产的需要;适应了滚动开发的需要。

②两提高:提高了生产效率。苏里格气田在 2008 年新建集气站安装施工工期由原来的 45 天降低到 14 天,总体有效工期由原来的 111 天降低到 60 天。处理厂建设周期由 14 个月降低到 9 个月;提高了建设质量。已建场站合格率达到了 100%,优良率达到了 92%。

③两降低:降低安全风险,降低了综合成本。

④三有利:有利于均衡组织生产;有利于以人为本;有利于 EPC 模式推广。

实行标准化建设后,解决了制约苏里格气田规模建设的瓶颈问题,实现了质量、速度、安全、效益的统一,促进了建设目标的全面实现。

12. 技术集成

技术集成即从工艺技术角度,针对鄂尔多斯盆地气藏的地质特点和开发技术难题,采用集成创新的方法,解决制约气田开发的技术难题。

技术集成创新,不是简单的"拿来"技术,堆积各种现有技术的过程,而是对现有技术进行试验完善、功能优化的过程,同时采用分析、筛选、集成、系统优化的方法,使现有技术不断改进、提高,以适应于鄂尔多斯盆地气藏实际的开采方法。

(1)苏里格气田。

苏里格气田不仅是一个世界级的气田,它的开发也是一个世界级的难题。在开发之初面对一系列的技术困难:

①有效储层难以识别,井位优选难度大;

②单井控制储量少,经济有效开发难度大;

③新工艺、新技术试验未达到预期效果；

④储层非均质性强，缺乏类似气田开发经验。

为了实现苏里格气田规模有效开发，紧紧围绕"Ⅰ+Ⅱ类井比例达到80%"和"单井综合成本降低到800万元以内"两大目标和寻求"适用、简单、低成本"开发技术的原则，在实践中对其进行检验、分析、筛选、改进、优化、集成，形成了三个开发配套技术系列：

①气藏工程系列：富集区筛选技术；

井位优选技术；

滚动建产技术；

稳产接替技术。

②钻采工程系列：快速钻井技术；

井下节流技术；

分压合采技术；

快速投产技术；

排水采气技术。

③地面工程系列：增压开采技术；

井间串接技术；

远程控制技术；

分类管理技术。

在这些技术中，每一项技术又集成了多项技术。如井位优选技术，首先集成了常规二维、三维地震技术，二维、三维多波多分量技术，VSP地震技术，高精度二维地震技术，高精度二维数字地震技术，在上述多种采集、处理技术基础上，对传统的二维地震技术进行了改进，从预测砂体到预测有效储层，逐步发展形成了以大偏移距、高覆盖次数、潜水面以下深井激发的高精度二维数字地震技术为基础的井位优选技术。

在技术集成创新过程中，采用了反求技术创新的方法。科技人员首先从经济有效开发苏里格气田的"两大目标"出发，确定技术攻关的目标，然后根据"安全可靠、运行稳定、成本低廉、绿色环保"的要求，反求技术创新，再进行针对性试验，对现有技术进行改进、提高、系统优化，反求技术创新取得了重大突破。在开发前期，常规技术、新技术都不能够有效解决苏里格气田开发的技术难题，出现了"三维地震和二维地震效果一样、大规模压裂和小规模压裂效果一样、水平井和直井效果一样"的技术困境。通过技术集成创新，新技术适应了苏里格气田开发的需要，解决了苏里格气田开发技术难题。井位优选技术从传统的选择砂体到选择有效储层；钻井技术从传统的钻井工艺发展到PDC钻头快速钻井；储层改造从集中压裂主力层发展到分压合采；井下节流从传统的防治水合物发展到地面简化；地面建设从传统的建设模式发展到适应苏里格气田标准化建设的模式。这些特色技术，都是技术集成创新的结果。

技术集成，使多项经过检验的单一技术产生了"1+1>2"的效果，形成了适合苏里格特点的实用、先进的配套技术系列，犹如一套组合拳，大大加快了苏里格气田开发建设的步伐。

（2）靖边气田。

靖边气田坚持科技创新，在6年前期评价及先导性试验和2年探井试采基础上，发展形成了实用有效的碳酸盐岩气藏开发6项适用配套技术：

"碳酸盐岩非均质储层评价技术"、"低渗透碳酸盐岩气藏产能评价技术"、"高产富集规律及开发井位优选技术"、"下古气藏开发方案优化设计技术"、"低渗透碳酸盐岩储层气井增产工艺技术"、"靖边气田地面集输工艺技术"。

经过5年产能建设，钻井成功率大于80%，形成年产$55\times10^8m^3$天然气生产规模，截至2007年底累计生产天然气$358\times10^8m^3$，已稳产7年。新技术的推广应用，使靖边气田的年生产能力从1997年的$4.3\times10^8m^3$发展到2007年的$55\times10^8m^3$，天然气年处理能力从1999年的$24\times10^8m^3$上升到2007年的$71\times10^8m^3$，年外供气量从1997年的$0.93\times10^8m^3$到2007年突破$50\times10^8m^3$大关，管理范围从当初的几口探井扩展到现在两个大气田的600多口气井，建成集配气站87座、天然气净化厂3座，采集输管线总长达3500多千米。

（3）壳牌榆林（长北）气田。

榆林（长北）气田属于低孔、低渗、低压的岩性气藏。沉积特征为三角洲平原辫状河下切河谷沉积，天然气探明地质储量$996.8 \times 10^8 m^3$，作业者是英荷壳牌公司。储层低渗透率导致阻流带的存在，常规的垂直井因产能过低而明显不适用于榆林（长北）气田开发，通过技术集成形成了多分支水平井可以有效降低垂向阻流带对气体流动的阻碍。且水平井与压裂后直井的产量对比，初期产量为3～4倍，最终采收率约为3倍，而投资不到2倍。由此形成了榆林（长北）气田开发的主体技术，实现了该气田的有效开发。截至2008年已形成$30 \times 10^8 m^3$的能力。

苏里格、靖边、榆林（长北）气田的开发技术集成，是对开发系统不断调整、不断优化的过程，并不是特别强调局部技术的先进性，而是强调整体的优化，强调"短板理论"中短板的改善，例如苏里格气田十二项配套技术的集成，智能化生产管理系统的集成，都是发挥"1+1>2"的效应，因此要实现长庆气田的有效开发必须坚持技术集成、技术组合。

> **边栏1：开拓者**

苏里格，蒙语，意为"半生不熟的肉"，也释为大地的"心脏"或"肺"。但是，汉语直读，仅字面理解，是个相当"雅"的名字，着实令人赞慕。

苏里格，位于美丽的鄂尔多斯大草原，是一块神奇的土地，是一块有许许多多可歌可泣故事的地方。成吉思汗、卫青、霍去病、李广、岳飞以此为疆场，金戈铁马，驰骋四方，留下了神话般的千古传奇。焉脂、王昭君、蔡文姬留下了血泪般的千古美谈。

苏里格气田，就在鄂尔多斯大草原。1999年钻探了苏2井，2000年在苏里格地区中部钻探成功了苏6井，获日产$120\times10^4 m^3$无阻流量，从此发现了苏里格大气田。接着以"悠悠万事，唯此唯大"的气魄，集中油田人力、物力、财力，迅速扩大勘探成果。

2001年1月20日，中国石油天然气股份有限公司在北京举行新闻发布会，宣告中国陆上第一大气田——苏里格在广袤的鄂尔多斯盆地诞生。2002年度获国家科技进步一等奖，国家科技部在北京召开新闻发布会，专题向海内外媒体介绍苏里格大气田勘探获重大突破。2003年探明地质储量$5337\times10^8 m^3$，是国内最大的整装天然气气田。

但是，开发初期遇到了前所未有的困难。被认为是"世界级的开发难题"，被看作是"烫手的山芋"。问题的关键难就难在"低渗、低压、低丰度"。一时成为负面议论的话题等。使苏里格开发难以为继，被搁置了三年。苏里格成了塞北的孤雁，沙漠中的骆驼。苏里格背负沉重，其"场面"可想而知，其心情也难以言表。但这是常有的事，不足为怪，这是我们文化的不光彩面。当时，志士仁人，都如履薄冰，诚惶诚恐，夜已深，会继续，感慨之余，我曾在靖边说过一段话，"苏里格啊！苏里格，你的'名字'很'雅'，苏里格草原也很漂亮，但你是带刺的玫瑰，是漂亮的女人不贤惠"。可见心情之沉重。

2005年，中国石油睿智果敢的决策者，以其敏锐的洞察力和判断力，决定以市场配置资源，走科技、低成本开发之路。而后，经过几年不懈的努力，确立了"数字化、信息化、标准化、市场化"工作目标，形成了"5+1"、"六统一"、"三共享"管理体系，配套了十二项适用新技术，使苏里格开发大见成效。

现在看来，苏里格气田开发大放异彩，"带刺的玫瑰是漂亮的，漂亮的女人是贤惠的"。虽然玫瑰有刺，漂亮女人也有歹毒之人，但苏里格如亭亭玉立的漂亮少女，正在展现她那婀娜多姿、风姿绰约的无穷魅力。

古往今来,大凡要干成一件事,并不易。苏里格的成就说明,一是关键要有明白人,会干事,能干成事。苏里格开发就有这么一批人,关键的关键是组织者是明白人,而且是创造者。二是市场配置资源,按经济规律运作,不逆规律而为,一切事都会顺理成章。三是组织重点技术攻关,提高单井产量,推广适用新技术、新工艺、新材料、新装置。四是全过程低成本开发,不动摇、不后退。这就是苏里格开发的成功之道。

2007 年,苏里格气田累计探明天然气 $1.1 \times 10^{12} m^3$,是名副其实的中国第一个超万亿立方米特大型气田。当年苏里格气田年生产天然气 $17 \times 10^8 m^3$,日产量突破 $1000 \times 10^4 m^3$。2008 年天然气产量将达到 $45 \times 10^8 m^3$。2010 年将实现年产 $100 \times 10^8 m^3$。苏里格气田是个宝,也难得,来之不易,要珍惜,要呵护!我预言在不远的将来,苏里格气田将实现年产 $200 \times 10^8 m^3$ 宏伟目标,将令世人更为振奋!

但是,苏里格气田属于典型的"低渗、低压、低产"气田。必须坚持"依靠科技,创新机制,简化开采,走低成本开发路子"。实现整体、规模、效益开发,始终是苏里格大气田开发要坚持的方向,而且毫不动摇,坚持到底。

鄂尔多斯盆地是个大型沉积盆地,有 $37 \times 10^4 km^2$,沉积层厚度达 $5000 \sim 6000m$,肯定是个大油区、大气区。天然气资源特别丰富。据专家推算,鄂尔多斯盆地上古生界,煤系气源岩产气量就达 $484 \times 10^{12} m^3$,排烃释放量达 $155 \times 10^{12} m^3$。所以鄂尔多斯盆地天然气资源量,远远不是中国石油第三次天然气资源评价的 $10.7 \times 10^{12} m^3$,而应是像一些专家预言的那样:上古 $10 \times 10^{12} m^3$,下古 $10 \times 10^{12} m^3$,煤层吸附 $10 \times 10^{12} m^3$;如果决策得当,技术对路,极有可能建成中国 21 世纪最大的天然气生产基地,而苏里格大气田可能只是其中之一,那时将会令国人更为惊喜!

我在鄂尔多斯盆地工作了 34 年,我有这个信心。冉新权、李安琪编著的《苏里格气田开发论》一书出版,是这一开发成果的初步结晶,我表示诚挚的祝贺!品读此作,情味难尽,感慨之余,用何志新教授近读汉史赋诗一首,作为我应约为此书作"序"的结束语,"将军功业固难封,至今陇上杏留名。二师先生凭侥幸,毕竟李广是英雄。"

历史是公正的,时间是公平的,"只有付出才有可能成功",这是真理。苏里格气田开发大会战的开拓者和开发者才是真正的英雄!作为石油人能为中华民族伟大复兴助一臂之力!不失作为中国人的骄傲!

边栏2：天然气时代

全球变暖、环境污染，主要是二氧化碳排放造成，而排放的始作俑者主要是煤炭和石油，其主角又是发电厂和汽车所为。

特别是煤炭，在全球就技术而言，基本停留在19世纪水平。其污染给社会造成了沉重负担，使社会、环境和经济成本上升。有人估计其成本影响不亚于两次世界大战和美国大衰退的影响。

全球石油储量自然递减，需求连续十年增长，从而导致价格不断上升，加剧了地缘政治的冲突，促使经济收缩，造成社会不稳定。

能源对经济的影响不是中性的。中国重新"和平崛起"的关键和成败，取决于能源，取决于能源的替代和转换。

用美国学者罗伯特话说，全球天然气时代仅仅处在萌芽时期，石油已进入了后石油时代（我不同意他的看法）。中国能源以煤炭和石油为主，转为更清洁、更环保和分子结构更简单的天然气时代已是大势所趋。

人类社会的进步，都伴随着能源的更替和转换。木柴造就了农业文明；煤炭造就了工业文明；石油成就了现代文明；天然气将有可能成就信息社会文明。也就是说，能源由高碳（煤炭）向中碳（石油）发展，再向低碳（天然气）发展，最后发展到无碳（氢气）时代。

目前，煤炭还是中国的主要能源。煤炭的核心是如何解决污染问题，减少二氧化碳排放，而二氧化碳排放，根本的问题是解决二氧化碳的捕集和储存的技术问题。

石油是个资源和地缘政治冲突问题。价格上升主要是需求旺盛、政治因素、大国利益以及投机商操作的结果。

天然气时代最大的问题，仍然是个资源问题。但也有人估计，有煤炭的地方就有天然气，有石油的地方也有天然气，而有天然气的地方不一定有煤炭和石油。所以天然气比煤炭和石油加起来的总和还要多。因此，天然气比石油更丰富。石油和天然气不是同一个概念。

近十年来，全球找到了37个大气田，是找到大油田的3倍多。目前发现和估计的天然气储量是石油的5倍多。一个现象，天然气在地球上已自然冒了800多年，说明十分丰富。

还有人说，天然气可能不是生物起源的，也就是无机生成，甚至可以再生。页岩气更丰富。在可以预见的将来，天然气将供应全球80%的能源。

宇宙物质主要以固体和液体形式存在。地球里面的水和石油全部抽

四、低渗透气田技术创新

出来，与气体比只是一个液滴。而巨大的地球（固体）里被气（天然气）充满。地球外被氢气环绕，氢气在空气中占90%，在水中和石油中占70%。

从盘古开天地，固体燃料（木柴、煤炭）延绵几千年，液体燃料（石油）把人类过渡到"现代社会"，天然气燃料（包括氢气）将把人类带进"能源气体"时代。有可能在人类历史上首次将人类文明过渡到未来数千年完全可持续发展的状态。

中国石油天然气集团公司总经理蒋洁敏说："中国天然气工业刚刚开始"。目前，天然气储量和产量，与国家需求相比还很小，类似"香水"，用上了就像吸"鸦片"，"戒也戒不掉"，与石油完全不一样。

中国很快将出现：天然气工业上下游协调发展的新局面。

边栏3：国家十大科技进展

2003年1月中国科学院和中国工程院568名院士投票评选"振邦杯2002年中国十大科技进展新闻和世界十大科技进展新闻"揭晓。

《科学时报》1月26日讯（记者李占军）由中国科学院学部联合办公室、中国工程院学部工作部、科学时报社共同主办，宋健、路甬祥、徐匡迪等568名中国科学院和中国工程院院士投票评选的'振邦杯2002年中国十大科技进展新闻和世界十大科技进展新闻'今天在北京揭晓。中国科学院院长路甬祥院士和中国工程院院长徐匡迪院士分别对世界和中国十大科技进展进行了精彩点评，并回答了记者的提问。"

2002年中国十大科技进展新闻是：

一、我国科学家率先绘制出水稻基因组精细图和水稻第四号染色体精确测序图；

二、"神舟"3号、4号飞船发射成功；

三、我国发现首个世界级大气田探明储量六千多亿立方米；

四、三峡工程导流明渠截流成功；

五、我国第三代移动通信系统研制成功；

六、我国已初步掌握当代CPU关键设计制造技术；

七、浙江农科院培育出世界上含油量最高的油菜新品系；

八、"神光二号"巨型激光器研制成功；

九、北大医学部科学家初步揭开人类细胞衰老之谜；

十、联想推出首台实测速度超过万亿次计算机。

两院院士评选中国十大科技进展新闻和世界十大科技进展新闻活动，至今已举办九届。本次有568名两院院士参加投票，为历年参加投票院士人数之最。为了使评选结果更加科学，本次评选活动又从三个方面做了改进，一是在《科学时报》上连续三次刊登启事，向两院院士、科技人员、科技新闻工作者征集中国、世界科技进展候选新闻；二是扩大候选新闻的范围，从过去的20篇增加到30篇，也就是由二选一改为三选一；三是采用分学科加权计分法，即本学科院士对本学科项目投一票计3分，对其他学科项目投一票计1分。

开展两院院士评选中国和世界十大科技进展新闻活动，目的是盘点一年来的国内外重大科技进展，让公众了解科技发展的动向，普及宣传科技成果。每年的评选结果经新闻媒体广泛报道，在社会上产生了积极反响。

新闻发布会由中国科学院副院长陈宜瑜院士主持，中国工程院副院长王淀佐院士宣布了评选结果。中国科学院院士张存浩、闵恩泽、朱道本、李德生，中国工程院院士李国杰、威发、甄永苏，中国科学院副秘书长白玉良等也出席了新闻发布会。大连振邦集团董事长周建良在新闻发布会上发言。

新闻发布会上还向入选项目单位颁发了"2002年中国十大科技进展振邦杯"。

出席新闻发布会的还有两院办公厅和两院学部有关负责人，国家计委、国家经贸委、科技部、中国科协、中国高等教育协会等有关部委、高校以及联想集团、中科集团、中科软件等高科技企业负责人，入选项目单位代表，以及60多家海内外新闻媒体的记者。

中国工程院院长徐匡迪院士在评点中国十大科技进展时，对苏里格大气田的发现给予了极高的评价："要实现全面建设小康社会的目标，能源瓶颈必须突破。我国工程科技人员在内蒙古伊克昭盟发现的大气田探明储量达6000多亿立方米，足够上海用几百年，将为我国开展大规模工业化建设提供强劲'动力'"。

五、低渗透油气田管理创新

1. 主体观点

解放思想、实事求是,一切从实际出发。

人类的生产活动是最基本的实践活动。

创新是管理的灵魂。

人是管理的永恒主体。

管理不是越复杂越好,而是越简单越好。

管理的最高境界是简单。

世间一切事物和一切过程原本是简单的。

聪明的人把复杂问题简单化,愚蠢的人把简单问题复杂化。

解决复杂问题的最有效办法,就是简单化。

往往最简单的方法,恰恰是最好的方法。

一切从简。

以"简"为纲。

以"小"为美。

由简单到复杂,再由复杂到简单,再由简单到复制推广。

没有控制,组织就不起作用。

全控网络管理是通过广义性的管理组织网络,分重点、次重点和一般,对企业生产过程进行有效的管理。

减少了管理层次，缩短了中间环节，提高了管理幅度。
　　资源整合互联互动，实现跨资源和跨地区大协作。
　　尊重人的价值就是要爱人和关注人。
　　创造人人都心情舒畅的工作环境。
　　人的自我价值必须通过企业价值来体现。

　　人与人在许多方面是有区别的，其中一个微妙的区别是：聪明的人把复杂问题简单化，愚蠢的人把简单问题复杂化。问题复杂化会增加管理的成本，问题简单化肯定会降低成本。

　　世间一切事物和一切过程原本是简单的，不知什么时候被搞复杂了。其实，管理也并没有那么复杂。企业发生的一切问题实际上都是管理的问题。解决复杂问题的最有效办法，就是简单化。管理不是越复杂越好，而是越简单越好。管理不在于形式，而在于内容，也就是说管理的关键不在于知而在于行。

　　管理实际就这么简单。只有简单了才能和谐。现实生活中，往往最简单的方法，恰恰是最好的方法。而简单绝对不意味着单纯，也不意味着没有深度，真正的简单是卓越的极致。从某种意义上讲，简单就是力量，简单就是效益，简单就是革命。深奥的管理不利于员工有效地执行，反而使员工无所适从。

　　当然也要重视管理的环境建设。软实力和硬环境都相当重要，缺一不可。有些人往往把管理当作控制，恰恰相反，管理不是完全意义上的控制，而是启发和引导人们，如何自觉地在经营活动中充分体现自己的价值，形成一个高度自觉的挂档机制，这才是最佳的。作为管理者，应该是素质高、思想活、知识杂、反应快，做任何事情，要做实而不要作秀。

　　现代社会有一个不争的事实：所有的高科技产品，如家用电器、互联网、手机、大型尖端设备等，其操作程序都是傻瓜式的，也就是简单的操作。

　　最后，对领导有一个小测验，如果你把一个简单的问题越搞越复杂，那你肯定是个愚蠢的人。

简单！管理的最高境界。

2. 全控网络管理论

"全控网络管理论"，是大型企业管理工作的新经验，是中国特色的企业管理理论的新探索。

"全控网络管理论"，是指对企业所从事的一切活动实施全方位的有效控制。具体地讲，就是通过广义性的组织网络，分重点、次重点和一般，对企业生产过程进行有效管理，使企业生产经营活动整体达到企业目标设置的最好效果。

"全控网络管理论"，核心是管理理论的"新五论"，即管理系统论、管理控制论、管理信息论、管理社会论和管理实践论。企业管理的任何一项创新，都有它先导性的理论依据，后发性的理论总结。只有上升到理论，即从感性认识到理性认识，从自由王国到必然王国，才能指导企业管理的实践。

（1）管理系统论。

如果说"系统"是诸要素的有秩序的集合，"有组织的被组织化的全体"，"以规则的相互作用又相互依存的形式结合着的对象的集合。"那么"系统论"就是"由若干要素以一定结构形式连接构成的具有某种功能的有机整体"。在这个定义中包括了系统、要素、结构、功能四个概念，表明了要素与要素、要素与系统、系统与环境三方面的关系。

全控网络管理论的每一个基本要素都不是孤立存在的，他既处在自己的系统之中，又与其他各系统发生各种联系，使企业的生产经营活动与外部有关的一切社会产生自然的联系。总的概况是四个方面的要素：①注意人是企业管理的核心，人才是企业管理的主体；②注意系统内部各个分系统的协调；③注意系统反馈控制；④注意系统管理的合理层次。其特征是集合性、相关性、目的性、全局性和环境的适应性。

人类对自然界的认识，已经经历了"整体时代"、"分析时代"而进入到"系统时代"和"信息时代"。中国古代都江堰水利工程，当代的原子弹、氢弹、导弹、洲际导弹计划，美国的阿波罗登月计划，都应用了系统管理的方法，从而缩短了周期，节约了资金，达到了最佳目的。

比如，油气田开发建设就是一个庞大的系统工程，从前期论证、规划、设计到工程实施建设，人财物的合理调配，各施工队伍施工进度的有效衔接，中间环节出现问题的处理，完工验收，后评估，都需要一整套完整的方案。

（2）管理控制论。

"劲兵重地，控制万里"。控制论的思想源于古希腊。美国管理专家巴达维说："没有控制，组织就不起作用"，"企业的日常工作如果不通过有效的控制，使它在轨道上正常运转，最好的计划和决策都是要落空的"。所以，管理控制在企业正常的工作进程中，不允许人们去想干什么事就干什么事，必须是控制在总体计划和决策的轨道上。

就是说一个成功的企业管理者，与其说是对企业进行控制，倒不如说企业应该控制到什么程度，什么需要进行有效而坚定的控制，什么需要进行一般的控制，特别是在重大问题和重大战略问题上进行的坚定而不妥协、灵活而有原则的控制。油气田开发活动，管理控制论主要表现在三个方面：

一是过程控制，管理控制论的核心是过程控制。遵循的原则是"用最少的信息，实现最优的调控，使之适应环境的变化，以取得最大的预期效果"。建立起一个闭环双回路的控制过程，实现过程控制、结果控制与反馈控制。

二是根据控制和反馈控制过程，实现油气田开发建设的预期目标。可以归纳为由控制主体、被控客体、信息传递三者组成。其贡献是相互依存、相互作用、相互制约，其目的都是为了实现油气田活动的预期目标。

三是油气田企业管理是一个流动性、多变性和随机性很人的活动，控制被控制过程复杂多变，充满矛盾和希望往往不以人们的意志为转移。一般地讲，人们都希望目标相对稳定，保持管理过程的连续，使之沿着规定的目标轨道运行，使管理控制输入的是目标，输出的还是目标，做到有效控制。

（3）管理信息论。

信息论是利用数理统计方法，研究信息的获取、处理、传递、变换和储存的科学。信息管理是指企业充分利用现代管理中的信息功能，准确而有效地指导企业的各项经济活动，同时，造成一种强烈的依赖信息的企业环境，逐步增值信息观念，引导企业管理行为向正向发展。

企业各项管理活动与信息有密切关系。信息是企业管理的出发点，是企业管理的基础。企业所有成员每时每刻都置于企业信息的控制和支配之下，企业的信息快速传递，缩短了人们之间的距离；信息的处理、使用、共享，加强了人们之间的联系；信息已经使社会和企业达到了鱼水不可分离的程度。

现代化的信息传递工具给企业增加了经营制胜的法宝。如书信、传真、电视、手机、互联网等信息传递工具，加快了信息传递的速度，可以使企业不失时机地利用信息，获得较好的效益。

（4）管理社会论。

管理的基础是"社会属性"。社会是指人们交互作用的产物，是在共同的物质生产活动的基础上相互联系的人们的总和。社会论，是认识人类社会的组织形态、社会结构和群体生活规律的科学方法。

社会属性，指的是全控网络管理的企业本身就是一个小社会，有自己形成的风俗人情、传统习惯和生活目标等，有自己的组织形式和活动目标。

调整和协调企业社会中不同因素的矛盾、冲突和纠葛，使企业成为统一的体系，人与人关系和谐，利益分配合理，各种感情融洽，并且使企业成员相互顺应，遵守相对统一的道德规范，达到团结一致，齐心协力，最终形成企业文化整合、规范整合、意见整合、功能整合等四位一体的均衡企业群体，保证企业长远目标的实现。

油气田企业的社会属性，决定了油气田企业与社会共存共荣的关系；油气田企业必要的社会功能的建立可使企业稳定，企业的稳定是工作的基本前提，也是政治的考量；人与人和谐的基础是文化的整合，而油气田企业的文化又是大家约定俗成的习惯，人们共同遵守和维持，总体形成正向的约束力。

（5）管理实践论。

实践是指人们能动地改造世界、变革现实的物质活动。人类的实践活动是主观见之于客观的活动。人类的实践活动具有能动性、客观性和社会历史性等特点。马克思主义认为，实践是人们能动地改造和探索现实世界的一切社会性的有目的的客观物质运动。

毛泽东在《实践论》中指出，人类的生产活动是最基本的实践活动，人的认识主要依赖于物质的生产活动，同时，其他活动，如政治、社会、科学和艺术活动等各种实践形式，也给予人的认识发展以深刻的影响。

实践要做到知行统一，"管理的精髓不在'知'而在于'行'，它的考验不在'逻辑'而在'成果'"（引自美国杜鲁克《管理学——使命、责任、实务》一书）。管理实践来源于企业实践，并得到实践的检验，反过来，又促进实践，指导企业管理。

实践中见到的效果，并不意味着实践的完结，恰恰是认识的开始，客观世界是无限的，人们的认识和实践也是无限的。鄂尔多斯盆地油气田勘探开发已经走过了百年发展，也不能说人们对鄂尔多斯盆地认识和实践的结束，甚至全盆地油气产量上升到 6000×10^4t 油气当量，也不能说认识和实践结束。

"全控网络管理论"，产生于油气田企业，目前结合鄂尔多斯盆地油气大发展的前提，还要解决好"两个中心"问题。所谓"两个中心"，一是指管理要"以人为中心"；二是指组织要"以事为中心"。

管理要"以人为中心"的原则，现在已被越来越多的人认识和认可了，这可以说是管理科学已正式回到了它的本质。管理，原本是研究如何管好"人"的一门科学。可是，从美国的泰罗创立"科学管理"开始，就把管理引入了"歧途"，只是重视对"物"的管理，后来，"科学管理"发展到了"管理科学"，并同时出现了梅约创立的"行为科学"，因而形成了"现代管理"的两大学派：一派仍然重视"物"，另一派重视"人"。再进一步发展，到了美国的卡斯特和卢森威共同提出"最新管理"，才明确了企业是以人为"主体"，并由"人"和"物"两大因素组成的，并指出"人"是主动的因素，"物"是被动的因素，"物"是受"人"支配的观点。

这时，"以人为中心"的原则，才开始得到真正的公认和重视。由此可见，管理由重视"物"到既重视"物"，又重视"人"，再到重视"人"，是实践—认识—再实践—再认识的结果，是经历了一个很大的"之"字形，这样，才使人们从中认识到了管理的本质。

组织要贯彻"以事为中心"的原则，到现在却还没有引起更多人的重视与研究。因此，几乎在各种组织中，包括企业组织在内几乎普遍存在：机构臃肿，人浮于事；有人没事干，有事没人干；正式机构放一边，临时机构不断添。究其原因虽然很复杂，但其中一条最主要的原因，恐怕就是没有贯彻"以事为中心"的原则，同样搞的也是"以人为中心"。

按照"以事为中心"的原则，就应当"先组织，后人事"，"因事设岗，因岗配人"，或者说是"搭庙以后请菩萨"。如果按"以人为中心"的原则来搞，则必然是"先人事，后组织"，"因人设岗，没事'找事'"，或者说是"请菩萨后搭庙"。可见，管理与组织是有密切联系的，但不是一码事，应该贯彻各自不同的原则。

管理要"以人为中心"，说到底，就是充分调动人的积极性、主动性和创造性；组织要"以事为中心"，说到底，就是要真正达到事事有人干，人人有事干，多干事，干好事。当然，"两个中心"是有密切联系的：凡"事"都是要由人去办的；把"人"组织起来的目的就是为了办"事"。否则，如果把人组织起来不是为了办事，企业那就如同"俱乐部"；如果只顾办事而不去管人，企业就如同"机器人"了。

在一个大发展的时代，能源企业也在做大做强，处理好"以人为中心"与"以事为中心"，是全控网络管理论的最有价值的实践。

3. 创新体制管理

创新体制管理，主要是指油气田开发的作业区体制和苏里格"5+1"合作开发管理体制。作业区体制相对于老式传统体制无疑是一个进步，而"5+1"体制是市场化运行的产物，有其独特的方面。

（1）作业区体制。

作业区，全称是"采油作业区"，是长庆油田采油（采气）厂下属的基层生产单位。它负责油气田生产运行及管理，生产作业、服务通过招标由其他专业服务公司进行。

作业区体制，是新生事物，是引入的"外来品"。改变了原来采油（气）厂体制中"厂—矿（大队）—采油（气）队—井站"为"厂—作业区—井站"或"厂—作业区"。使组织体系由四级减少为三级或两级。

作业区体制，最大的优势是：打破了"小而全"，服务相对市场化，实施专业化管理；同时减少了管理层次，缩短了中间环节，增强管理的有效性。

原来的"厂—矿（大队）—采油（气）队—井站"体制，是典型的"小而全"组织，机构臃肿，效率较低，负担沉重。

作业区体制成为长庆油田主要基层生产体制，取得了较好的效果。

①作业区体制的实施，减少了管理层次。

作业区体制的实施，使原来的四级体制变为现在的三级或两级，减少了一级或两级管理层次，具有如下好处：a) 管理层次的减少，意味着操作费用的降低。每一个管理层次都需要相应的管理者，而管理者又需要一定的设施和设备的支持，管理层次的减少，意味着管理人员的减少，又意味着协调和控制工作量的减少，所有这些都会降低管理成本。b) 管理层次的减少，沟通的难度和复杂性也相应降低。一道命令在自上而下传达时，不可避免地会产生曲解、遗漏和失真，由下往上的信息流动也同样困难，存在扭曲和速度慢等问题。管理层次的减少，会使沟通更加通畅。c) 众多的部门和层次也使得计划和控制活动更为复杂。一个在高层显得清晰完整的计划方案，会因为逐层分解而变得模糊不清而失去协调。管理层次的减少，发生这些糟糕情况的概率就会降低。

长庆油田第一采气厂，立足于气田长远发展，在气田开发建设初期，就组建了精干、高效的管理机构。他们建立了厂、作业区（净化厂）、集气站（车间）三个层面、三位一体的管理运行体系。作业区直接管理到班站，构成了直线职能制管理模式，减少了管理层次，简化了机构，精简了人员，节约了成本，为油田良性和谐发展创造了条件。

②作业区体制的实施，缩短了中间环节。

通过创新管理体制，调整机构编制，缩短管理中间环节，达到了提高管理效能的目的。新体制的实施使长庆油田采油三厂不但降低了生产投入费用，而且提高了安全生产管理水平。建立了以"直达供料和零库存管理"为主要内容的物资采购新模式，撤销厂级物资储备库，实现零库存管理，同时实行大宗物资由生产商直接送到施工现场、一般物资由厂商直接送到各单位料库的直达供料的管理模式，提高了物资采供的质量，降低了物资采供、储运成本。通过缩短管理中间环节，管理成效立竿见影。

③作业区体制的实施，提高了管理幅度。

所谓管理幅度，又称控制幅度，是指一名主管人所能够直接领导、指挥和监督的下级人员或下级部门的数量及范围。管理幅度与管理层次是组织结构的基本范畴。幅度构成组织的横向结构，层次构成组织的纵向结构。在组织条件不变的情况下，管理幅度与管理层次通常成反比例关系，即管理幅度宽，则管理层次少，反之亦然。

长庆油田管理者审时度势，在总结以往经验的基础上，结合油田实际发展，提出"一切注重实效"的管理理念。通过提高油田生产的管理幅度，实现了组织机构的扁平化，为长庆油田创造一个又一个辉煌奠定了基础。从20世纪90年代中期开始，长庆油田先后探索形成了：高效开发特低渗透油田的典范——"安塞模式"；技术含量高、经济效益好的特低渗透油田高效开发的典范——"靖安模式"；中国陆上低渗透油田现代化管理的典范——"西峰模式"；合作开发大气田的典范——"苏里格模式"。

④作业区体制的实施，提升了专业服务质量。

长庆油田作业区体制，实现了油田生产与技术服务的分离，使油田基层生产业务"归核化"、作业服务专业化。针对班站出现的技术问题，作业区及时提供专业化的技术服务，有效地提升了技术服务质量，缩短了时间，节约了成本，保障了单口油气井的平稳正常运行。

⑤作业区体制的实施，提高了工作效率。

在落实作业区体制过程中，长庆油田成立了现场指挥部，对基层各单位实施靠前管理，全面检查落实各项生产工作。通过靠前管理，管理者深入到生产现场第一线，掌握了第一手资料，了解了第一手情况，并及时与一线员工沟通交流，把管理落实到基层，工作效率大大提高。实施靠前管理，不但大大调动了一线员工的生产积极性，更使管理者及时发现问题，处理问题，解决问题。

长庆油田通过作业区体制简化管理，不但大大降低了运行成本，更使决策、技术、管理、建设、生产各个环节做到准确高效，为长庆油田实现跨越式增长奠定了基础。1999年油气当量仅为 $530 \times 10^4 t$，2003年突破 $1000 \times 10^4 t$，2007年突破 $2000 \times 10^4 t$，规划2009年实现 $3000 \times 10^4 t$，2015年将达到 $5000 \times 10^4 t$，"又一个大庆"的美丽画卷正呈现在世界面前。

(2) "5＋1"体制。

所谓"5+1"体制，是指苏里格特大型气田开发采取的一种新型的有区别于传统的组织管理形式，其组织的核心价值是合作开发管理。

"5+1"体制，有人也称"5+1"合作开发管理模式，本质上讲也是一种组织管理形式，既然具有"组织管理"的功能，本身就具有"组织体制"的特征。

"5+1"体制，"5"是代表合作方有5个公司，"1"是代表长庆油田公司（图5-1）。"1"与"5"的关系，"1"是甲方，"主体"组织者和参与者，"5"是参与者和"个体"组织者。这一定性是中国石油2006年榆林调研会议上确定的。

实施"5+1"体制的背景为：一是面对苏里格气田三低现实，需要集中"众人的智慧"开发，集思广益；二是"关联交易"中国化后的保守、僵化、无规则和无序操作；三是市场化原则的颠倒；四是一些人对苏里格开发失去信心。

2005年中国石油在北京石油勘探开发研究院召集会议，专题研究鄂尔多斯盆地勘探开发问题。会议对苏里格储量争议很大，对苏里格如何开发意见不一，有人提出"划块交给农民兄弟开发"，睿智的决策者决定"划块由存续企业招标开发"，"开放苏里格市场"。

"5+1"体制，其核心是合作开发管理，其遵循的原则是"互利双赢、共同发展、管理简单、运行高效、技术创新、成果共享"。其组织管理体系是"统一规划部署、统一组织机构、统一技术政策、统一外部

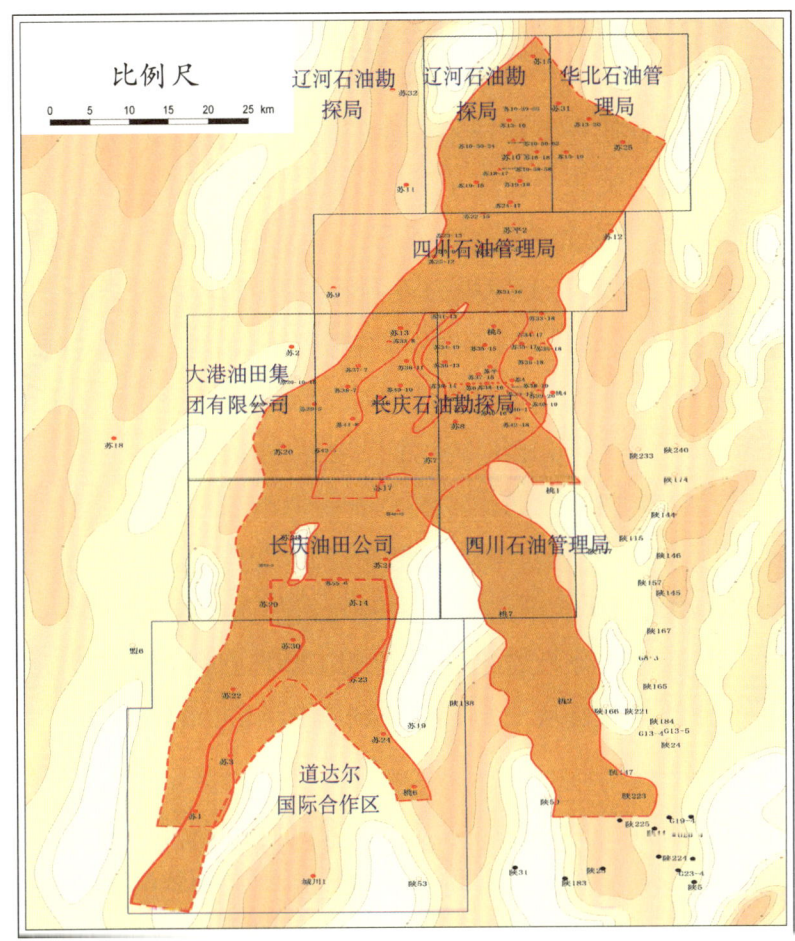

图 5-1 苏里格第一批合作区块划分图

协调、统一生产调度、统一后勤支持"和"资源共享、技术共享、信息共享","集中统一管理苏里格开发建设",即成立"苏里格气田开发指挥部"。人们统称"六统一、三共享、一集中"的管理体系。

"5+1"体制,大大促进了苏里格气田的开发建设。2006年,苏里格日产天然气突破$300\times10^4m^3$,实现了向北京供气。2007年达到日产天然气$1000\times10^4m^3$,2008年日产天然气突破$2000\times10^4m^3$。2007年,苏里格气田年产天然气$17\times10^8m^3$,2008年将达到$40\times10^8m^3$。到2010年,苏里格气田的年产能将达到$100\times10^8m^3$。

"5+1"体制,充分发挥了中国石油的整体优势,打破了地域限制和内部体制的限制,实现了优势资源整合,为苏里格气田的有效开发创造了条件。我国油气田开发的基本事实是在谁的矿权范围内,谁开发,

"井水不犯河水"。苏里格气田开发需要大量的人力、物力，而如果仅长庆油田自己力量，难免"心有余而力不足"。合作开发，则充分发挥了其他油田未上市企业在工程技术方面的优势和长庆油田公司在地质认识与开发技术方面的优势，实现了合作双赢。

"5+1"体制，极大地解放了生产力，充分调动了建设者的积极性，在苏里格气田上掀起了大规模开发建设的热潮。2005年动用钻机仅5部，2006年动用钻机35部，2007年钻机数量达到126部，其中社会化队伍占到了一半，解决了钻机资源短缺的问题，较好地控制了产能建设成本。2007年苏里格气田各专业建设者达到上万人，一场新时期、新形式的石油会战正在悄然展开。

"5+1"体制，充分利用市场配置资源，搭建了竞争的平台，大大降低了开发成本。2006年，长庆油田公司与五家合作单位，当年钻井294口，平均单井综合投资由合作前的1300万元降至合作后的800万元以内，单井地面投资从220万元降到110万元，使苏里格气田规模有效开发成为现实。

有人评价：苏里格特大型气田开发"5+1"体制，是"体制创新为中国石油解决重大勘探开发难题、开展新时期石油会战提供了一个可资借鉴的成功范例"，是"树立在我国油气开发史上的里程碑"。

4．模式化管理

所谓模式是指对客观事物的内外部机制的直观而简洁的描述，它是理论的简化形式，可以向人们提供客观事物的整体内容。也可以说是对前人积累的经验的抽象和升华。再简单地讲，就是从不断重复出现的事物中发现和抽象出来的规律，是解决问题的经验和总结。一句话，只要是一再重复出现的事物，就可能存在某种模式。模式没有固定的，任何模式都是不断发展和创新的。

油气田建设和开发管理，其成败系于模式。模式是一个油田开发建设和管理创造价值的核心逻辑，也就是油气田开发建设和管理，在给定的环境中实现既定开发建设和管理目标，所需要的内部活动和能力的一种系统的设计。

油气田模式的规律，是油气田开发建设和管理活动，长期实践形成的技术、工艺流程、管理方法和经验，并符合油气田开发实际的抽象出来的重复的做法。是技术的高度浓缩，是经验和方法的高度概括。

油气田模式的价值，是技术、管理方法的不断创新和再造，得到了广泛的认可度，并在油气田生产活动中得到广泛的应用，成为油气田不断创造价值的核心逻辑。

油气田模式的对象，是指地下自然物和地面人造物。就是人们经常说的"开发的对象是地下"。但是活化因素是创造油气田模式的"人"，才是真正意义上的"模式的灵魂式的对象"。

油气田模式的本质，一切的一切是源于实践，模式得经得住实践的检验，经得住实践创造价值的检验。如果说成败系于模式，那么最终结果是油气田采收率是否达到模式设计的目标。

油气田模式的体系，是衡量模式是否能发挥出整体上的效能，模式不是单一的集合体，模式是许多先进要素的集合，任何单一的要素不可能形成有价值的"模式"。

油气田模式的机制，必须符合市场化操作的一切规则，潜规则、没有市场灵魂的关联交易都是模式运行的桎梏，市场配置资源是模式建设和管理的基础。与其说功能主义抽象强调模式的存在，倒不如说现实主义更强调发挥更大的实用效益。

油气田模式的观念必须是新的不断创造的，其框架必须是简单的、易运行的，而且是普通员工极易识别，极好操作的。下面介绍一系列油气田开发模式，从技术和管理角度都是最简单的"傻瓜型"人造物。

低渗透油气田一个重要的理论是"区别对待论"，虽然，多个模式同在鄂尔多斯盆地，但有着油与气不同、区域的不同、储层性质的不同、人文环境的不同，都不可能千篇一律。一个模式、一个思路，说到底，都要"因地制宜"，实事求是，这样才符合实际，才不会走弯路。

（1）"安塞模式"。

指在安塞特低渗透油田8年开发技术攻关的过程中，探索、发展和创立的一整套涵盖理念、思路、技术、工艺、组织管理、企业文化等因素的集合。

按照"三从一新"开发路线,形成了以早期油藏描述、规模丛式井、适度精细注水、超前注水、中等规模压裂、顶部射孔、不压裂投注、"单、短、简、小、串"工艺流程为主要特色的"安塞模式"。

①"三从一新"开发路线:

"从简"——因地制宜,在不降低技术水平的前提下一切简化;

"从省"——尽量减少设计和施工投入,能省就省,但不降低技术标准;

"从快"——尽最大可能缩短建设周期,尽快见到投资效益,快而不降低质量标准。

"适用新技术"——采用适用新技术,研制推广新技术。

②工艺流程主要特色:

"单"——单管不加热密闭集输工艺和单管小支线活动洗井注水工艺(图5-2)。

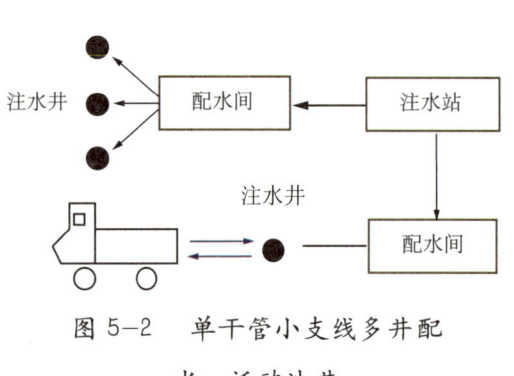

图5-2 单干管小支线多井配水、活动洗井

"短"——"二级布站"短流程去掉计量站和接转站事故罐(图5-3)。

"简"——简化工艺,简化设备,简化操作。

"小"——采用"小装置、小仪表、小工艺、小设备、小设施"。

"串"——多口油水井、多座集输站共用一条管线完成集输目的。

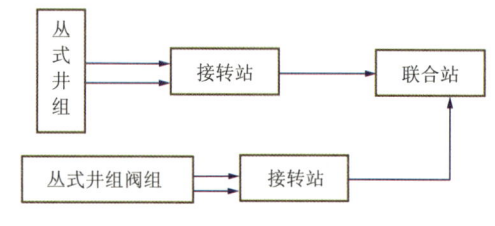

图5-3 丛式井阀组双管不加热、二级布站流程

③主要技术特点:

优化布站技术——在科学地界定集输半径的基础上,最大限度地减少接转站数量,进一步降低工程造价和运行费用。

井组增压技术——有效地降低油井回压,延长不加热输送的距离。

区域转油技术——对多个井组实行集中计量转输,充分利用抽油机的剩余能量。

另外还采用示功图法和动液面法等多种油井计量技术。

"安塞模式"对鄂尔多斯盆地乃至整个中国低渗透油田的规模有效开发建设产生了广泛而深远的影响。"安塞模式"使地面建设投资大幅度下降，地面建设投资在总投资中的比例由原来的52%降到36%，大大降低了开发成本。

安塞油田是我国第一个成功大规模开发的特低渗透油田，开创了我国特低渗透油田规模有效开发的先河，被中国石油天然气总公司评价为"为低渗透油田的经济开发提供了可借鉴的宝贵经验和范例"，为我国乃至世界低渗透油田经济有效开发探索出了一条可行的途径。

"安塞模式"所形成的"三从一新"理念、8项配套技术和特色工艺具有较广泛的适用性，在其他类似油田（如靖安、西峰等）推广应用后，大大加快了这些油田的开发建设，促进了原油产量的迅速增长。

安塞油田的成功开发，唤醒了我国的低渗透、特低渗透油田，从此低渗透原油产量在我国原油总产量中所占的比例迅速上升。到1997年，原油产量突破100×10^4t，2004年达到200×10^4t，2008年实现300×10^4t。

（2）马岭模式。

"马岭模式"是在马岭油田开发建设中形成的工艺技术的组合，是长庆油田第一个推行优化简化工艺流程的低渗透油田开发模式。

20世纪70年代初，长庆油田地面建设在沿用当时玉门油田的三管伴热流程的基础上，大胆实践，突破了原油进站温度必须高于凝固点3～5℃的观念，在全国首创了单井单管密闭常温集输工艺，形成井口—计量站—接转站—集中处理站的三级布站方式，即著名的"马岭模式"，奠定了长庆油田不加热集输工艺和低温沉降脱水工艺的基础。

①主要技术：

单井单管常温密闭输送工艺——接转站采用三通旋转出油阀，实现原油密闭泵送工艺。

投球清蜡工艺——单（油）井投球、站内收球。

低温脱水工艺——站外分线井口加药、管道破乳、大罐沉降。

注水工艺——大罐（水）密闭除氧、精细过滤、加药杀菌。

轻烃回收工艺——大罐（油）抽气、原油稳定。

②主要工艺流程：

"单井—计量站—计量接转站—集中处理站"三级布站流程（见图5-4和图5-5）。

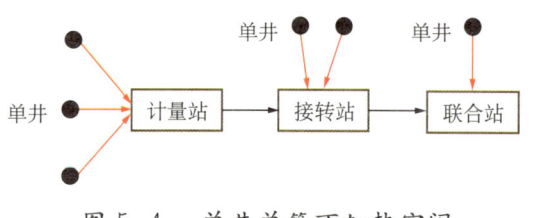

图5-4　单井单管不加热密闭集输布站流程

马岭油田在1975年至1984年间共建产能$193×10^4$t，全部采用该工艺流程，一次性投资节约1440万元。

（3）小区块模式。

"小区块模式"是针对边远区块、个别出油井点探索形成的低渗透油田技术管理做法。

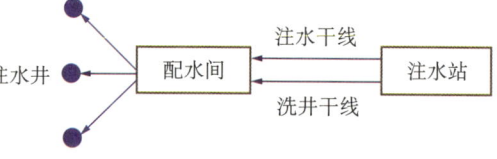

图5-5　双干管单支线多井配水流程

20世纪90年代以来，一批边远独立区块、出油井点通过滚动开发逐渐探索出"井站增压、火坑加热、简易拉油、橇装式注水、橇装式污水处理"的小区块滚动开发地面建设模式。

"小区块模式"的主要内容：

①火坑加热、简易拉油技术——采用间隙点火、利用烟道过热烟气加热原油和采用单井拉油、井组拉油和区块拉油相结合的方式。

②分区卸油、交接计量技术——采用"小四一"（即小型的一罐一槽一泵一箱）装置和集卸油、转油功能于一体的多功能卸油箱与交油罐一对一设置。

③橇装式注水工艺——采用小站直接配注流程和单井阀组串管配注流程。

④橇装式污水处理工艺——采用水力旋流器污水处理技术和组合水处理工艺。

目前，小区块和出油点的地面工程建设投资占总投资的比例可以降到20%~30%。小区块建设模式，在20世纪七八十年代侏罗系油田开发中发挥了极其重要的作用，不失为一种实事求是的小油田开发建设模式和途径。

(4) 靖安模式。

"靖安模式"是指在借鉴"安塞模式"成功经验的基础上,结合靖安油田特低渗透的特点,发展形成的一系列包含油田开发理论、开发技术、管理方式、企业文化等在内的油田开发体系。

从 20 世纪 90 年代起,先后经历了先期勘探、勘探评价、先导性开发试验、大规模建产、开发调整和小范围滚动扩边阶段,其地面建设借鉴安塞油田经济开发的理论和实践,坚持"三个紧密结合",逐渐形成了"三优两先"开发思路,创新形成了以优化布站、井组增压、区域转油、油气混输、环网注水为主要配套技术,以丛式井双管不加热密闭集输为主要流程,以"井口(增压点)——接转站——联合站"为主要特点的二级半布站方式,形成了"靖安模式"。

"靖安模式"的主要内容:

① "三个紧密结合":地质与工艺紧密结合、简单实用和大胆创新紧密结合、产能建设和后期稳产紧密结合。

② "三优两先"。"三优"技术特色为:

优化布井技术。普遍采用丛式井钻井工艺技术,一般每个井场布井 3~8 口,最多 14 口,井口距 3~5m。

优化压裂参数。实施整体压裂设计,裂缝位于过井角之间。射开程度为 40%~60%,支撑缝长 130m,加砂量 20~25m³,排量 1.6~2.0m³/min,砂比≥35%。

优化地面流程。地面集输系统在丛式井不加热双管流程的基础上,打破了传统的三级布站模式,采用井组增压和区域转油技术,新成了"井口(增压点)——接转站——联合站"二级布站模式(图 5-6),减少了布站数量。

"两先"特点:

先评价、后开发、再扩边:油田开发过程中,始终贯穿了这一总体开发思路,从而确保了油井的钻探成功率。

先注水、后采油、再调

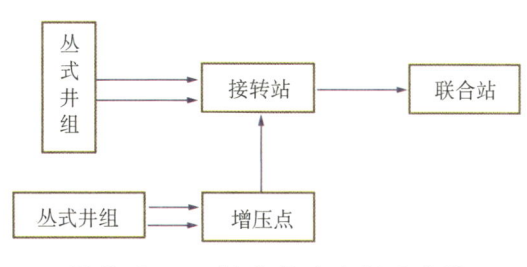

图 5-6 二级半布站流程示意图

整:通过统计分析不同注水时机油井递减情况,最终确立了"保持注采同步,力争先期注水"的开发技术政策。同时,强化动态监测,适时进行注采平面、剖面调整。

③主要配套工艺技术。

a)优化布站。在安塞油田丛式井阀组不加热集输流程的基础上,因地制宜,结合地面系统建设要求和工艺流程,并兼顾当前需要和长远要求,最大限度地减少接转站布站数量。该工艺打破了传统的"单井→计量站→接转站→联合站"的四级布站模式,配合应用增压点技术,形成了以"油井直接进转油站(点)流程为主,井口增压为辅,区域增压转油为补充"的工艺流程。井组增压,其核心是在丛式井组油气外输时增加一集原油计量、加热、收球、缓冲、增压外输为一体的橇装增压箱,形成油气增压点。井组增压的完善和推广应用,使原来的"丛式井阀组双管不加热密闭集输流程"布站方式进一步简化为两种模式:"丛式井组(双管)—增压点—联合站"的一级布站模式或"丛式井组(双管)—增压点—转接站—联合站"的二级布站模式。每座增压点的投资由1997年的65万元降至2002年的28万～38万元。该技术应用后大大节省了地面建设投资。

b)区域转油。在油井相对集中的区域,对多个井组实行集中计量转输。其工作流程类似增压点,是介于转接站与井组增压点之间的小型"转油点"。主要配套设备为:转油装置和立式热水加热炉。转油点功能全、设备简单实用,充分利用了抽油机的剩余能量。另外,站址建于井场,投资仅为转接站投资的1/5。

c)油气混输。成功地将增压点、转油点的开式流程改为闭式流程,通过使用油气混输泵,实现了从单井—站点—联合站的全密闭输送,日回收伴生气能力达 $10.650Nm^3/d$。经联合站三相分离器进行油、气、水三相分离,达到了油气资源综合利用的目的。

d)环网注水。在单干管、小支线注水与活动洗井的注水流程基础上,创新发展了单干管小支线多井配注流程、小站直接配注流程、单井阀组串管配注流程和树枝状串管配注流程。根据地形地貌特点选择实施,既简化了流程又简化了操作,较大幅度地降低了工程投资(图5-7)。

"靖安模式",使靖安油田的地面工程建设大大简化,地面工程投资在总投资中所占比例持续降低;原油产量不断增加,2001年到达$100×10^4t$,2006年原油产量跨越$300×10^4t$,

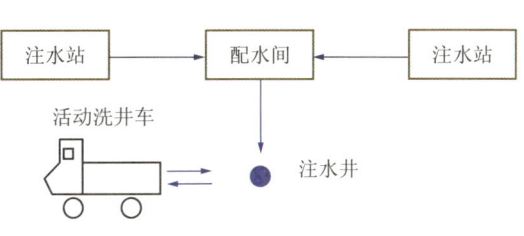

图5-7 环网注水、活动洗井示意图

1999年、2000年、2001年连续三年被中国石油评为"高效开发新油气田"。

"靖安模式",无疑是继"安塞模式"之后油气田开发建设最为成功的油气田开发技术及管理模式,在某种程度上其技术的先进性和方案的科学性超过了"安塞模式",最有说服力的是油田稳产性和采收率,在鄂尔多斯盆地数一流水平。

(5)西峰模式。

"西峰模式"是进入21世纪以来长庆低渗透油田开发建设的新模式,是全面应用自动化、数字化先进技术,突出体现了"绿色、数字、人文、和谐"的开发模式。

西峰油田具有低渗、低压、埋藏深、气油比高、地层变化大、地面状况复杂等特点,开发难度较大。西峰油田建设以"创新、优化、简化、效益"为原则,贯彻地质、开发、地面系统"三位一体"整体优化和总体规划,坚持地面工艺和自控技术的集成创新,取消了计量管线、计量间和配水间,并实现了从井口至联合站全过程的油气密闭集输、从井口到联合站的全面的数据采集与监控,形成了以"丛式井单管不加热密闭集输"为主要流程,以"井口示功图计量、丛式井单管集油、油气密闭集输、三相分离脱水、伴生气回收利用、稳流阀组配水、系统综合优化、数据采集监控"为主要技术特点的"西峰模式"。

"西峰模式"的主要技术工艺特色:

①井口示功图计量技术。该技术(见图5-8)具有以下特点:实现了数据的自动采集、传输和处理,可适时测取示功图,在站内监测油井工况;既可获取油井瞬时产量,还可连续叠加计算任意时段的产量;每个数据处理点可覆盖监测40口油井;自动化程度高,通过功能扩展,

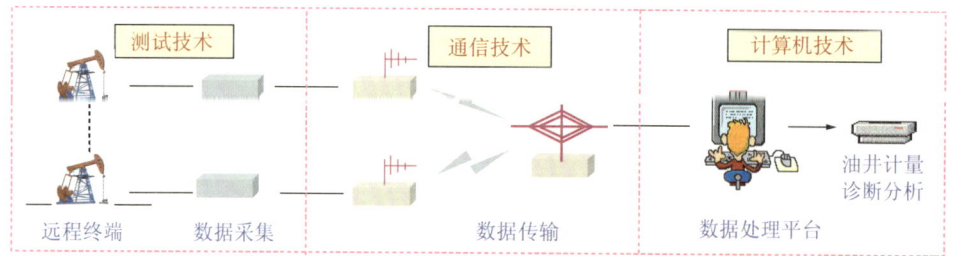

图 5-8　井口示功图法自动监测与计量系统示意图

实现了抽油机的远程监测、起停控制和节能运行；"打倒"了计量间，简化了总机关，并为后续工艺流程的进一步简化奠定了基础；投资小，平均单井投入仅 1.4 万元。

该技术首次在西峰油田全面推广应用，彻底改变了传统的计量接转站双容积计量方式。经现场应用，油井计量误差可控制在 10% 以内，基本上满足油井计量需要。

②小水量稳流配水技术。在"单干管、小支线、配水间配水、活动洗井"注水工艺基础上，以配水方式改进为切入点，采用"单干管稳流配水、活动洗井"的注水工艺，以稳流配水阀组取代了配水间，由集中配注改为分散配注，减少了注水支线（图 5-9）。

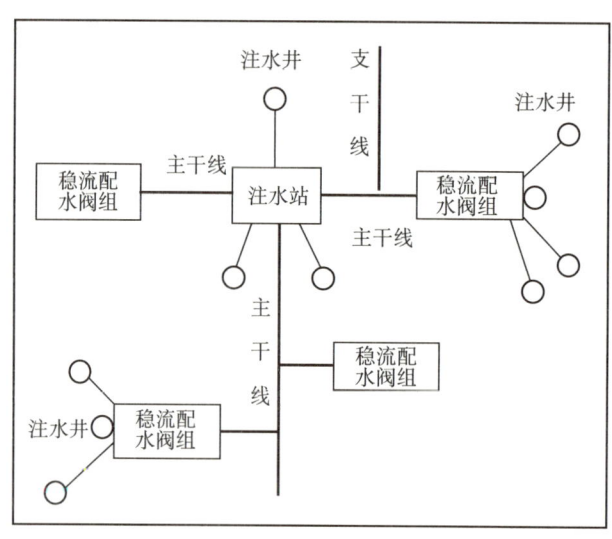

图 5-9　小水量稳流配水工艺流程图

其主要特点："打倒"了配水间，简化了流程，平均每口注水井可节约投资 1.95 万元；橇装化预制、结构简单、体积小、可移动；减小了系统压力波动对注水量的影响；计量数据可远程传输。

③伴生气回收技术。伴生气回收利用在靖安油田进行了试验，在西峰油田全面应用，基本实现了从井口到联合站对伴生气的全密闭回收利用。工艺流程见图5-10所示。

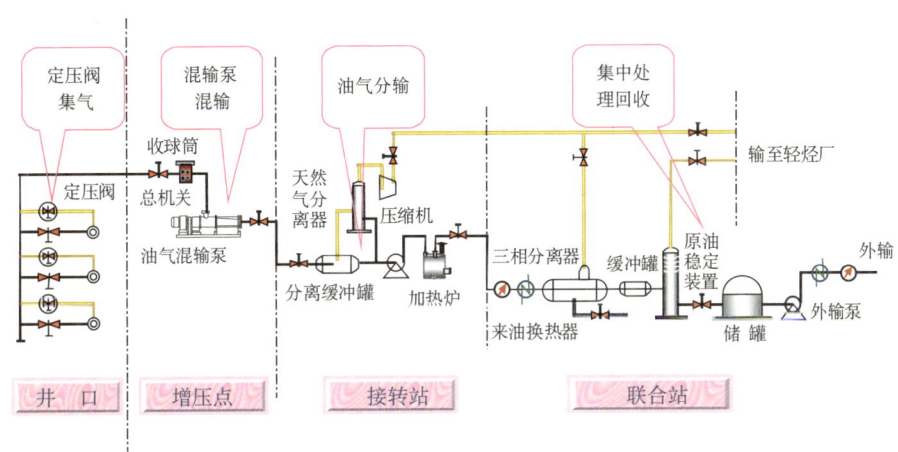

图5-10 伴生气回收技术工艺流程示意图

④**丛式井单管不加热密闭集输工艺**。井口计量技术的成功应用，使丛式井单管不加热密闭流程成为可能，使每个丛式井组出油管线由两条减少为一条（图5-11）。

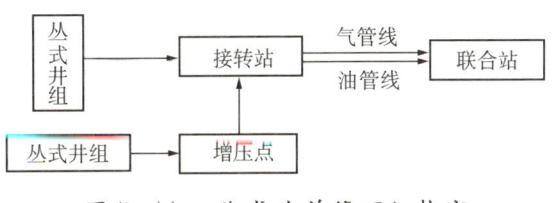

图5-11 丛式井单管不加热密闭集输布站流程示意图

在西峰油田建设中，单井出油管线平均每口井由850m减少到430m左右，万吨产建投资减少20万元。

⑤污水处理技术。由于油田区块分散，且低渗透油田对回注污水水质要求严格，因此按照"分散处理、就地回注"的原则，以杀菌、隔氧和降低机械杂质含量为重点，对油田污水进行处理，形成了一套包括杀菌、除油、絮凝、阻垢、精细过滤的污水处理工艺技术（图5-12）。

对边远小区块，采用简易处理流程，仅设除油罐除油、除机械杂质，污水就地直接回注。对具有一定规模的区块，采用一级除油、二级过滤的处理工艺流程。

西峰油田的产能建设使长庆油田进入了一个新的阶段，西峰油田的目标设计$300×10^4$t。百万吨产能建设所需站、库由27座减少到5座。

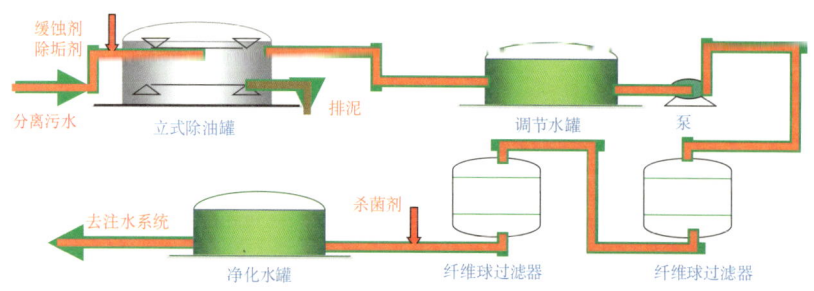

图 5-12　油田采出水处理精细过滤流程示意图

2006 年产量突破 100×10^4 t，成为 21 世纪中国陆上示范油田。

"西峰模式"的最具特色之处：一是示功图计量；二是自动化控制；三是油田现代化管理。应该说是具有"革命性"的变化，是最彻底最到位的管理的创新，应给予高度的评价。

(6) 姬塬模式。姬塬油田开发建设全面吸收了西峰模式的成功经验和技术，并立足姬塬油田多油层复合滚动开发的实际情况，探索出了"分层集输、分层处理"和"合层集输、除垢防堵"相结合的布局工艺，以"大井组"、"双流程"、"防除垢"为特色，并采用了"无线宽带通信"、"站场视频安防"等新工艺、新技术，实现了全方位的生产监控和多媒体通信，进一步推动了油田的数字化建设（图 5-13）。

长庆油田分公司多年来致力于（特）低渗透油田的开发建设，形

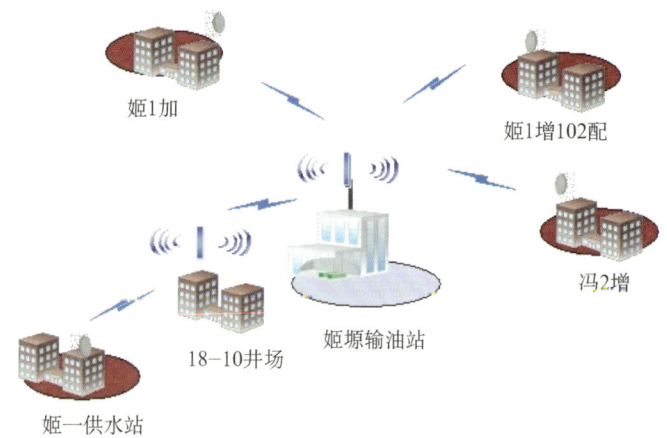

图 5-13　姬塬油田 2.4G 无线
宽带接入网络拓扑示意图

成了一套适应油田滚动建产和黄土高原复杂地形地貌的地面优化布局方法，以及适用于低渗透油田生产特点和生产需求的简化工艺技术，突出体现了"单、短、小、简、串"的技术特色，保障油田开发效益。从马岭、安塞、靖安、西峰到姬塬，到现在正在大规模开发的超低渗油田，地面工艺的演变是一个不断创新完善和持续优化简化的过程，也是一个不断降低成本的过程（图5-14）。

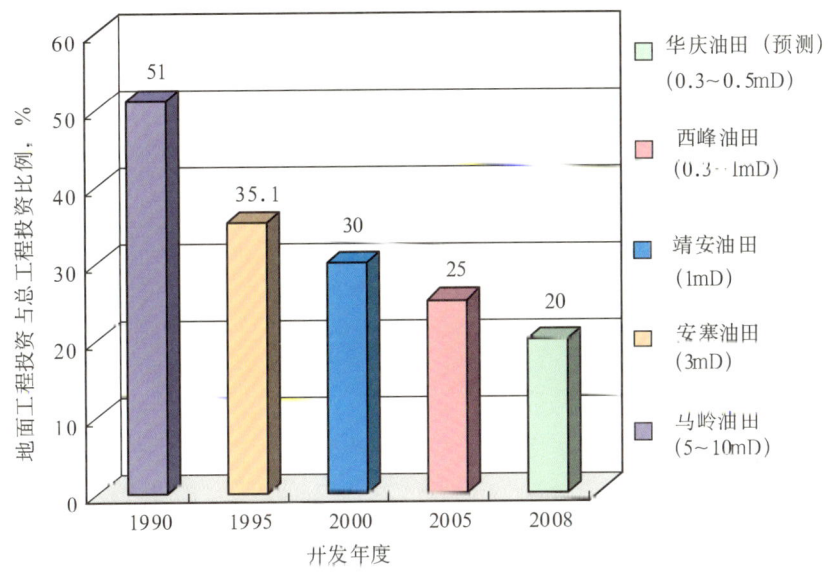

图5-14　长庆油田地面工程投资变化

(7) 靖边模式。

"靖边模式"是在开发建设靖边气田过程中形成的理念、技术、管理、文化的有机集合，其主要技术工艺是"多井高压集气，多井集中注醇，多井加热炉加热节流，简化井口，简化计量，简化控制，小站脱水，集中净化"。

"靖边模式"的主要内容：

①多井高压常温集气工艺。

②高压集中注醇工艺。

③多井加热炉加热节流工艺。

④间歇计量工艺。

⑤橇装式三甘醇脱水工艺。

⑥集中净化工艺。

⑦甲醇集中回收工艺。

⑧气田自动化控制技术。

⑨一点多址微波通信技术。

⑩小型天然气发电供电技术。

⑪井口安全保护技术。

⑫管道防腐技术。

"靖边模式"的主要技术工艺优化简化了工艺流程，大幅度降低了地面建设投资，实施一期工程后节约投资21600万元。"靖边模式"是长庆油田第一个年产$50\times10^8m^3$的大型气田，其工艺技术在很大程度上有许多创新，也代表着当时全国气田建设的最高水平。特别是气藏评价，是做得最彻底的，地面工艺技术是最先进的，投产以来没有发生任何大小事故，就足以说明靖边气田建设做到了"百年大计，质量第一"的理念。

（8）苏里格模式。

"苏里格模式"是在苏里格大气田的勘探、开发和建设中探索、集成、创新、形成的开发思路、运行体制、管理理念、配套技术、工艺流程、建设方针、精神文化的有机统一体，是我国特低渗透气田规模有效开发的典范。

苏里格气田是我国迄今为止发现最大的整装天然气田，2008年累计探明储量已达$1.67\times10^{12}m^3$，但同时，它又是典型的"三低"（低渗、低压、低丰度）、世界罕见难以有效开发的气田。自2000年发现以来，经过长达7年之久的技术、管理的创新与攻关，探索出了"5+1"合作开发模式，创建了"六统一、三共享、一集中"管理理念，全面推行"标准化设计、模块化建设、数字化管理、市场化运作"的建设原则，集成创新了适合苏里格气田低成本开发的十二项开发配套技术，形成以"井下节流、井口不加热、不注醇、中压集气、带液计量、井间串接、常温分离、二级增压、集中处理"为特点的中低压集气工艺流程，创立了"苏里格模式"。

"苏里格模式"的内涵是解放思想、不断创新。通过解放思想、不断创新，打破了传统油气田开发中"谁的矿权谁开发"的禁锢，探索出"5+1"合作开发模式，引入市场竞争，实现了市场配置资源，最大限度地发挥合作双方的主观能动性，实现了人力、物力和财力的快速集中与最优配置，大大加快了苏里格开发建设的步伐；通过解放思想、不断创新，探索出了"六统一、三共享、一集中"的管理机制，解决各方技术标准不统一、生产管理协调不顺畅等问题；通过解放思想、不断创新，突破了传统的油气田开发建设形式，实行"标准化设计、模块化建设、数字化管理"，不仅保证了工程质量，降低了建设成本，而且加快了建设速度，提高了油气田开发管理水平；通过解放思想、不断创新，集成创新了十二项配套技术，形成了具有苏里格特色的工艺流程和气田地面建设模式。

苏里格模式的主要内容：

①开发思路。面对现实，依靠科技，创新机制，简化开采，提高单井产量，走低成本开发路子。

②运行体制。创新运行体制，采用"5+1"体制，合作开发苏里格气田。"5+1"体制中的"5"代表的是5家合作方，"1"代表的是长庆油田公司。长庆油田公司负责统一编制总体开发规划，统一建设和管理主干集输管网、天然气处理厂、外输管线，以优惠气价收购合作方生产的天然气，并负责处理和销售；各合作方编制本区块的开发方案，安排产能建设，管理本区块的井、站、集气支线的生产运行。

③"六统一、三共享、一集中"的管理理念。

"六统一"是指：

统一规划部署：统一编制苏里格气田开发规划；

统一组织机构：合作方不成立法人实体，以项目经理部形式纳入长庆油田公司管理；

统一对外协调：按照长庆外协政策组织外协工作；

统一技术政策：统一制定、推行各种技术方案、气田建设标准及操作规范；

统一生产调度：现场组织召开周生产协调会，及时解决生产急需问题；

统一后勤支持：建设统一的生产指挥后勤支持中心。

"三共享"是指：

资料共享：全面开发苏里格气田技术资料及研究成果；

技术共享：长庆油田全方位提供技术支持与服务；

信息共享：甲乙方及时进行信息沟通。

"一集中"是指集中协调管理：长庆油田公司成立苏里格气田开发项目经理部，依托前线生产指挥中心，集中协调管理开发、建设中各合作方在生产动态分析、气井分类管理、井站标准化建设、植被恢复、生产管理、建设中存在的具体问题，达到苏里格气田标准化、数字化的生产管理目标。

④配套技术。集成创新形成了适应苏里格气田开发实际的12项开发配套技术，分别是：井位优选技术、快速钻井技术、井下节流技术、分压合采技术、井间串接技术、远程控制技术、滚动建产技术、快速投产技术、稳产接替技术、排水采气技术、分类管理技术、增压开采技术。其中前6项技术是关键技术。这些配套技术使气田开发成本显著降低，开发水平得到大幅度提高，为苏里格气田的规模有效开发创造了条件。

⑤工艺流程。在大量现场试验的基础上，摸索形成了"井下节流、井口不加热、不注醇、中压集气、带液计量、井间串接、常温分离、二级增压、集中处理"的苏里格地面中低压集气工艺流程。该工艺流程具有因地制宜、流程简化、能耗较低的特点。与靖边气田相比，每万立方米天然气降低能耗 0.02t 标煤。进一步实践证明，苏里格地面工艺流程配套合理，使气田开发效益进一步提高。

⑥建设方针。2005 年提出了"技术集成化、材料国产化、设备橇装化、服务市场化"（简称老"四化"）的建设方针，有效降低了开发成本，为实现苏里格的规模有效开发发挥了重要作用。

然而，随着苏里格气田的大规模开发和技术理念的快速发展，老"四化"显示出了一定的局限性。2007 年，根据建设现代化大气田的需要，对老"四化"进行了发展，引入了"现代化"的基本内涵，提出了"技术集成化、建设标准化、管理数字化、服务市场化"（简称新"四化"）。

a）技术集成化：为了实现苏里格气田规模有效开发，紧紧围绕"Ⅰ+Ⅱ类井比例达到80%"和"单井综合成本降低到800万元以内"两大要求和寻求"适用、简单、低成本"开发技术的原则，对现有技术进行分析、筛选、集成、改进、优化，形成以井位优选、快速钻井、井下节流等为关键技术的苏里格气田十二项开发配套技术（图5-15），而其中每一项技术又是多项技术的集成创新。

图5-15　苏里格气田12项开发配套技术

b）建设标准化：建设标准化是指在苏里格地面集气工艺流程定型的前提下，通过标准化设计、模块化建设、标准化预算、规模化采购形成标准化、规范化、系列化的设计和施工方法。它是适应苏里格气田大规模开发建设的一种全新理念，是一种创新的设计和施工模式。其主要内容包括：

标准化设计：其核心是工艺流程通用、井站平面统一、工艺设备定型、安装预配模块组装、建设标准统一，最终形成一套标准、通用、系列相对稳定的、适用于地面建设的指导性和操作文件。

模块化建设：建设标准化是通过工艺环节划分，对不同功能模块进行分项批量预制，推行组件成模和现场拼装的施工方法。模块化施工做到将单项复杂作业分解为多个简单作业，熟练重复；建立生产前线模块化预制厂，实现高效生产，显示出大规模工业化应用的雏形。

标准化预算：核心是以单井为基础的造价体系，形成站外管线、井口等268项综合预算指标和各类站场标准模块预算指标，构建计价体系数据库，调用数据库中不同的模块化预算进行组合就形成一个站场的投资。标准化预算突破了"按图算量、按量套价"，简化了编审程序，提高了效率。

规模化采购：指在设备选型定型、开发部署、投资运行计划的过程中，实行规模化、系列化采购，以简化流程、缩短周期、降低投资。

建设标准化，解决了制约长庆气田规模建设的瓶颈问题，实现了质量、速度、安全、效益的统一，促进了长庆气田建设目标的全面实现。在2008年10月召开的中国石油油气田地面工程标准化设计现场会上，长庆油田的标准化设计工作作为示范性工程，受到充分肯定。

c）管理数字化：为解决苏里格气田生产管理大量巡井和生产后期大面积间歇生产井的频繁开关问题而自主研发，形成了一套智能化、数字化的生产管理控制系统。该系统由数据传输、集散自动控制、气井配产与动态预测、远程开关井技术共四部分构成，可以实现数据自动采集、方案自动生成、气井实时诊断、单井电子巡井、远程自动控制、资料安全共享，实现了对整个气田生产过程的自动化、科学化、数字化和现代化管理。

d）服务市场化：服务市场化的本质是市场配置资源，核心是竞争。它是苏里格气田大规模开发的一次大胆尝试与创新，也是实现苏里格气田规模有效开发的重要举措。在苏里格气田钻井、录井、测井、井下作业、地面建设及动态监测等方面实行全方位的市场化运作，依靠市场配置资源。服务市场化解决了施工能力短缺的问题，同时市场配置资源对主要设备的定型化、系列化以及投资费用的降低起到了重要作用。

⑦精神文化。苏里格气田开发建设是中国石油新时期的一场石油大会战，饱含数万名建设者的心血和汗水，也彰显着"爱国、创新、求实、奉献"的苏里格精神。

"苏里格模式"，大大加快了苏里格气田的勘探开发建设，实现了跨越式发展。"5+1"体制极大地调动了各合作方的积极性，数万名建设者投入到苏里格气田开发建设中。"六统一、三共享、一集中"管理机制，促进了各合作方的交流、沟通和进步。2005年开始规模开发建设，2008年底苏里格累计探明和基本探明储量达到$1.7\times10^{12}m^3$，年产气量达到$100\times10^8m^3$，规划到2015年年产气量达到$230\times10^8m^3$；已建成乌审旗等3座天然气处理厂，天然气年处理量达到了$130\times10^8m^3$。

"苏里格模式"，促进了技术进步，大大降低了开发成本。十二项开发配套技术的推广应用，使平均单井产量由开发试验时的$8000m^3/d$提高到 2008 年的 12000m³/d，单井建井成本由 1200 万元降至 800 万元，钻井周期由开发初期的 40 天缩短到 20 天以内，Ⅰ、Ⅱ类井的成功率由 50% 提高到 80%，集气站建设周期由 110 天缩短至 50 天，平均单井地面成本由 220 万元降低到 110 万元。

"苏里格模式"，保证了工程建设质量。新"四化"的实施和推广，使开发建设规范、快速、有序进行，建设工程"成本低而质量不低"。

苏里格气田，是我国第一个规模有效开发的特低渗透气田，"苏里格模式"探索出了一条开发特低渗透气田的成功途径，对我国类似气田的开发建设具有重要的借鉴意义。

5．数字化管理

数字化管理是指利用计算机、通信、网络、人工智能等技术，量化管理对象与管理行为，实现计划、组织、协调、服务、创新等职能的管理活动和管理方法的总称。

数字化管理对企业的长期发展和提高竞争力至关重要，国内外很多企业都在不遗余力地推行数字化管理战略，加大对数字化管理的资金投入，开发支持管理数字化的技术和软件。

随着，鄂尔多斯盆地靖边气田、榆林气田、苏里格气田的大规模开发，特别是苏里格气田未来将有数万口生产井，分布于几万平方千米的范围内，生产管理的工作，量大面广。为了有效地提高工作效率，减小劳动强度量，降低人力物力财力消耗，节约运行成本，全气田建立"智能化生产管理控制平台"系统（图 5-16），实现气田数字化管理，是一条最科学最经济最有效的途径。

"智能化生产管理控制平台"系统，由数据传输系统、远程开关井系统、气井配产与动态预测系统、生产管理系统四部分构成。该系统以井区为功能管理单元，产量为控制目标值，智能化分配区块产量，进行生产管理，具有生产运行管理、采气工艺、地质配产、管网优化、电子自动巡井、远程紧急关井等六大功能（图 5-17）。其中，远程关井系统是实现数字化管理的基础技术，除了数据采集外，关键是实现了远程控制。主要功能是在井口超压欠压等异常情况发生时，对气井实施安全截

图 5-16 苏里格气田数字化生产系统

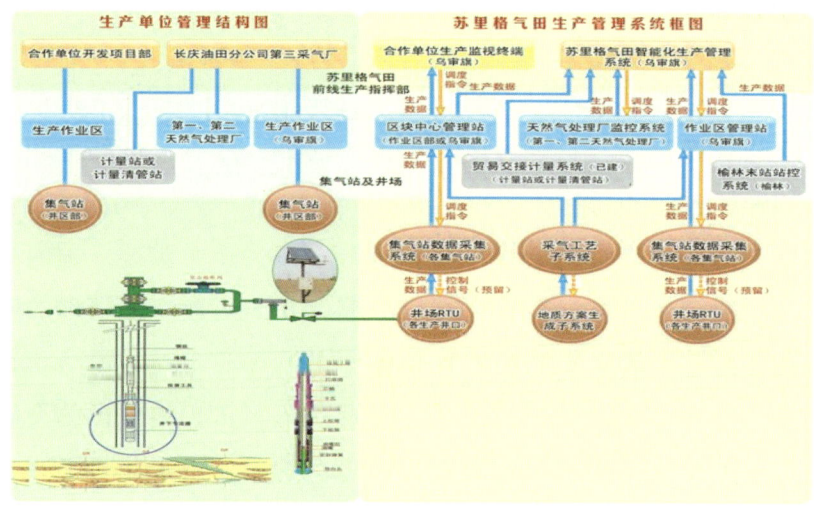

图 5-17 苏里格数字化管理系统图

断保护,同时利用无线传输技术实现远程开关井。

通过数字化管理平台,苏里格气田实现了数据自动录入、方案自动生成、异常自动报警、运行自动控制、单井自动巡井和资料自动共享(图 5-18)。

该系统的应用,最终实现了生产管理的科学化、自动化、数字化和现代化,提高了管理水平,精简了组织机构,降低了劳动强度,减少了用工人数,大幅度降低了操作成本。

苏里格数字化管理系统的应用,可以使一座集气站每年可节约运行费用 25 万元(减少 2 名员工,少用一台车);集气站员工由 11 人降至

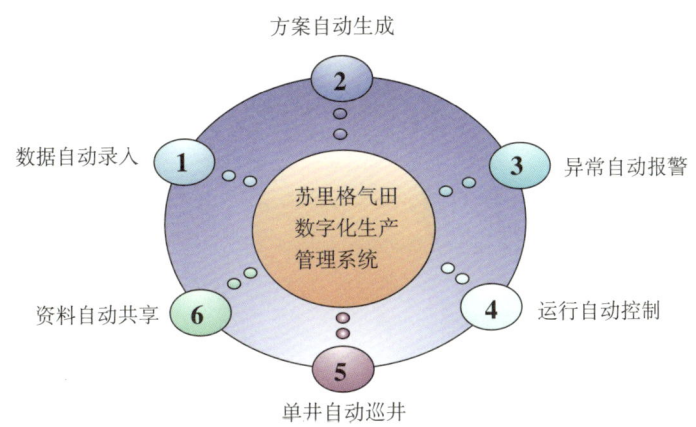

图 5-18 苏里格数字化控制系统功能示意图

5 人（正常值班仅需要 3 人）。同原传统的管理方式相比，用工总数减少约 50%，为苏里格一期建成 $200 \times 10^8 m^3$ 规模，用工人数控制到 2000 人左右奠定了基础。

该系统在苏 14 井区试验成功后，在苏里格气田全面进行推广。干任何工作认准了，就要排除万难，一干到底，不见成效不罢休，不成规模，不罢休。这就是新时期的长庆"铁人精神"、"好汉坡精神"。

（1）数据自动录入。

概括地讲，"智能化生产管理控制平台"系统，数据的含义是指在生产过程依据作业流程由各类计量（测量）仪表采集的实时数据。主要是气井、集气站、计量交接站、管网、处理厂等数据。数据自动录入是指气田生产有关的气井、集气站、计量站、管网、处理厂运行数据能够实时采集进入指挥中心的数据库中（图 5-19）。

通过将气田各部分的生产实时数据实时采集到调度中心的实时数据库，可以实现管理人员在气田任何地方，对整个气田的实时生产情况进行监视，对任何的生产异常情况进行报警提示。

（2）方案自动生成。

方案自动生成是实现单井产能评价与配产、动态预测，自动生成多井组合优化配产方案，以实现自动控制关井与气井的最优化管理。

①方案的生成。根据气田供气量的要求，气井配产与动态预测系统综合区块的历史产能和新建产能等因素分配产气量到各区块，每个区块

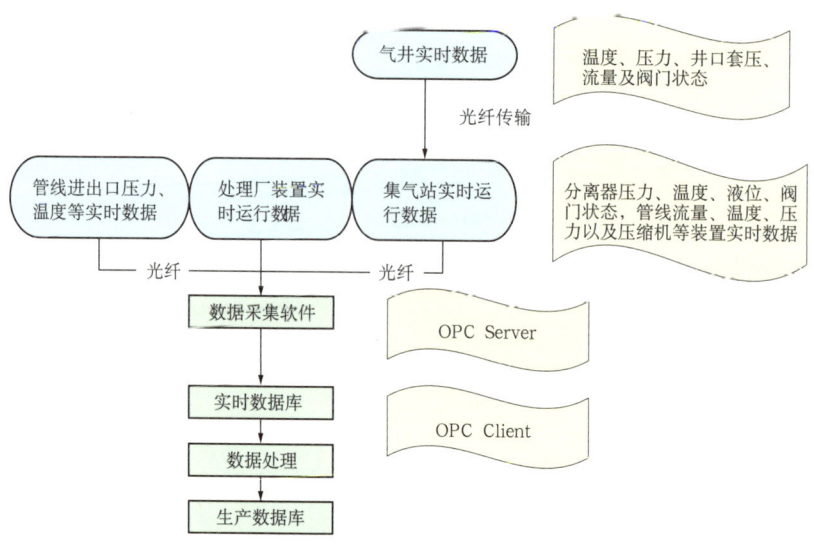

图 5-19 数据采集流程图

依据地质以及单井产能评价等因素,并结合控制平台数据处理子系统提供的动态生产数据,形成初步配产方案。采气工程生产管理系统根据上面形成的初步配产方案,结合气井工况和地面管网输气能力等因素,形成进一步配产方案。

②配产执行子系统。根据审批通过后确定的最终配产方案,气田生产管理与控制平台将配产方案分别下发到各个项目部、作业区、集气站,由集气站操作人员执行相关井的开发。

③气井配产与动态预测系统。实现单井产能评价与配产、动态预测,提供多井组合优化配产方案,以实现自动控制开关井与气井的最优化管理(图 5-20)。

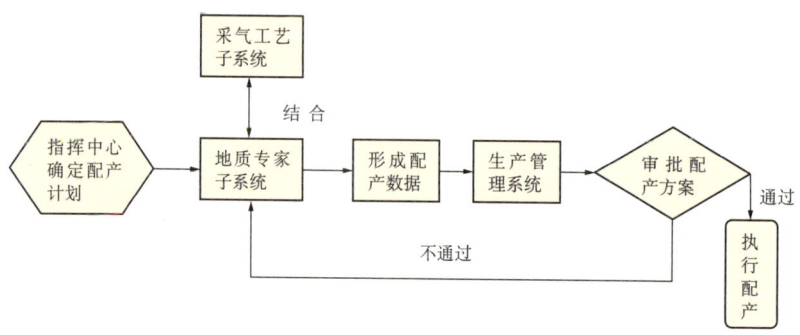

图 5-20 配产方案形成流程图

④采气工程生产管理系统。系统从气井开井实时跟踪分析气井生产情况。利用实时单井生产数据和静态数据，通过专家知识的分析，对各类气井生产情况进行诊断，及时反馈信息；确定气井是否应进行开关井，发出气井开／关井指令；同时进行气井管理工作制度提醒；对故障进行诊断，提出解决方案。

（3）异常自动报警。

通过对井、集气站、管线、处理厂的设备装置的生产实时运行状况的实时监视，系统能够在装置出现异常时及时向指挥中心的管理人员报警。

系统报警方式主要分为：声光、图像、短信、屏幕闪烁以及视频监视联动等。井场报警：平台及时向站操作人员反映装置设备运行的异常，并报警提醒。站报警：增压站、接转站、联合站发生异常情况及时报警，并提醒站、作业区人员。管线报警：实时采集管线泄漏检测控制系统的检测结果，判断管线是否正常，有泄漏时报警提示。视频报警：根据井场图像判断是否有动物或人闯入报警提示，站操作人员向井场喊话。

（4）运行自动控制。

可以在远程自动开、关井，也可以当装置运行出现异常时能及时对设备进行控制。主要有单井运行监视／远程控制、集气站运行监控、处理厂运行监控和管网运行监控。

（5）单井自动巡井。

安装在井场的视频摄像头定时拍摄井场静态图像，通过数传电台发送到集气站、控制中心，控制平台接收系统通过图像识别技术将对图像进行处理并显示、存储，并结合该井油压、套压、流量等实时数据进行判断，分析井场是否有闲杂人员出入或其他异常情况的出现。

（6）资料自动共享。

由于生产管理相关的数据都已经自动采集进入生产指挥中心总平台的数据库中，各子系统相关的研究人员、生产管理人员可以根据权限在网上查询各种生产计划、方案、运行记录等资料。数据共享主要由生产数据共享、管理数据共享、异构系统之间的数据共享。

(7) 生产统一指挥。

苏里格气田生产指挥管理中心系统主要完成苏里格气田所属区域内各天然气生产井、集气站、计量站（或计量清管站）、天然气处理厂生产运行状况的集中监视与管理，将骨架系统与各合作单位的生产管理整合在一起，实现统一生产调度。

主要功能：
①苏里格气田所有单井、集气站、处理厂的运行监视；
②配产计划的审批；
③生产预警／预案；
④管网运行管理；
⑤生产报表与查询；
⑥基础信息管理；
⑦系统管理。

油田数字化管理的思路是坚持"两高、一低、三优化、两提升"的建设思路。数字化管理重点面向生产一线，现场单井、管线、站（库）等基本生产单元的过程管理是数字化管理的重点和基础。

"高水平"：建成井钻实时数据采集、电子巡井、危害预警、智能诊断油井机泵工况的智能专家系统。

"高效率"：通过数字化管理系统的应用，提高操作人员的工作效率（人力资源的优化效率）、生产运行的管理效率、油气田开发的综合效率。

"低成本"：项目建设投资和运行成本角度综合考虑费用投入，坚持低成本发展思路。通过标准化设计、市场化运作，在综合成本不上升的情况实现数字化管理。

"优化工艺流程"：在确保安全环保的前提下，对工艺流程、生产设施简化优化，降低建设投资、减少管理流程。

"优化地面设施"：不追求单台设备的高水平，以系统的最佳匹配为标准，对站场关键设备进行优化。

"优化管理模式"：精干作业区，取消井区，实现扁平化管理，按厂、区、站（增压点）三级管理模式。

"提升工艺过程的监控水平"：借鉴苏里格气田数字化管理系统的经验，借助数据采集系统和电子巡井系统对工艺过程进行每天 24h 实时监控，对照历史数据和经验数据进行预警、报警。

"提升生产管理过程智能化水平"：利用数据分析、数据整合、数据共享技术，结合各种数学模型、经验数据、专家系统，对生产管理过程进行智能化指导。

苏里格大气田"智能化生产管理控制平台"系统，重要的是在本质上实现了国际石油公司通行的"一体化工作方式"，它的意义是生产力和生产关系发生了质的变化，也使中国石油天然气开采业跨入了国际先进水平的行列。

这一变化无疑是史无前例的，而且是名副其实的，也无疑是一个巨大的进步，它从根本上改变了矿产开采业，一般习惯于"人海战术"的传统做法，以事实证明了"科学技术是第一生产力"的著名论断，开辟了油气田企业管理的新道路，是真正意义上油气田开发现代化管理。

6. 项目 EPC 管理

项目，是指一系列独特的、复杂的并相互关联的活动，这些活动有着一个明确的目标或目的，必须在特定的时间、预算、资源限定内，依据规范完成。项目参数包括项目范围、质量、成本、时间、资源。

项目管理（Project Management，简写为 PM），是指把各种系统、方法和人员结合在一起，在规定的时间、预算和质量目标范围内完成项目的各项工作。一般来说，列为项目管理的一般是指技术上比较复杂、工作量比较繁重、不确定性因素很多的任务或项目。第二次世界大战期间美国研制原子弹，以及后来的阿波罗计划等重大科学实验项目就是最早采用项目管理的典型例子。

项目 EPC 管理，是指对一个工程项目负责进行"设计、采购、施工"。通常也称"工程总承包"。EPC 是英文 Engineer，Procure，Construct 头字母缩写。"EPC"与"工程总承包"两者的含义基本相近。

项目 EPC 管理是指对工程负责设计、采购设备、运输、保险、土建、安装、调试、试运行，最后机组移交业主商业运行，整个过程称为工程的总承包。"设计、采购、施工（EPC）"，是完全意义上的"交钥匙工程"总承包，即工程总承包企业按照合同约定，承担工程项目的 Engineering（工程设计）、Procurement（设备采购）、Construction（主持建设）、试运行服务等工作，并对承包工程的质量、安全、工期、造价全面负责。

国外负责此项工作的一般叫做的"工程公司"，在国内叫做"设计院"，负责给业主搞工程建设，这种模式在全球普遍通用，"设计、采购、施工（EPC）"的三个阶段都由工程公司（设计院）负责。

项目 EPC 管理三维管理：

一是时间维：即把整个 EPC 项目的生命周期划分为若干个阶段，从而进行阶段管理。二是知识维：即针对 EPC 项目生命周期的各不同阶段，采用不同的管理技术方法。三是保障维：即对 EPC 项目中人、财、物、技术、信息等的后勤保障管理。

（1）项目 EPC 管理 6 个方面：

① EPC 项目的时间管理：是为了确保 EPC 项目最终的按时完成的一系列管理过程。它包括具体活动界定、活动排序、时间估计、进度安排及时间控制等项工作。

② EPC 项目成本管理：是为了保证完成 EPC 项目的实际成本、费用不超过预算成本、费用的管理过程。它包括资源的配置、成本、费用的预算以及费用的控制等项工作。

③ EPC 项目质量管理：是为了确保项目达到客户所规定的质量要求所实施的一系列管理过程。它包括质量规划、质量控制和质量保证等。

④ EPC 项目人力资源管理：是为了保证所有项目关系人的能力和积极性都得到最有效地发挥和利用所做的一系列管理措施。它包括组织的规划、团队的建设、人员的选聘和项目的班子建设等一系列工作。

⑤ EPC 项目风险管理：涉及项目可能遇到各种不确定因素。它包括风险识别、风险量化、制定对策和风险控制等。

⑥ EPC 项目集成管理：是指为确保 EPC 项目各项工作能够有机地

协调和配合所展开的综合性和全局性的项 EPC 目管理工作和过程。它包括 EPC 项目集成计划的制定、EPC 项目集成计划的实施和 EPC 项目变动的总体控制等。

(2) 项目 EPC 组织管理的任务：

一般来讲，具体到某一个项目 EPC 管理是按任务（垂直结构）而不是按职能（平行结构）组织起来的，其主要任务一般包括项目计划、项目组织、质量管理、费用控制、进度控制等五大项而不是笼统的承包。日常的项目管理活动通常是围绕这五大项基本任务展开。

其核心要素是 ERP，E（环境），R（资源），P（人）。"脱离对环境、资源和项目所涉及的那些具体的人"来考虑项目 EPC 管理，只能被评价为是在刻舟求剑，是在缘木求鱼，是在削足适履，是在南辕北辙。工具和流程都是重要的，但首先我们在做项目的时候要先想好到底都需要管理什么，包括我们需要解决什么问题以及我们都需要实现哪些目标。

(3) 项目 EPC 管理的组织结构：

管理是以 EPC 项目经理（Project Manager）负责制为基础的目标管理。其基本的组织结构主要有：

直线型组织结构：其特点是：上下层之间是直接纵向联系，没有隔层，层次没有交叉，命令的唯一性，只能指挥它的直接下级，不能指挥其他，也不能跨层次指挥，而任何部门任何人只接受它的直接上级的命令，不接受其他上级部门的交叉命令，也不能跨层次接受命令。适用条件：纯粹的直线型组织结构一般只适用于规模较小、生产过程简单的企业，不适用于生产过程复杂、管理任务繁重的大规模的现代化企业，一般情况下，是较为简单的。

职能型组织结构：其特点是：自上而下实行垂直领导，指挥与管理职能基本上由主管领导独立执行，各主管人员对所属单位的一切问题负责，不设职能机构，只设职能人员协助主管人员工作。其优点：决策迅速、命令统一、机构简单、权责分明、组织稳定；缺点是组织缺乏弹性，下级对上级绝对服从，缺乏民主，容易造成独断专行。

项目型组织结构：其组特点是：每一个工作部门同样只有唯一的

一个上级领导或上级部门，即上下级之间是直线型的领导与被领导的权责关系，一级服从一级，上级工作部门在所管辖的范围内对直接下级具有直接的指挥权，下级部门必须绝对服从。优点：可以防止产生多源指令、政出多门。缺点是工作部门的负责人责任重大，往往要求其是全能式的人物；组织内横向联系及相互协作少，缺乏合理分工，专业化程度低，稳定性较差。

功能型组织结构：其特点是：功能型组织结构主要是以专业功能约束下级层次部门和同级层次的业务活动，有时对上级层次也有约束作用。这种组织结构一般出现于社会团体和组织内部。其中间层（也可称作执行层）可能是若干不同功能的机构，向下级层次各部门提供不同功能的服务，因而下级单位接受来自多个不同功能部门的命令的多源性。

矩阵型组织结构：其特点是：在决策层的最高管理机构的直接领导下，由纵向直线型组织结构为主要领导与指挥系统和由横向功能型组织结构为辅助的支持与服务系统构成，是既有命令指挥，又有功能支持的整合组织管理系统。

(4) 项目 EPC 管理细节管理：

细节体现态度，细节见证素质，细节决定成败，"魔鬼"几乎都出在细节。EPC 项目一旦开始，每天都必然涌现出来一堆一堆新的细节问题，这些细节的问题和细节的麻烦往往会自动繁殖、自动找寻同类，其破坏力量逐渐得到更快的进化和发展，如果不及时得到控制和管理，局面往往会变得更糟糕，甚至失控或崩溃。

所以，在 EPC 项目管理过程中，要不断地跟踪遇到的细节问题和细节制造的麻烦，并评估麻烦细节对目标的各种可能性的影响，然后不断地寻找更有效的管理工具，执行各种管理的动作和行为。

从这种意义上说，项目 EPC 管理就是一门如何管理好项目进程中的大量琐碎的细节问题的学问。所以，一个合格的项目经理必须是一个专心、细心和耐心的人。其实，锁定目标，关注细节，选择适用的管理工具，并且坚强的执行，就是一个项目管理的成功之道。

目前，中国的许多公司也都是以这种模式组织重大工程建设，中国石油也开始在油气田开发、中下游工程建设、重大开发技术试验等推广这一做法。辽河油田在稠油蒸汽驱、蒸汽重力辅助泄油重大开发技术试验中就采用项目 EPC 管理，取得了巨大成功。这一具有世界先进水平原创性的技术，使辽河油田原油产量由降而升，并实现了小幅增长。

长庆油田新一代开拓者，在冲刺 5000×10^4t 油气当量的征程中，大范围推广应用项目 EPC 管理，见到了明显的效果，而且结合长庆油田实际创造性发展了 EPC 管理，并具有长庆油田特色。

一是苏里格气田"5+1"划块承包开发，就是采用相似的 EPC 概念组织的开发，其明显的优势是调动各方积极性，加快苏里格大气田开发建设，2008 年建设规模已经达到 $80 \times 10^8 m^3$ 的实际生产能力，2009 年将达到 $100 \times 10^8 m^3$。

二是超低渗透油田开发也基本试验项目 EPC 管理，实施工程总承包，为近期实现超低渗透油田（2吨产能区）500×10^4t 目标创造了新的建设模式，在中国石油油气田开发历史上是为数不多的大胆试验和创新，具有超前的前瞻性和重大的现实意义。

三是开发钻井工程总承包，极大地调动了施工企业的热情和智慧，发挥了市场配置资源的功能，实现了低渗透油气田开发施工的多元化，探索了低渗透油气田企业业务的归核化和专业化，大大加速了鄂尔多斯盆地油气田大开发的历史进程。

7．市场配置资源

资源是一切可被人类开发和利用的客观存在，即一个地区拥有的人力、物力、财力等各种要素的总称。有自然资源和社会资源之分，自然资源包括阳光、空气、水、土地、矿藏等；社会资源包括人力、信息以及经过劳动创造的各种物质财富。

市场配置资源就是通过引入市场竞争机制，依靠市场价格与供求关系的变化，优化资源的配置。即通过价格、供求、竞争等进行人、财、物的合理配置，使资源的利用效率达到最大化。其核心内容是市场化，即竞争机制。

市场配置资源的优点是：人尽其才，物尽其用，充分调动积极性，推动科技进步，提高生产效率，实现资源合理利用。

例如，为了加快苏里格气田的开发，2005年1月中国石油作出"引入市场竞争机制，加快苏里格气田开发步伐"的重大决策，决定中国石油内部未上市企业参与合作开发苏里格气田。2005年9月，长庆油田与辽河石油勘探局等五家未上市企业签订合同，合作开发苏10等8个区块，形成了"5+1"的合作开发机制。

引入市场竞争机制，合作开发苏里格是市场配置资源在苏里格气田的一次尝试。合作开发充分发挥市场配置资源的优势，坚持开放市场、主体平等、公平竞争的原则，同时，加强队伍引进、风险防范、质量控制、市场监管等关键环节的管理，加强健康高效的油气田建设市场的培育。无论是产能建设，还是关键设备的定型，都是依靠市场来配置资源。

通过实践，市场配置资源取得了重要的成果：

（1）解决了施工能力短缺问题，仅2007年，苏里格气田"5＋1"区块就迅速集结了93部钻机，37个试气组。

（2）充分地调动了各单位研发、推广和应用技术的积极性，气田建设呈现"你追我赶"的局面，大大加快了气田的开发建设进程。

（3）大幅度提高施工进度、施工质量，钻井、录井、测井、井下作业、地面建设及动态监测等方面，较好的控制了建设成本，大幅度降低了施工费用。

（4）大大降低了主要设备的投资费用，降低了投资成本。并促使服务商根据现场需要，在不增加费用的前提下，自行组织产品研发，提高产品质量，不断推出新产品，从而使一批质优价廉的新产品得以规模化推广应用。

2007年底，苏里格气田的日产气量突破$1000\times10^4m^3$，建成了年产天然气$40\times10^8m^3$的能力，实现了气田的规模有效开发，解决了这一世界级难题。目前，苏里格气田开发建设是真正的"高速度"，市场配置资源是下一步加快苏里格开发的基础。为了实现苏里格气田$200\times10^8m^3$产能的宏伟目标，2008年5月，长庆油田与川庆、长城、渤海3家钻探公司和长庆局、华北油田在苏59等6个区块开始开展第二期合作。2010年，苏里格气田将实现年产天然气$100\times10^8m^3$的目标，成为真正的大气田。

8．一体化管理

所谓一体化工作方式，也可以称之为一体化管理。一体化是指依托新型的工作流程，推行跨界协作，从而更快地做出更好更有效的决策。

具体的讲，是把若干个分散的单元和要素，运用现代技术手段集合到一个平台，整体互动，从而达到有效控制、迅速反应、快速决策的目的。

一体化工作方式是个新概念，它是挪威国家石油公司和苏里格工作方式，在油气田开发实践中创造的一种新型的工作方式。其最大优势是消除组织上的工作障碍和层次上的人为切割，工况得到及时准确的监测和控制，任何人均可在任何地方查看实时数据和调整自己工作状况，使之符合工作流程的要求。

人们把这种一体化工作方式称之为一次革命，实际上它的实际意义，远大于事物本身所反映的真正价值。实际工作中现实意义极强，也具有极强的可操作性。

一体化工作方式，强调整体性、互动性，注重资源的优化，注重工作流程的标准化，重在改变单一部门的工作方式，推进跨部门的工作方式，公司就是一个团队，在整个公司层面上实现协作。

一体化工作流程是：工作由串行到并行；由单一专业个体到跨专业团队；由受地理位置的限制至不受地理位置限制；由根据经验数据决策到根据实时数据作出决策；由被动到主动；按规律运作，更好地利用资源，使外部能力转变为内部能力，使分散的资源转变为整体动力。

一体化工作方式，使决策更快更明确，改变被动应付到主动应对，减少了偏离工作目标行为和提高了规章制度执行力。工作运行反应时间短，生产现场形势得到及时有效控制。一个油田、一个公司就是一个控制中心，全过程可发挥整体作用。

不论是钻井平台还是采油作业现场、海上还是陆上、前线还是二线、国内还是国外项目，都是一个团队。大家"就像在同一个房间内工作"。在一个协作室工作，合作伙伴均成为团队的有机组成部分。特别是一体化采油工作方式,使油井、工艺、储层全系统优化并保持连续性,使高质量的工程师集中在一起,更快更好地发挥关键作用。

新的一体化工作流程对成本效益起到了积极的影响,钻井效率提高,采油更优化,设备效率更高,油井作业寿命延长,事故减少,也改变了人们工作角色、工作任务、同时削减了配备人员的数量,使整个公司运行成本大大降低,公司的价值也相对提升。

实际上,一体化工作方式,对于海洋作业可在陆上完成远程可视控制,对于陆上油田可在基地控制中心实施远程可视控制。这中间起关键支撑作用的是信息管理系统,所有作业活动都被记录,也就是IT构架。

一体化工作方式的远景是:整个公司作为一体化作业的领导者,将全公司、全球(属于公司的业务)资源整合互联互动,实现跨资源和跨地区大协作。

9. 归核化管理

所谓归核化,是把自己的核心技术、市场、顾客和产品放到经营管理的核心位置上,把公司的业务归拢到最具有竞争力的优势业务上,把经营的重点放在核心业务价值链中优势最大的环节上,强调核心能力的培育、维护和发展,最终形成自己的优势竞争力。

"归核化"战略,就是集中资源打造核心业务,提升企业核心竞争能力。"归核化"不是"归一化",也不等于"单一化",更不等于简单的专业化,而是向核心业务集中资源,形成核心业务主导下的业务间紧密关联的发展态势和发展空间。

中国石油近期大规模的专业化重组,就是归核化的中国式的典型案例。其基本内涵是:以油气业务为核心,拥有合理的相关业务结构和较为完善的业务链,上下游一体化运作,国内外业务统筹协调,油公司与工程技术服务公司等整体协作,打造具有国际竞争力的跨国经营企业集团。

中国石油对产业特征的定位,即从事能源生产与销售的企业,主要是以油气业务为主,有序发展新能源业务,立足国内,全球化经营,主要是资源国际化,市场国际化,资本、技术、人才等生产要素以及经营理念和企业管理的国际化。

概括地讲，主要是突出集中发展石油天然气业务，包括国内国际油气勘探与生产、炼油与化工、天然气与管道、销售与贸易等业务；协调发展石油工程技术服务业务，包括物探、钻井、测录试井、井下作业、装置检维修等业务；积极发展石油工程建设业务，包括油气田地面建设、炼化建设、管道建设和工程勘察设计等业务；适度发展金融服务业务。

与归核化相对立的是多元化。企业因多元化经营而失败的例子屡见不鲜，在国内最典型的例子莫过于"巨人集团"，在涉足房地产和生物制药业后而轰然倒闭。在国外最典型的例子是美国的"安然公司"，因多元化经营不当引发财务危机，最终导致破产。为此，多元化经营引起了人们广泛关注和深刻的反思。在多元化发展最成熟的美国，现在却在进行一场轰轰烈烈的、影响深远的归核化运动。

如何认识归核化浪潮与多元化战略之间的联系？归核化浪潮的兴起是表明多元化战略过时了？还是为多元化战略增添了新的内容？归核化给中国企业的多元化经营能带来哪些重要启示？这些都需要中国的企业家和经营者认真的研究、思考和实践。

归核化是以美国为首的西方发达国家多元化发展进程到了一个新的阶段，中国以中国石油为代表的大型企业率先示范，把公司的业务归拢到最具有竞争力的优势业务上，从而和国际先进潮流同步，占据良性发展的制高点，为进一步做强做大，实现又好又快的发展，打造具有巨大影响力的国际一流公司，为中华民族复兴做出新的贡献。

美国跨国公司实施归核化战略的主要方式是并购、分拆、重组和剥离等，其中剥离是通过撤销、出售、互换、外包等形式，不断将非核心业务剥离出去。尤其是非股权参与的外包，如广泛用于产品制造、IT服务、人力资源管理、金融、保险会计等。使主营业务更加突出，抗风险能力进一步增强。

现在许多公司不断加强对核心业务的投入和核心技术的开发，形成独特的、具有显著"差异化"的持续竞争力的业务和技术。这种"差异化"，别人就根本无法替代和复制，即使替代和复制也是要付出巨额成本和长时间的周期置换。国际大公司都在投入巨大的人力、物力、财力打造自己"差异化"竞争力，其用意和目的就在于此。

《财富》杂志最新统计，在世界500强中，单项产品占销售量95%的有140家，主导产品占销售量70%~95%的有194家，相关产品占销售量70%的有146家。这个统计分析说明归核化的成功，也说明多元化不是公司战略选择的唯一方向。作为最成功的归核化的公司，在全球以阿尔卡特公司和诺基亚公司为代表。

这充分表明，跨国公司都在发展具有核心竞争力的业务和技术，其经营战略正在由"多元化"走向"归核化"。这是一大趋势，而且这一趋势被称之为归核化运动。

但是，纵观中外现代企业发展史，多元化作为一种普遍的企业成长方式，在大型企业的成长中占据着重要的地位。在这方面，成功的例子也不少，如通用电气公司、摩托罗拉公司、杜邦公司、夏普公司、东芝公司、松下公司、三星公司、西门子公司等。中国的海尔公司、长虹公司、海信公司、春兰公司等也都由多元化经营而迅猛崛起。

任何事物都有它的两面性，所以，在谈归核化时，不应忽视多元化的积极方面；在坚持多元化时，也不能忽视世界上出现的归核化浪潮。因为任何事物的发展都是时间的函数，所以随着时间的变化而变化，方乃企业家的明智之举。

10．人性化管理

所谓"创造工作环境"，就是指"创造人人都能心情舒畅地工作的环境"。说穿了就是如何待人、如何对待与自己一起工作的人。人与人的关系相处和谐就是最好的"环境"，

"关爱人就是生产力"。说到底就是"尊重人的价值"，而"尊重人的价值"始终是油气田管理创新的"主体"。

那么人的价值的含义是什么？人的价值是由人的社会价值和自我价值两方面构成的相互依存的统一体。在中国传统文化中，真正意义上的个体实际上是不存在的。改革打破了束缚个人创造性发展的一切桎梏。在企业里，尊重人的价值，实现人的价值，已成为企业管理者关注的

目标。

　　人的价值与企业价值的一致性。所谓企业价值是指它本身在整个国家政治、经济生活中所发挥的满足社会需要、促进社会发展的作用。企业价值和员工个人价值是价值的有效统一体，在本质上具有很强的一致性。

　　人的自我价值必须通过企业价值来体现。企业是社会的一个基本细胞，实际上是一个小社会。而人在这个小社会里生产、生活和工作，并以企业为舞台而施展才华，实现自我价值。只有企业价值实现了，才能真正谈得上个人价值的实现。

　　企业价值中包含着人的社会价值。人是生产力中最活跃、最积极、起决定性作用的因素，也是企业价值大小的最主要的因素。每个人的生产和工作满足社会需要的程度越高，企业的社会价值就越大。在某种意义上说，整个企业的价值就是每个员工创造的社会价值的总和。

　　尊重人的价值的根本要义不在于员工受到尊重而对领导人的观点产生认同和顺从，而在于让员工真正成为主人，干企业的事就像给自己家干活一样，爱护企业荣誉就像爱护自家的彩电、冰箱一样，在于开发人的智慧，发掘人的潜能，在于保护人的积极性，保护人的创造精神，在于保障人的正当物质利益和生活权利，引导员工在实现企业价值过程中实现自我价值。

　　尊重人的价值就是要关爱人和关注人。关爱人是实现人的价值的首要条件。关爱人才能得人心。企业要靠全体员工，靠员工干部一条心。领导不能表现得自己比工人高明，要像对待自己的兄弟姐妹一样爱护员工，与员工心贴心、肩并肩。

　　关爱人才能激发积极性。人的需要具有反复性，关爱人就会经常关心人的生活，不断满足人的物质、精神需要，激发人持久的工作热情和积极性。

　　关注人是关爱人的具体表现。关注人才能了解人的长处。金无足赤，人无完人。只有掌握人们各自的特点，才能避其短扬其长，促使人的价值的实现。

　　关注人，就要注意发掘人的潜能，开发人的智慧。不能仅要求工人多干工作,还要让员工多动脑子,有多少光就让其放多少热。

人们往往把创造心情舒畅的工作环境,简单地认为是工作环境的硬件条件,当然硬件环境也是重要的,但不是唯一的。实际工作中最大问题是各种关系难处理。处理好各种关系,特别是人与人的关系,是"创造人人都能心情舒畅工作的环境"首要问题,"十要素"提供了解决的途径:

(1) 不从根本上伤害人。在一个集体里,对待人,对待同事,对待朋友,都不要从根本上伤害人。即使有错,可以批评,甚至狠狠的处罚,也不要从根本上伤害。特别在关键时刻更不要伤害人,这是做人的良心和起码的品德。

(2) 人事关系简单化。人与人交往,其关系不要搞得太复杂,尽量简单化。简单化可以降低各种交往成本,使大家不要背上过重的心理负担,心情舒畅的工作。虽然这与中国文化有关,但在自己负责的集体里,尽可能把人事关系简单化,降低交往的成本。

(3) 大致上平衡。做任何事情,不可能做到完全平衡,但注意做到大致上平衡,或八九不离十,是完全可以的。这样做既是一种艺术,也是一种处事的分寸,又是管理者重要的方法。同时还可以减少矛盾,而且易被大家接受,才有可能服众、和谐。

(4) 人才就在身边。经常可以听到一些人感慨,埋怨本单位没人才。实际上所有单位,不论大小,都有出类拔萃之人,只是没有发现而已。那些只看到自己,看不到别人,只看到外面,看不到本单位,实际是对本单位人积极性的伤害。反过来,说明他不了解自己的单位,心没有在单位。

(5) 缘分。人和人能在一起工作,绝对是一种缘分。缘分不是迷信,而是机会。大家在一起建设性的工作,建设性的合作,是一种高层次的享受。若干年后,眯眼回味,也是一首悠长的精神颂歌,是一桌美味的精神食餐。何乐而不为呢?

(6) 厚道。中国市场经济发展到今天,信用、信誉是人们在深深思考的问题。大家都在选择,都在实践,都在反思。迷茫疯狂之后,又回归传统,提倡厚道、本分。有了厚道、本分,人与人交往,就不用担心。厚道、本分也是做人、做事的基础，是信誉、信用的前提。

（7）与人交心。人与人，达不到交心，就达不到信任。在一起工作，同为一个事业服务，尤其是领导，能与下属交心，绝对是相互信任的开始，成功的开始。假若一个领导多年都不和下属谈话，甚至连人都找不见。跟这种领导干活，除了为生存外，再没有任何意义。

（8）关心他人进步。人往高处走，水往低处流，是事物的本来面目，虽不能说是普遍规律，但也是人之特性。满足人的这一愿望，是调动积极性的最好最有效的方式。公平公正的解决好此问题，胜过几个兵团。

（9）力所能及为下属办事。家家都有难念的经，人人都有些自己办不了的事。作为领导力所能及的为下属办点事，大家肯定拥护和感激。在一定职权范围，一件都不办，不对；再一再二，可以；要求再三再四，过分。

（10）创造人人都心情舒畅的工作环境。中国社会现在越来越开明，但不等于每一个单位都有开明的氛围。作为领导的一大本事，就是在自己管辖的范围内，创造一种大家都能心情舒畅工作的环境，显得十分重要。

11. 关注度新解

一件事被关注，是件好事，但当大家过多关注一件事就不一定是好事。同样，大凡能成就大事（做成事）的人，都需耐得住寂寞。做人、做事都是如此，稍安勿躁，只有静下心来，潜心进行量的积累，才有可能达到质的突破，十年磨一剑就是这个道理。长庆油气田的开发也是如此。

可见，在不被关注下，要想成就一番大事，就需先耐得住寂寞。在过度关注下，更应做到静下心来，这需要更高的内功，"欲速则不达"。长庆油田的快速、跨越式发展，饱含着长庆石油人上下求索、攻坚克难，甘为寂寞、守望石油的执著，同样也说明了这个道理。

（1）过多关注，可能会自乱阵脚。

当人们过多关注一件事时，由于"弦"绷得太紧，经常会失去理性，丧失了判断能力而自乱阵脚。中国足球的历史经验表明，每到关键时刻，受到来自全国过多关注的时候，我们总是因为自乱阵脚而自毁长城。1997年的金州十强赛上，我们认为自己已过早地丧失了出线的希望。但后来的实际情况却是，伴随着卡塔尔队的中途雄起，混乱的局势让国足完全有可乘之机。可惜我们自己先乱了，丧失信心了。

（2）过多关注，会使人变的轻飘飘。

如果在孩子的成长过程中，受到来自众多亲人的过多关注，衣食住行样样都得到亲人的精心照顾，往往使得孩子无所适从，同时会滋生一种惰性。关注过度和溺爱虽然不同，溺爱是只讲感情不讲教育；关注过度则是不但有强烈的教育意图，而且有具体的教育措施，不过是过了度，成为"溺教"。这两种做法都是违反教育规律，同样是费力不讨好。"关注过度"关键是过了"度"，通过关注过多、过细、过严、过急所被动教育出来的人，往往缺少独立人格、创新精神和开拓能力。

（3）过多关注，往往适得其反。

世界上的事情都在变，变则通，变则活。"女大十八变，越变越好看"，让我们感悟到什么是青春多彩，活力无限；孙悟空有72变，就能把妖魔鬼怪杀得鬼仰魔翻，使我们领略了什么叫神通广大，智慧无边。这里我们讲的只是结果，而忽略了发展的过程。过多关注事物发展的过程，往往会过多地印上人们主观的烙印，而违反事物发展的客观规律，可谓物极必反。这样的例子在生活中比比皆是。当大家都在关注着楼市、股市，追求利益最大化时，其实它的寒冬已经悄然而至，已经到了末路，但只有"熊市"到来，才能将使其淡出我们的视线。道理我们都知道，但我们往往不能把握关注的"度"。

（4）耐得住寂寞，可能会走向成功。

耐得住寂寞，说的是在艰苦的、不为过多关注的条件下，仍然充满激情、有的放矢、苦练内功的过程，亦可谓卧薪尝胆，最终将会大展宏图。长庆油田低渗透油气田的发展就是这个道理。

长庆油田地处广袤的鄂尔多斯盆地，地域横跨陕、甘、宁、蒙、晋5省（区），点多、线长、面广，且地形地貌复杂，自然环境比较差，地下油气藏属于典型的"三低"油气藏。就是在这样的环境下，长庆油田由一个名不见经传的小油田快速发展成为全国屈指可数的大油气田，长庆人通过30多年的默默无闻、"精雕细刻"的工作，依靠科学技术，让每一口井"吐"出了更多的油气资源，使以前不能开发的低渗油气藏"重见天日"，使年产不到 100×10^4t 的油田发展到油气当量将达到 3000×10^4t 的大油田，造就了今天鄂尔多斯盆地低渗油气田的大发展。

(5) 众目睽睽，可能就是失败的开始。

"睽睽"就是睁大眼睛看。在大家的目光注视下，往往为了求稳，而缺乏了创新；缺乏了创新，也就缺少了激情；缺少了激情，也就缺失了动力。结果是禁锢了我们的思想，捆住了我们的手脚，不进则退。这时就更需要有"舍我其谁"的魄力和解放思想的勇气。长庆油田快速发展，归根结底是思想认识的结果，长庆未来持续发展，关键在解放思想，出路在解放思想，动力还在解放思想。

(6) 静悄悄的环境，是干大事的最佳选择。

38年前，在长庆桥的那个小镇，开始了轰轰烈烈的长庆油田大会战，"三块石头支个锅"、"三顶帐篷搭个窝"，低渗透上谋发展，"磨刀石"上闹革命。1983年产量达到 100×10^4t。但随着我国东部油田的相继发现，长庆油田先后分6批，3万名员工"孔雀东南飞"，长庆油田渐渐离开了人们的视线。

就是在这静静的环境里，6万名长庆人发扬"特别能吃苦、特别能战斗、特别能负重、特别能奉献"的精神，在不被人家关注，不被看好的情况下，打破条条框框，敢于冲破禁锢，峰回曲折，跌宕起伏，对鄂尔多斯盆地不断地进行重新再认识。

首先，在20世纪80年代初，长庆人知难而进，硬是在洋人否定的安塞油田不懈追求，用"蚂蚁啃骨头"的执著精神，经过8年艰苦攻关，最终使这个探明储量 2×10^8t 的特低渗油田，正式投入规模开发，年产油200多万吨，创造出全国著名的"安塞模式"。随着"靖安模式"和"西峰模式"等相继诞生，长庆油田造就了低渗透油田的有效开发的典范。

其次，在找油的同时，长庆人还关注着"聚宝盆"的气，既要发展大油田,又要建设大气田。苏里格气田地表主要为沙漠覆盖,气藏主要受控于近南北向分布的大型河流、三角洲砂体带,是典型的岩性圈闭气藏,气层由多个单砂体横向复合叠置而成,属于"低孔、低渗、低丰度"的大型气藏,是具有世界开发难度的大气田。长庆人承载社会责任和政治责任,打破传统,走低成本开发的路子。首次提出了"面对现实,依靠科技,创新机制,简易开采,低成本开发"的战略。探索出以"技术集成化、建设标准化、管理数字化、服务市场化"的开发新思路,催生了"标准化设计,模块化建设,数字化管理"的苏里格新模式。创新的新型开发模式,加快了苏里格气田开发步伐,用两年时间在苏里格中区形成了 $40 \times 10^8 m^3$ 的年生产能力,实现了苏里格世界级特大型整装气田的规模有效开发。

第三,在长庆人探索形成了一系列具有长庆特色的开发技术和模式下,在培养和造就了长庆人"能吃苦、讲奉献、守纪律、重执行"的价值观下,长庆人描绘出实现年产 $5000 \times 10^4 t$ 油当量的宏伟蓝图。

长庆石油人就是凭着艰苦奋斗、顽强拼搏、默默奉献的精神,在不被外界关注的条件下,一步一步攻克低渗、特低渗、超低渗等世界难题,谱写并镌刻下中国石油工业不断发展壮大的昨天、今天和明天。

边栏1：顶层设计

所谓顶层设计，是（指）自高端开始的总体构想或总体构想的框架。而所谓构想则是指对全局的谋划。

从这个意义上讲，国家、企业和个人都有个顶层设计问题。即所谓"不谋万世者，不足谋一时；不谋全局者，不足谋一域"。可能就是这个道理。

顶层设计，原本是工程师们为了完成某一项工程，运用系统论的方法，以全局的视野，对工程的各方面、各层次、各功能、各要素统筹兼顾，规避可能的风险，使理论与实践的统一，采用最经济的路径，完成最艰巨的工程项目。

顶层设计，这一工程学概念，后来被西方国家和他们的政治精英们广泛应用于军事和社会学领域，成为国家制定发展战略、军事战略和政府统筹内政外交的重要思维方式。

按戴旭先生的话讲，顶层设计是铺展在意图和实践之间的"蓝图"。是具有总体的明确性和具体的可操作性的科学思维理论的结晶。世界上没有一栋知名建筑是不按图纸设计施工的，近代成功崛起的大国，无一不是顶层设计的杰作，成功的企业和人士，也无一不是顶层设计的宠儿。

顶层设计不同于愿景式的设计，而愿景式的设计是从屋顶（未来要变成什么）、支柱（采取的行动）到地基（企业的行为），也就是说先盖起梦想的房子。而顶层设计，真正的困难在于如何按大的战略构想而付诸行动。

（1）国家。

小小孤岛英国，领土和人口资源有限，争雄欧洲，称霸世界，谈何容易。但是，英国的政治精英们，以穿透历史的思维和对时代的透彻理解，确立了国家经济发展方向，是走工业化道路；政治发展方向，是推行民主宪政；国家地理发展方向，是立足陆地，控制海洋。

就是这一顶层设计，经掌权者、王室成员和国民的齐心协力，持之以恒的奋斗，小心翼翼地呵护，终于造就了在19世纪，世界历史上幅员辽阔的"日不落帝国"，也给世界历史留下了一幅极其精美的强国富民的杰出的经典画卷。

英国经200多年的努力，奇迹般的从"小不点"到"巨无霸"，不是上帝恩赐，而是国家大战略的正确。

美国先建立起注重公平和效率的资本主义制度；后又牢牢占据科技立国和效益强国的制高点；今又以绝对优势控制太空信息技术，借反恐抢占世界要地和资源。处处以国家利益为根本前提，所有政治精英步步为营继往开来。

美国是继英国之后，是当今世界顶层设计走强国之路的杰出典范。还有日本和德国也都是顶层设计的典范。第二次世界大战后日本和德国几乎变成废墟，但不出30多年，成为世界经济强国，仅次于美国。现在口气越来越大，气势咄咄逼人。

中国从20世纪70年代末，一代伟人总设计师邓小平，站在"窗体顶端"，构想和擘（bò）画中国发展的顶层设计，即国家大战略，发展方向走中国特色社会主义道路，基本国策是改革开放，中心任务是发展经济，实现工业化，推进城镇化，奋斗目标是全面建设小康社会，最终目标人民共同富裕，基本要求是"不争论"，"不当头"，韬光养晦。

中国这一国家大战略的顶层设计，实在是"妙"。她集中了中华民族5000年文化之内涵，国家200多年被外强凌辱之教训，共产党80多年来正反经验和教训之总结。30年改革开放的成果，也证实了邓小平作为总设计师，擘（bò）画的中国顶层设计的正确。这也是世界发展史上不可多得的"顶层设计"的杰出经典之名作。

(2) 企业。

中国石油的顶层设计，也是值得推崇的，其宗旨是"奉献能源，创造和谐"，目标是"建设具有国际竞争力的跨国企业集团"，战略是"资源化、市场化、国际化"，"最大限度地获取资源"，根本目的是承担起"经济、政治、社会"三大责任，保证国家能源供给。

10月22日美国股神巴菲特先生，致信中国石油蒋洁敏总经理，"我们非常满意对中国石油的投资。在我们持有贵公司股份期间，贵公司能够以较低的代价发现石油，其工作优于绝大多数国际大石油公司"。"如果中国石油股价有所回顺，那么中国石油将是我们重新购入的首选股票"。"我们很欣赏你们的工作"。

巴菲特先生的这段话，可以看作是对中国石油业绩的评语，尤其是"工作优于绝大多数国际大石油公司"这句评语，而巴菲特先生是一位得到国际承认的股神和经济权威。但是，经验丰富的管理团队和忠诚乐于奉献的员工队伍是中国石油成功的关键。

(3) 个人。

某位农村青年，高考落选，沉思良久后，猛醒，抱着"哪里黄土不埋人"的决心和意志，自己设计自己。他发现中国历史，所有史籍都有一个很大的缺陷，几乎没有"工业史"，即使有些记载，也不系统不完整。

为此，这位青年人决心研究中国工业史。但是，几千年中国工业历史，研究是极不容易的事，谈何容易。所以，这位青年人很务实，他仅选择了研究"中国酿酒工业史"，而酿酒工业史只选择研究"西汉酿酒工业史"。

巧妙之巧妙，看到中国历史缺少工业史；重点之重点，浩瀚的中国历史，重点研究中国工业史；选择之选择，只研究酿酒工业史，而酿酒工业史，仅选择西汉酿酒工业史。经过多年的刻苦努力，这位年轻人成功了，他现在是国家著名的中国工业史研究学者之一。

实际上，这位年轻人高考落选之后，自己无意识的策划了自己事业的顶层设计，虽然，在某种程度上带有不自觉性，但他的的确确是一幅完整的个人顶层设计的杰作。

大到国家，中到企业，小到个人。凡成功者不泛都是有一个很好的顶层设计。国家有一个好的国家大战略，企业有一个好发展战略，个人有一个好的人生奋斗目标。

同时，要做到社会共识之，准确把握，持之以恒，小心翼翼，手段为目的服务，目的才能实现。

2007年10月31日于天津大港油田宾馆

边栏2：再创辉煌

胡文瑞局长在干部大会上发言摘要（1999年初登载于长庆石油报），标题是："不负重托团结带领全局职工再创辉煌"。

1999年4月12日上午，在局干部大会上，当中国石油天然气集团公司人事劳贸部主任张宽信宣读了集团公司党组的任命决定后，面对参加会议的1900多名科级以上干部，胡文瑞局长和孙玉辰书记表示：要在集团公司的正确领导下，依靠全局职工，紧密团结，共同努力，带领全局广大职工进入跨世纪持续发展的新阶段。

胡文瑞说：集团公司授予我职务和权力，但权力不等于水平，职务不等于能力。就我的知识、经验、能力、水平而言，深感准备不足，责任重大。为了对事业的忠诚，特向集团公司领导和全体职工表态：

第一，要在政治上与党中央保持一致，在组织上与集团公司保持一致。服从集团公司整体利益就是服从国家利益，在这个问题上，坚定不移，忠贞不二。

第二，我接替史局长工作，担任长庆局局长，从思想上就不打算放"三把火"，长庆局发展趋势是好的，任何工作都有它的继承性和连续性。连续可以保持状态稳定。在前瞻后顾中求得动态平衡，这才能达到长治而赢得企业稳定。

第三，企业兴衰在于人，班子团结在于主要领导。我会和孙书记处好关系，会全力支持孙书记的工作。在局班子建设上，既要讲原则，从政治上看问题，又要讲素质，从行动上看表现。从总体上，要在讲自觉、讲实效、讲政绩的基础上，宽严相济、厚道待人，多一点"温、良、恭、俭、让"。

第四，在鄂尔多斯盆地搞油气，最大的特点是低渗透、低产量。市场经济最主要的特征是追求最大利润。如何在这两者之间找到平衡，突出效益，确保赢利，坚决做到不亏损，出路在于一靠改革，二靠科技进步，三靠管理。我们首先必须明确目标；其次懂得如何落实；再次依据目标，开展造势活动，使实现全局核心目标，变成全体职工的自觉行动。

第五，在过剩经济的今天，长庆的生存、发展、营销、经营战略显得比任何时期都重要和迫切。我们必须高度重视，深入研究。重视市场，不能忽视成本；重视利润，更不能把目光完全集中在销售的价格提升上；利润在人们的头脑中，利润更多地体现为观念利润、科技利润、管理利润、生产过程利润、市场营销利润、采购供应利润、组织宣传利润及文化利润等方面。

第六，市场经济既给我们提供了发展的机遇，但同时也给我们增加了更大的风险，特别是在市场不太规范的今天，我们更要注意多元化发展的风险、资本运营的风险、筹资与负债的风险、异地化发展的风险、过分民主和独断专行的风险、权力过分集中和过于分散的风险。为了避免风险，决策更要民主化、科学化和程序化。群策才能群力。在管理上，我们更要化繁为简，驾简驭繁，抓大察小放中间，不能啥都想干却啥都干不好。

第七，长庆实践证明，人才是企业生存和发展的根本。人才就在身边。用人的机制原则应该是：贤者居上，能者居中，庸者居下，智者居侧。在长庆大是大非问题上，坚持用民主集中制的原则，同时辅之以从贤不从众，来集中正确的意见，在长庆事业发展上，认干不认说；黑猫、白猫，认能逮住老鼠的好猫；无所作为比在努力干工作中犯错误更糟糕。

第八，在目前长庆暂时困难时期，用"三大讲"统一全局职工认识，以勤政廉政和不违法、不违规、不违纪赢得民心；以成熟的心态建设长庆监督、监察网络，随时接受集团公司和职工群众对我的批评、监督和帮助；以工资、福利和奖金的通道，调动职工的积极性；以"言出即行、不言不行"的工作风格谋断处事；以照顾大多数人的利益为原则，加强矿区建设，加强一线建设，加强基层建设。

胡文瑞最后表示：长庆局中近期目标是：油气当量年产 $1000 \times 10^4 t$。

孙玉辰说：长庆发展的快与慢、好与坏，我和胡文瑞对这个问题的分量，心里非常明白，我们都感到这届班子担负着跨世纪的责任。请集团公司领导和广大职工、家属相信一点：我们两人和现在班子的每个成员，绝不会把信任和重托当儿戏，自己办法不多靠大家，智慧不够靠专家。

当前和今后一段时间里，稳定班子、稳定外部环境、稳定陇东和基层，确保供给北京输气、确保不亏损，还要保持适当的发展速度，建设民主政治，深化改革与管理，带头求真务实，把长庆的事情办得更好，这是我们共同要奋斗的目标。

作为我个人，要带头讲学习、讲政治、讲正气，勤政廉政，全力支持好胡文瑞同志和班子各位成员的工作。长庆30年，经历了3个不平凡的阶段，我们要以自己的所作所为，带领职工进入跨世纪持续发展新阶段。

新一届领导班子，还要开拓新的领域、作出新的贡献，要用我们的实际行动，让集团公司领导放心，也让大家放心，争取让大家满意。

源于《长庆石油报》

边栏3：鄂尔多斯盆地石油简史

鄂尔多斯盆地是我国大型沉积盆地之一，面积$37 \times 10^4 km^2$。四面高山环抱，三面黄河环绕。日月星辰，山海湖滨，构造运动，海陆变迁。春夏秋冬，地理演化，生命繁衍，奥妙无穷。油龙气虎，桃李争妍，千古神话，史诗为证。

公元前。西汉末年，王莽时期，就有史书记载"高奴出脂水"之说。公元32—92年，东汉班固《汉书·地理志》："高奴有洧水可燃"；《汉书·郊祁志》："祠天封苑火井于鸿门"。

1031—1095年。北宋沈括《梦溪笔谈·杂志》："鄜延境内有石油，旧说高奴出脂水，即此也"。"此物后必大行于世"。

1286—1303年。《元一统志》："延长县南凿开石油一井，其油可燃"；"延川县西北有一井，岁纳百斤"；"宜君县西石井中，汲水澄而取石油"。

1903年。清光绪二十九年，陕西于彦彪、郑明德与德国商人汉纳根合约开采延长石油。

1906年。清光绪三十二年，创办延长石油官厂。次年钻成中国第一口井。

1914年。民国三年，北洋军阀政府与美国美孚石油公司签订《中美合办油矿条约》。油量甚微，无重大发现。

1932年。民国二十一年，国防设计委员会再次勘探陕北石油，由北平地质调查所翁文灏组织石油地质调查，钻井4口。

1935年。中央红军长征到达陕北，陕甘宁边区政府恢复石油生产，毛泽东主席为石油劳模题词"埋头苦干"，石油为中国革命作出贡献。

1946年。抗日战争胜利后，中国石油有限公司成立，玉门油矿改称甘青分公司，在甘肃陇东、陕西彬县进行石油及油页岩调查。

1950年。政务院召开西北石油勘探会议，成立西北石油管理局，后改称地质局、钻探局，又改称西安地质调查处，组建陕北勘探大队。这是新中国成立后在鄂尔多斯盆地开展最早的石油勘探活动。

1958年。石油部确定勘探重点仍是鄂尔多斯盆地，并成立陕甘宁石油勘探局，后改称银川石油勘探局，发现李庄子、马家滩油田。

1962年。石油部撤销银川石油勘探局，缩编为银川石油勘探处，隶属玉门石油管理局。

1966年。玉门石油管理局决定成立银川石油勘探指挥部，在盆地北、西、中、南部勘探，获得一系列有价值的发现。

1969年。玉门石油管理局根据石油部指示，组织陇东石油会战筹备组，后改称陇东石油勘探指挥部。

1970年。国务院、中央军委下发(70)81号文件，成立中国人民解放军兰州军区长庆油田会战指挥部。庆1井钻探成功，拉开陕甘宁石油大会战的序幕。

1978年。成功开发红井子、马岭等油田，原油产量首次突破百万吨，外输兰州，始开外销商品原油的历史。

1983年。长庆油田会战指挥部更名为长庆石油勘探局。胡耀邦总书记7月20日视察油田。塞1井钻探成功，发现安塞油田。长庆进入由侏罗系转向三叠系为主找油、中生界找油转向古生界同时找气的新时期。

1988年。陕参1井钻探成功，发现靖边大气田，并获得国家科技进步一等奖，开创长庆油田天然气勘探开发的新局面。

1992年。长庆油田咸阳石化总厂投产，构筑上下游业务协调发展的新格局。

1994年。中国石油天然气总公司决定加快鄂尔多斯盆地油气勘探开发步伐，提"33551"发展目标。安塞油田经济有效的开发技术，被誉为"安塞模式"。揭开低渗透油田开发的革命。

1995年。中国最大的整装低渗透靖安油田投入正式开发。原油产量上升到200×10^4t。发现榆林大气田。

1996年。国务院总理李鹏9月11日在银川听取长庆油田工作汇报。靖边气田投入正式开发。中国最大的天然气净化厂破土动工。

1997年。原油产量上升到300×10^4t。陕京、靖西等输气管线投入运行，向北京、天津、西安等大城市输送天然气。

1998年。原油产量突破400×10^4t。发现乌审大气田。油田总部由甘肃庆阳搬迁到西安，实现战略性转移。

1999年。长庆油田重组改制为长庆石油勘探局和长庆油田分公司。

10月22日国务院总理朱镕基在兰州听取长庆油田工作汇报。与英荷壳牌公司在北京钓鱼台国宾馆签字，合作开发榆林气田。

2000年。苏6井钻探成功，发现中国最大的世界级的苏里格上古生界大气田。神木天然气勘探获得重大发现。天然气产量突破$20 \times 10^8 m^3$。

2001年。累计探明石油储量突破十亿吨、探明天然气储量突破万亿立方米大关。原油产量上升到$500 \times 10^4 t$、天然气产量攀升到$30 \times 10^8 m^3$。西17井钻探成功，发现西峰大油田，中生界延长统石油勘探开发又进入一个新时期。

2002年。中共中央总书记、国家主席江泽民3月27日在榆林听取长庆油田分公司关于鄂尔多斯盆地资源汇报。原油产量突破$600 \times 10^4 t$，姬塬油田发现，重上白豹探区，天然气产量突破$40 \times 10^8 m^3$，实现历史性跨越。苏里格气田勘探获国家科技进步一等奖。

2003年。原油产量攀上$700 \times 10^4 t$台阶，天然气产量$50 \times 10^8 m^3$。长庆天然气通过"西气东输"管线输送到长江三角洲。西峰大油田正式投入开发。

重新认识鄂尔多斯盆地；重新认识长庆低渗透；重新认识我们自己。解放思想，实事求是，与时俱进，续写春秋。

长庆前瞻性的"三个层面业务"总体发展战略，立足现实，谋划未来，惠及员工，造福社会。

长庆成长性的"三步走"发展战略目标，面向市场，做大做强，重在实效，立于不败。

鄂尔多斯盆地国之宝盆也！

胡文瑞
2003年2月25日于古都西安

附：长庆油田成长性"三步走"战略目标：

第一步——到2003年：

累计探明石油储量$12 \times 10^8 t$；

累计探明天然气储量达到$10000 \times 10^8 m^3$；

油气年产当量达到$1200 \times 10^4 t$（油$600 \times 10^4 t$，气$60 \times 10^8 m^3$）（老当量，下同）。

第二步——到2005年：

累计探明石油储量$15 \times 10^8 t$；

累计探明天然气储量$(12000 \sim 15000) \times 10^8 m^3$；

油气年产当量$1700 \times 10^4 t$（油$700 \times 10^4 t$，气$100 \times 10^8 m^3$）。

第三步——到 2010 年：

累计探明石油储量 $(18\sim25)\times10^4t$，

累计探明天然气储量 $20000\times10^8m^3$；

油气年产当量 3000×10^4t（油 1000×10^4t，气 $200\times10^8m^3$）。

（1999 年 6 月 1 日召开局长办公会议决定长庆油田油气当量实现 1000×10^4t 规划目标，实现时间 2003 年。2001 年 2 月 5 日，长庆油田分公司总经理办公会议，确定长庆油田"三步走"战略规划，即 2010 年实现油气当量 3000×10^4t 规划目标。2001 年 4 月 21 日，长庆油田成长性"三步走"战略规划，即《长庆油田发展前景与规划》，向全国政协人口资源环境委员会能源战略调研组和中国石油领导做了汇报。）

后 记

俗话说"弹指一挥间",这本书从动笔到完稿,也经过了十年光阴,寒来暑往,窗前灯下,个中甘苦自知。现在终于完稿了,深感欣慰,但也心怀忐忑。不过,能把近四十年来的实践和认识付诸文字,了却了我的夙愿,所以我欣慰,因为,这本书写的是低渗透,倾注了极大的心血和感情。我大半生都和低渗透打交道,这一辈子,都和低渗透有着不解之缘。

我曾经提出石油勘探开发的"三个重新认识",其中一条,就是重新认识低渗透。这是因为,很长一段时间,人们对于低渗透有误解,觉得它是一块"难啃的骨头",是"食之有味弃之可惜的鸡肋"。当和低渗透交朋友,热爱低渗透,认识低渗透,才感到它大有可为,大有希望。如今,低渗透油气藏的勘探开发进入了一个新的阶段,为我国油气储量产量增长的贡献越来越大,在世界范围内,它的作用也受到了普遍重视。

正是在这样的背景下,我撰写了这本《低渗透油气田概论——迅速崛起的鄂尔多斯盆地》,我觉得这是必要也是有益的一项工作。这次完稿的是上册,本来想一次完成,实在精力不济。《低渗透油气田概论——迅速崛起的鄂尔多斯盆地》下册,也只有在下半年看能否完稿,已经写了6万余字。在上册里,特意附下册的目录,可以从中一窥全书的面貌。对于我来说,低渗透的话题,并不能随着这本书的出版而结束,反而将继续深入地延续下去。我对于低渗透的实践和认识,是辽阔的大地,是祖国的石油事业。我为自己能身在其中,参与其中而备感幸运。

后记

  这本书能够完成，我要感谢的是中国工程院翟光明院士给予了极大的关注，他是低渗透事业的老前辈，对低渗透有着深厚的感情；感谢中国工程院胡见义院士一席谈话，激发我写此书的热情；感谢我的爱人张淑清女士对此书无私的奉献；感谢中国石油煤层气公司总地质师李景明教授给予的技术指导；感谢我的学生鲍敬伟博士（在读），积极地参与了该书部分图表的制作；感谢长庆油田分公司总地质师张明禄教授提供了许多有价值的资料；感谢中国石油煤层气公司勘探开发处副处长张冬玲博士参与了文字的校核工作。同时还要感谢丛连铸博士、崔永平高级工程师、马鹏飞博士（在读）、胡滨博士（在读）、李丽硕士、李俏静硕士帮助收集了有关部分资料。

  这本书到底如何，我由衷地希望听到反馈的意见，也求教于石油界的方家、专家，企盼得到批评和指正。

低渗透的高丰获

——读胡文瑞《低渗透油气田概论》

高潮洪

一部以鄂尔多斯盆地低渗透油气藏开发为样本，专题论述低渗透油气田勘探开发及管理的著作终于问世了。这部名为《低渗透油气田概论——迅速崛起的鄂尔多斯盆地》（上册）的专著，作者胡文瑞先生于20世纪90年代末就勾勒了书稿的大致轮廓，但限于当时低渗透开发的一些认识、理念、技术和管理不尽完善，因而迟迟未能开笔。21世纪以来，随着中国第一个特大型气田——苏里格气田的发现和投入规模开发，以及鄂尔多斯盆地靖安、绥靖、靖边、榆林、西峰、姬塬、白豹等低渗透油气田的投产，新的认识、新的理念、新的技术、新的机制大大丰富了低渗透油气田事业的实践，也激发了作者著述的动力和兴趣。于是，今天我们终于读到了这部沉淀了近10年实践和思想成果的著作。

在我的印象中，一般的学术性著作，大都言辞晦涩，专业技术名词成堆，让普通的读者很难进入和读懂。胡文瑞先生的这部著作反其道而行之，不仅语言表述直接明了，还将许多"门槛"式的专业技术名词做了便于跨越的通俗解释，即便缺乏有关石油专业知识的读者，只要有一定的学识和理解能力，都能够在作者耐心细致的引导下，在新奇的低渗透"地下石油王国"里游历一番。

更为可贵的是，这部专业性、技术性较强的著作，在论述有关学术问题时，并没有单纯停留在公式推导、逻辑推理等技术和学理层面，而是将其推展到世界观、方法论的哲学高度加以认识和概括，使这部专业性著作的背景和视野，从微观走向宏观，从客体走向主体，从被动走向能动，最后旨归低渗透油气田事业的灵魂——人。人的思维空间，人的思想境界，极大丰富了著作的论述层次和认知领域。

作者胡文瑞先生虽长期在石油企业从事勘探开发管理工作，属于职业的企业管理领导人员，但他的眼界开阔，爱好广泛，不拘于理工专业方面的知识，对社会科学尤其哲学有深厚的学养。他在本书的《自序》中曾说过："我的体会是，搞自然科学的人，一定要了解一些社会科学的知识。因为社会科学，比如哲学，就是教导人们如何看问题、分析问题、思考问题，给人思维方法上的启迪和指导。"这一段话点明了作者世界观、方法论的得来，及其发散性思维的出处。据我所知，作者不仅有深厚的哲学学养，而且对文学艺术门类也涉猎广泛，书法、绘画、诗词、散文等等，这些形象思维能力的开掘与训练，爱好与养成，不仅有助于发散性思维培养，更重要的是人文情怀和人文精神的造就。有了这种情怀，这种精神，没有生命的鄂尔多斯盆地才能在文字里鲜活地站立起来，地下的一条条裂缝、一个个裂隙，以及游移其中的一滴滴黑石油、一丝丝天然气才能在石油人生命的关照下，完成由默默潜伏到喷薄燃烧的壮丽生命历程。

由此，我们不能不强烈地期待着这部著作下册的问世，仅看看下册列出的一些引人遐想的小标题，如《苏里格沉浮记》、《低渗透革命》、《激情低渗透》、《没有梦想就没有希望》等，我们就有理由相信，在这样一本理性与激情、现实与梦想、常规与革命相伴随，集专业技术、专业管理和开阔的思维、开放性思想与认识的著作里，有许多宝贵的精神和物质财富等待着我们去认识和发掘。

原载于2009年5月7日的《中国石油报》

参 考 文 献[①]

[1] 李道品.低渗透砂岩油田开发［M］.北京：石油工业出版社，1997.

[2] A.I.Leverson 著.张更等译.石油地质学［M］.北京：地质出版社，1975.

[3] 罗蛰潭，王允成.油气储集层的孔隙结构［M］.北京：科学出版社，1986.

[4] 胡文瑞，何自新.鄂尔多斯盆地油气勘探大发展启示［J］.中国石油勘探，2001，6（4）：1～4.

[5] М.Л.苏尔古伊耶夫，Ю.В.热耶夫等.低渗透油田开发的问题和原则［J］.低渗透油气藏勘探开发技术，1993.

[6] Hu Wenrui, Lei Qun, Zhao Zhenfeng. Successful application of carbon dioxide fracturing in changing gasfield［J］. International Conference on Theory & Technology of Oil & Gas Production Engineering in 21st Century (CTOPE' 00) .2002, 6～14.

[7] 胡文瑞主编.鄂尔多斯盆地油气勘探开发理论与技术［M］.北京：石油工业出版社，2000.

[8] 胡文瑞主编.鄂尔多斯盆地靖安示范油田高效开发的理论、技术与管理模式［M］.北京：石油工业出版社，2002.

[9] 胡文瑞主编.长庆油田油气勘探开发新技术［M］.北京：石油工业出版社，2002.

[10] 刘宝和，胡文瑞主编.中国石油油气勘探开发调查报告（二）［M］.北京：石油工业出版社，2005.

[11] 刘宝和，胡文瑞等.挑战低渗透实现三大突破——长庆油田低渗透石油勘探调研报告（上）［J］.中国石油石化，2006，14.

[12] 刘宝和，胡文瑞等.挑战低渗透实现三大突破——长庆油田低渗透石油勘探调研报告（下）［J］.中国石油石化，2006，15.

[13] 胡文瑞.管理本身就是一种文化［J］.企业文化，2003（2）.

---

① 所列参考文献有部分为未公开发表的内部参考资料。

[14] 胡文瑞.长庆人携手描绘新蓝图 [J].石油企业管理,2001 (7).

[15] 胡文瑞.确定发展战略 增强盈利能力——长庆企业收入突破100亿元的回顾与思考 [J].石油企业管理,2000 (1).

[16] 胡文瑞,刘海浪等.内腐蚀是陇东地区套管腐蚀穿孔的主要因素 [J].天然气工业,2000 (1).

[17] 胡文瑞.配套科技理论体系推进三个层面业务 [N].中国石油报,2000年07月13日.

[18] 胡文瑞,金忠臣,雷群.长庆油田开发过程中的配套工艺技术 [J].石油钻采工艺,2000 (6).

[19] 胡文瑞,杨华,吕强.长庆油田勘探开发思路及技术对策 [J].低渗透油气田,2000 (3).

[20] Hu Wenrui, ZhenyunSong, HailangLiu, Yanpeng Ren. Experimental Research on Development Fracturing Technology of Changqing Ultra-Lowpermeability Reservoirs [J].SPE64787, 2000, 10.

[21] 胡文瑞,刘海浪等.增加套管壁厚是延长陇东油区套管使用寿命的重要方法 [J].石油钻采工艺,2000 (1).

[22] 胡文瑞.市场需要规则 [J].发展,1999 (1).

[23] 胡文瑞.突出采掘业特点,追求利润最大化——关于低成本战略的实践与思考 [J].企业管理,1999 (10).

[24] 胡文瑞,何自新.长庆低渗和特低渗油田开发实践 [J].低渗透油气田,1999 (1).

[25] 胡文瑞,王道富.安塞低涌透油田提高产量降低成本的方法 [J].低渗透油气田,1998 (1).

[26] Hu Wenrui, Wang Daofu, Wang Junren. P2 Methodsto Decrease Costand Increase Production in Low Permeability Reservoir of Ansai Oil-field [C].WPC Congress 15, Beijing, China, 1997.

[27] 胡文瑞.安塞油田开发建设实践与长庆低渗透油田地面建设规划 [J].石油规划设计,1995,NO.2.

[28] 胡文瑞,张世富等.安塞特低渗透油田开发实践 [J].西安石油学院学报(自然科学版),1994 (1).

[29] 胡文瑞. 宏观引导法——思想政治工作的新探索 [J]. 甘肃社会科学, 1989 (2).

[30] 冉新权, 李安琪. 苏里格气田开发论 [M]. 北京: 石油工业出版社, 2008.06.

[31] 孟怀渊等. 为长庆喝彩——来自中国石油长庆油田分公司的报道 [M]. 西安: 陕西人民出版社, 2004.

[32] 王怀孝, 李杰训等. 难动用储量开发实用地面工程技术 [M]. 北京: 石油工业出版社, 2005.

[33] 胡文瑞著. 宏观引导法概论 [M]. 兰州: 甘肃人民出版社, 1989.

[34] 胡文瑞著. 全控网络管理论 [M]. 兰州: 甘肃人民出版社, 1991.

[35] 胡文瑞著. 现代企业管理方法论 [M]. 北京: 人民日报出版社, 1999.

[36] 许四德. 聚焦苏里格——来自苏里格大气田的报道 [M]. 西安: 陕西科学技术出版社, 2007.

[37] 袁伟, 第广龙. 解放苏里格 [M]. 北京: 石油工业出版社, 2008.

[38] 胡文瑞. 坚持勘探开发一体化, 油气并举协调发展 (集团公司工作会议企业代表发言摘编) [N]. 中国石油报, 2002年01月25日.

[39] 冉新权, 李安琪. 苏里格气田开发论 [M]. 北京: 石油工业出版社, 2008.

[40] 胡文瑞, 赵政璋, 吴枚等. 中国石油"十一五"后三年及"十二五"天然气业务发展规划. 中国石油天然气业务发展规划编制工作组, 2007.12.

[41] 雷群, 李熙喆, 万玉金等. 借鉴国外经验, 加强技术攻关, 实现我国低渗透砂岩气藏规模有效开发. 中国石油勘探开发研究院廊坊分院, 2008.12.

[42] 水平井低渗透改造重大攻关项目2008年成果总结及2009年工作安排(项目汇报材料). 中国石油勘探与生产公司采油采气工艺处, 2008.12.

[43] 胡文瑞. 积极应对"多井低产"的现实(汇报材料). 中国石油勘探与生产公司, 2005.

[44] 胡文瑞. 最大限度获取资源, 努力增强保障能力(汇报材料). 中

国石油勘探与生产公司，2005.

[45] 胡文瑞. 发展油气优势，最大限度占有资源（汇报材料）. 中国石油勘探与生产公司，2005.

[46] 川中地区上三叠统风险勘探目标审查会情况汇报（汇报材料）. 中国石油勘探与生产公司，2005.8.

[47] 胡文瑞，宋振云，刘海浪等. 长庆特低渗透油藏开发压裂技术试验研究.2000年中国国际石油天然气会议，2000：589～597.

[48] 胡文瑞，何自新，杨华等. 鄂尔多斯盆地油气勘探与发展前景. 西部油气——西部大开发与中国石油发展战略论坛，2002：1～21.

[49] 胡文瑞主编. 中国石油油气勘探开发调查报告（四）. 中国石油勘探与生产公司，2006.3～2008.1.

[50] 胡文瑞主编. 中国石油油气勘探开发调查报告（七）——西部篇. 中国石油勘探与生产公司，2006.3～2008.1.

[51] 胡文瑞主编. 中国石油油气勘探开发调查报告（十）. 中国石油勘探与生产公司，2006.3～2008.1.

[52] 吉林油田低渗透水平井机械分段压裂技术研究2007年度总结报告（汇报材料）. 中国石油吉林油田分公司，2008.1.

[53] 水平井低渗透改造重大攻关项目2007年度工作总结及2008年度工作安排（汇报材料）. 中国石油勘探与生产分公司，2008.1.

[54] 长庆低渗砂岩气藏 提高单井产量攻关试验（汇报材料）. 长庆油田分公司，2007.10.

[55] 低渗透油藏水平井油藏工程研究阶段总结（2006.8—2007.12）（汇报材料）. 中国石油勘探开发研究院开发所，2008.1

[56] 建设苏里格现代化大气田实施意见（汇报材料）. 长庆油田分公司，2007.10.

[57] 李安琪. 长庆低渗透油气田开发实践（汇报材料）//2008年中国石油海外油气田开发技术专题研讨会. 中国石油长庆油田分公司，2008.6.

[58] 苏里格气田$200\times10^8m^3/a$开发规划（汇报材料）. 中国石油长庆油田分公司，2007.10.

[59] 低渗透水平井压裂改造基础与配套技术研究（汇报材料）. 中国石

油勘探开发研究院廊坊分院，2007.12.

[60] 水平井低渗透改造及开采配套技术重大攻关进展（多媒体）．中国石油勘探与生产公司，2008.1.

[61] 低渗透水平井分段酸化、液体胶塞压裂配套技术研究（2007年度研究总结报告）（汇报材料）．中国石油勘探开发研究院采油所，2008.1.

[62] 大庆油田2007年度水平井增产改造工艺技术总结及2008年工作安排（汇报材料）．大庆油田有限责任公司，2008.1.

[63] 大庆油田提高采收率技术（汇报材料）．大庆油田有限责任公司，2008.6.

[64] 长庆油田分公司勘探开发处汇编∥2002年度油气勘探开发工程技术座谈会论文集（油田开发分册）．长庆油田分公司，2003.1.

[65] 苏里格气田开发相关规范汇编．长庆油田分公司，2007.10.

[66] 胡文瑞，王元基，何江川，宋新民等．中国石油"二次开发"规划．中国石油"二次开发"规划编制工作组，2007.11.

[67] 中国石油对外合作长北项目开发实践．中国石油对外合作经理部，2006.12.

[68] 胡文瑞，刘宝和，金忠臣，苟三权等．苏里格气田开发重大技术攻关年产200亿立方米天然气开发建设工程．长庆油田分公司，2007.10.

[69] 胡文瑞等．长庆油田3000万吨油气当量规划建设工程．长庆油田分公司，2006.11.

[70] 发展大油田，建设大气田，努力实现油气当量5000万吨发展目标（附件1-10）（汇报材料）．长庆油田分公司，2008.10.

[71] 2007年勘探开发公报汇编．中国石油勘探与生产公司，2008.1.

[72] 2006年勘探开发公报汇编．中国石油勘探与生产分公司，2007.1.

[73] 2005年勘探开发公报汇编．中国石油勘探与生产分公司，2006.4.

[74] 2006年油田开发数据手册．中国石油勘探与生产分公司油藏管理处，2007.4.

[75] 股份公司天然气开发三项提高单井产量现场攻关试验（汇报材料）．中国石油勘探与生产分公司，2008.2.

[76] 苏里格气田$200\times10^8 m^3/a$地面系统工程规划．长庆油田分公司，

2007,10.

[77] 大力加强投资管理高效建设低渗透油气田（汇报材料）.长庆油田分公司，2008.12.

[78] 深化油藏认识 精细注采调控 确保低渗透油田持续稳产（汇报材料）.长庆油田分公司，2008.12.

[79] 苏里格气田建设标准化（汇报材料）.长庆油田分公司，2007.10.

[80] 苏里格气田管理数字化（汇报材料）.长庆油田分公司，2007.10.

[81] 长庆油田原油产能建设投资水平分析（汇报材料）.长庆油田分公司，2008.3.

[82] 解放思想，实事求是，建设现代化苏里格大气田（汇报材料）.长庆油田分公司，2008.9.

[83] 坚持技术创新和管理创新 全面提升气田开发水平（汇报材料）.长庆油田分公司，2008.12.

[84] 孙宁，坚持技术进步 持续提速提效（汇报材料）//2008年中国石油勘探年会.中国石油集团钻井工程技术研究院，2008.12.

[85] 天然气开发重大专项技术攻关项目低渗透砂岩气田开发技术攻关开题论证（汇报材料）.中国石油天然气股份有限公司勘探生产公司，2008.1—2010.12.

[86] 大油田管理，大规模建设——理论与实践（模式篇）（内部资料）.长庆油田公司，2008.11.

[87] 大油田管理，大规模建设——理论与实践（管理篇）（内部资料）.长庆油田公司，2008.11.

[88] 胡文瑞.大发展中的长庆油田（向全国政协人口资源环境委员会能源战略调研组汇报材料）.长庆油田公司，2001.4.

[89] 长庆油田发展前期和规划.长庆油田公司，2001.4.

[90] 油田开发管理纲要.中国石油天然气股份有限公司，2005.12.

[91] 天然气开发管理纲要.中国石油天然气股份有限公司，2006.9.

[92] 黄延章.低渗透油层非线性渗流特征.特种油气藏，1997，4（1）：9~14

[93] 长庆低渗透石油勘探实践与认识.长庆油田分公司，2004，11（内

部调研材料）

[94] 冉新权等．长庆油田 5000 万吨油气当量发展规划长庆油田分公司，2008，7（内部汇报资料）

[95] 创新发展配套技术，实现低渗透油田有效开发．长庆油田分公司，2004，9（内部汇报材料）

[96] 特低渗透油藏，超前注水开发技术．长庆油田勘探开发研究院，2008，12

[97] 苏里格气田十二项开发配套技术．长庆油田分公司，2007，10（内部材料）

[98] 立足创新，强化合作，加快苏里格气田开发步伐．长庆油田分公司，2007，12

[99] 杜贵程．质量控制管理务实（工程项目管理）．北京：中国水利水电出版社，2008，6

[100] 荀伯让，李寓．工程项目管理．北京：机械工业出版社，2008，7